高职高专船舶类专业规划教材
国防工业建设规划教材

# 船舶电力拖动 I
## （电机及拖动）

主　编　宋　谦
副主编　周　民
参　编　陈双全
主　审　祝　福

机械工业出版社

本书是阐述电机基本原理、电气专业基础知识的教材，共分8章，包括直流电机、直流电动机的电力拖动、变压器、三相异步电动机、三相异步电动机的电力拖动、同步电动机、其他用途的电机及电动机的选择。

本书编写时力求实用，以工程近似计算的简单计算方式替代复杂的理论运算，积累了作者多年的生产实践经验和教学实践经验，使学习者更加容易掌握电机的应用知识。

本书可作为高职高专船舶类专业的教材，也可供从事船舶电气工程技术的人员学习参考。

**为方便教学，本书配有免费电子课件、思考题与习题答案、模拟试卷及答案等，凡选用本书作为授课教材的学校，均可来电(010－88379564)或邮件(cmpqu@163.com)索取，有任何技术问题也可通过以上方式联系。**

**图书在版编目(CIP)数据**

船舶电力拖动Ⅰ，电机及拖动/宋谦主编.—北京：机械工业出版社，2014.1

高职高专船舶类专业规划教材．国防工业建设规划教材

ISBN 978－7－111－45501－1

Ⅰ.①船… Ⅱ.①宋… Ⅲ.①船舶－电力拖动－高等职业教育－教材 Ⅳ.①U665.1

中国版本图书馆CIP数据核字(2014)第008355号

机械工业出版社(北京市百万庄大街22号 邮政编码100037)

策划编辑：曲世海 责任编辑：曲世海 王宗锋

版式设计：霍永明 责任校对：程俊巧

封面设计：赵颖喆 责任印制：张 楠

北京京丰印刷厂印刷

2014年2月第1版·第1次印刷

184mm×260mm·11印张·271千字

0 001—3 000册

标准书号：ISBN 978－7－111－45501－1

定价：25.00元

凡购本书，如有缺页、倒页、脱页，由本社发行部调换

| 电话服务 | 网络服务 |
|---|---|
| 社服务中心：(010)88361066 | 教材网：http://www.cmpedu.com |
| 销售一部：(010)68326294 | 机工官网：http://www.cmpbook.com |
| 销售二部：(010)88379649 | 机工官博：http://weibo.com/cmp1952 |
| 读者购书热线：(010)88379203 | **封面无防伪标均为盗版** |

# 前　言

随着电机技术的不断发展，近年来电机领域出现了许多新技术、新设备。为了适应我国成为船舶制造强国的需要，培养大批船舶行业高等技术应用性专门人才，提高高职高专的办学水平，我院积多年船舶电力系统和船舶电力拖动课程教学改革经验，对教学体系进行改革。新的教材体系主要体现以下特点：一是以培养应用型人才为目的，强化实用性与职业技能；二是加强新知识、新技术的渗透。

本书在论述电机的基本原理、运行基本知识的同时，注重系统的整体性和实用性，并较多地关注电机的应用问题，尽力体现当前电机应用领域中的新技术。本书围绕电机拖动的整体功能及相关实用技术进行了系统论述，使这些内容与高等职业教育相吻合。

本书共分8章，包括直流电机、直流电动机的电力拖动、变压器、三相异步电动机、三相异步电动机的电力拖动、同步电动机、其他用途的电机及电动机的选择。

本书由宋谦任主编，周民任副主编，参加编写的有陈双全，祝福任主审。在本书编写过程中，得到中国船舶工业集团公司第701研究所高级工程师程坤同志、骆立强同志和武昌造船厂陈伟同志的大力帮助，在此深表感谢。

由于编者水平有限，书中难免有遗漏和错误，恳请批评指正。

编者

# 目　录

# 第一章 直 流 电 机

本章首先介绍直流电机的工作原理和基本结构，接着分析直流电机的电枢绕组和电枢反应，导出直流电机的电磁转矩和感应电动势公式，然后列出直流电机的基本方程式，并分别分析直流发电机和直流电动机的稳态运行性能，最后简要介绍换向问题。

在电力拖动系统中，将直流电能转换成机械能的旋转电机称为直流电动机，而直流发电机是将机械能转换为直流电能的旋转电机。

直流电动机具有很多优点：过载能力强，起动转矩大，制动转矩大；直流电动机调速性能比交流电动机的调速性能好，调速范围广，调速的平滑性好，调速方式易于控制，调速装置可靠性高，并且调速时损耗小，经济性好。所以，直流电动机被广泛地应用在电力机车、无轨电车、轧钢机、机床和各种起重设备中。直流发电机供电质量较好，常常作为中小型同步发电机的励磁电源和一些化学工业中的直流电源。但与交流电机相比，直流电机的结构复杂、成本较高、可靠性稍差，使它的应用受到限制。随着电力电子技术的发展，与电力电子装置结合而具有直流电机性能的电机不断涌现，使直流电机有被逐步取代的趋势。尽管如此，研究直流电机仍有一定的理论意义和实用价值。

## 第一节 直流电机的工作原理

直流电机是一种能实现机电能量转换的电磁装置，它能使绕组在气隙磁场中旋转感生出交流电动势，并依靠换向装置，将此交流电变为直流电。其产生交流电的物理根源在于，电机中存在磁场和与之有相对运动的电路，即气隙磁场和绕组。旋转绕组和静止气隙磁场相互作用的关系可通过电磁感应定律和电磁力定律来分析。

根据电磁感应定律，在恒定磁场中，当导体切割磁场磁力线时，导体中将产生感应电动势。如果磁力线、导体及其运动方向三者互相垂直，则导体中产生的感应电动势为

$$e = Blv \tag{1-1}$$

式中，$B$ 为磁感应强度，单位为 T；$l$ 为导体切割磁力线的有效长度，单位为 m；$v$ 为导体切割磁场的线速度，单位为 m/s；$e$ 为导体感应电动势，单位为 V。

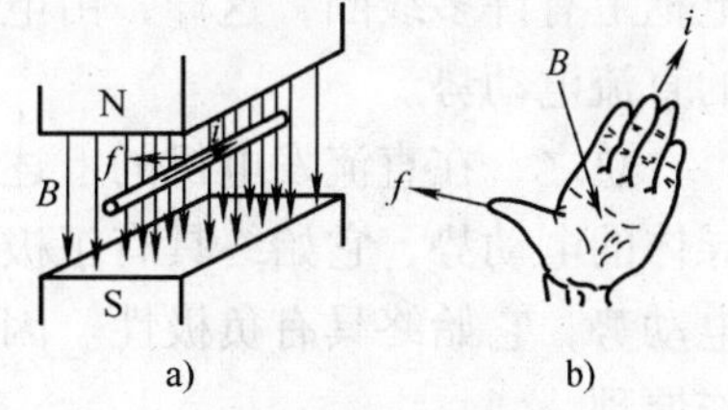

图 1-1 载流导体在磁场内受到的电磁力及左手定则

依据电磁力定律，当磁场与载流导体相互垂直时，如图 1-1a 所示，作用在载流导体上的电磁力为

$$f = Bil \tag{1-2}$$

式中，$i$ 为载流导体中的电流，单位为 A；$f$ 为电磁力，单位为 N。

电磁力的方向用左手定则确定，如图 1-1b 所示。

## 一、直流发电机的工作原理

直流发电机的工作原理是基于导体切割磁力线产生感应电动势的基本原理。但要将绕组中感应的交流电动势变为外电路的直流电动势，则需要经过一套机械整流装置，即换向片和电刷。

直流发电机的工作原理如图 1-2 所示。图中 N、S 是固定的磁极，abcd 是旋转电枢铁心上的某个线圈，线圈的两个出线端分别接到互相绝缘的两个换向片 1、2 上，换向片固定在转轴上，随转轴一起转动，电刷 A、B 固定不动，并与换向片接触将线圈与外电路的负载接通。

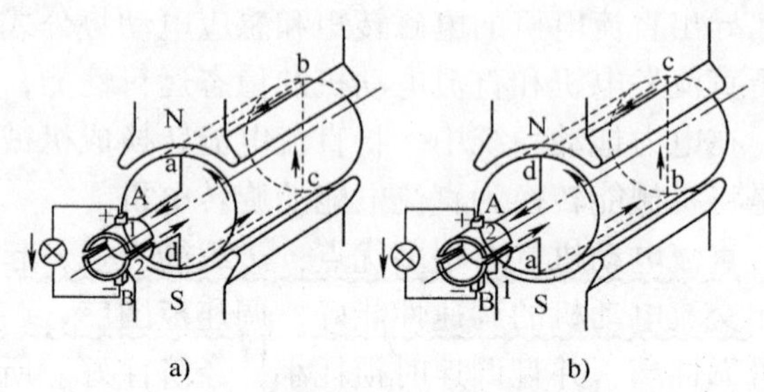


图 1-2　直流发电机的工作原理

a）导体 ab 和 dc 分别处在 N 极和 S 极下时

b）导体 dc 和 ab 分别处在 N 极和 S 极下时

当原动机拖动发电机的电枢线圈按逆时针方向旋转时，即线圈 abcd 按逆时针方向旋转，此时线圈将切割磁场产生感应电动势，根据右手定则，可确定导体 ab 中的感应电动势方向为由 b 指向 a，导体 dc 中感应电动势的方向为由 d 指向 c，于是，在外电路闭合的情况下，电流将沿 a—1—A—灯—B—2—d—c—b—a 的方向流通，如图 1-2a 所示。

当线圈 abcd 随电枢转过半周时，如图 1-2b 所示，此时 dc 处于 N 极下，ab 处于 S 极下，则导体 dc 中感应电动势的方向变为由 c 指向 d，导体 ab 中感应电动势的方向变为由 a 指向 b；并且此时电刷 A 将与换向片 2 接触，而电刷 B 将与换向片 1 接触。于是，此时电流的通路为 d—2—A—灯—B—1—a—b—c—d。

由此可见，电枢线圈 abcd 旋转半周，线圈中的感应电动势就改变一次方向，但由电刷 AB 导出的电动势仍保持原来的方向。这说明直流发电机的内部虽然是交流，但对外电路而言是直流。

只有一个线圈的直流发电机，电刷间所得的电动势是脉动电动势。实际上直流发电机的电枢上有许多线圈，这样，由电刷导出的电动势的脉动情况会缓和许多，从而得到脉动较小的直流电动势。

总之，在直流发电机的上述工作过程中，电刷 A 所引出的电动势始终是切割 N 极磁场导体的电动势，它始终具有正极性；而电刷 B 所引出的电动势始终是切割 S 极磁场导体的电动势，它始终具有负极性。因此，在电刷两端可获得直流电动势。这就是直流发电机的工作原理。

## 二、直流电动机的工作原理

直流电动机的工作原理是基于载流导体在磁场中受力产生电磁力形成电磁转矩的基本原理。但要获得恒定方向的转矩，需将其外电路的直流电流变为绕组中的交流电流，即同样需要机械整流装置。

直流电动机的基本结构与直流发电机相同，如图 1-3 所示，此时电刷 A、B 接在直流电源上，发电机的轴上带着被拖动的负载。

当直流电流从电刷A流入，经换向片1、线圈abcd、换向片2，由电刷B流出时，如图1-3a所示，载流导体在磁场中将受到电磁力的作用，据左手定则，线圈沿逆时针方向转动。当电枢转过半周时，如图1-3b所示，dc处于N极下，ab处于S极下，此时电流仍从电刷A流入，经换向片2、线圈dcba、换向片1，最后由电刷B流出，据左手定则，此时线圈仍然沿逆时针方向转动。因此，电枢将沿一个恒定方向转动。

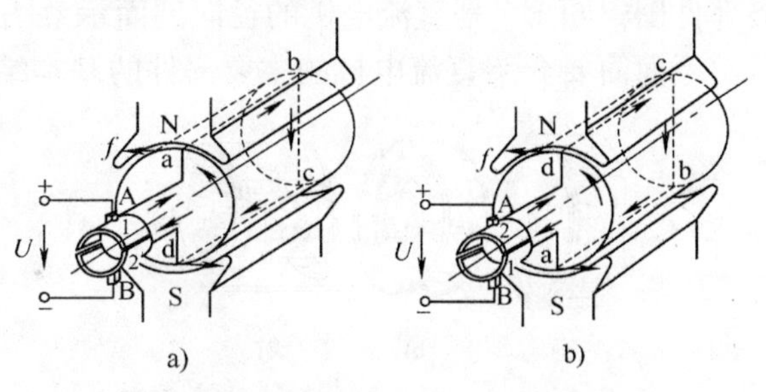


图1-3　直流电动机的工作原理
a）起始位置　b）转过半周时的位置

实际上，直流电动机的电枢上有许多线圈，这些线圈产生的电磁转矩合成为一个总的电磁转矩，拖动负载转动。

总之，在上述直流电动机的工作过程中，单从电枢线圈的角度看，每个导体中的电流方向是交变的；但从磁极看，每个磁极下导体中电流的方向是固定的，即不管是哪个导体运行到该极下，其中的电流方向总是相同的。因此，直流电动机可获得恒定方向的电磁转矩，使电动机持续旋转。这就是直流电动机的工作原理。

### 三、电机的可逆性原理

从上述直流发电机和直流电动机工作原理的分析可知，一台直流电机既可作为电动机运行，也可作为发电机运行，只是外界的约束条件不同而已。

当在直流电机的两电刷端外加直流电压时，电能将通过电刷和换向片输入到电枢线圈中，载流的电枢线圈在磁场中受到电磁力的作用，产生恒定方向的电磁转矩，此时，直流电机可作为拖动生产机械的电动机运行，将电能转换为机械能。

若用原动机拖动直流电机的电枢旋转，那么旋转的电枢线圈在磁场中将产生感应电动势，此感应电动势的方向是交变的，但通过换向片和电刷的作用，能够在电刷端引出直流电动势，即输出电能，从而作为发电机运行，此时，直流电机将机械能转换为电能。

同一台电机，既能作为电动机运行又能作为发电机运行的这种原理，在电机理论中称为电机的可逆性原理。

## 第二节　直流电机的基本结构和铭牌数据

### 一、直流电机的结构

在电机中，要实现机电能量的转换，电路和磁路之间必须有相对运动，所以旋转电机必须具备静止和旋转两大部分，而且这两部分之间有一定大小的间隙（称为气隙），以便储存磁能。

静止部分称为定子。直流电机定子起的作用是产生磁场并作为电机的机械支撑。它包括主磁极、换向极、机座、端盖、轴承和电刷装置等。

旋转部分称为转子。直流电机转子又称为电枢，其作用是感应电动势产生电磁转矩，以实现能量转换。它包括电枢铁心、电枢绕组、换向器、轴和风扇等。图1-4是直流电机的主要部件图，图1-5是直流电机的径向剖面示意图。

下面简要介绍直流电机的主要部件的基本结构及其作用。

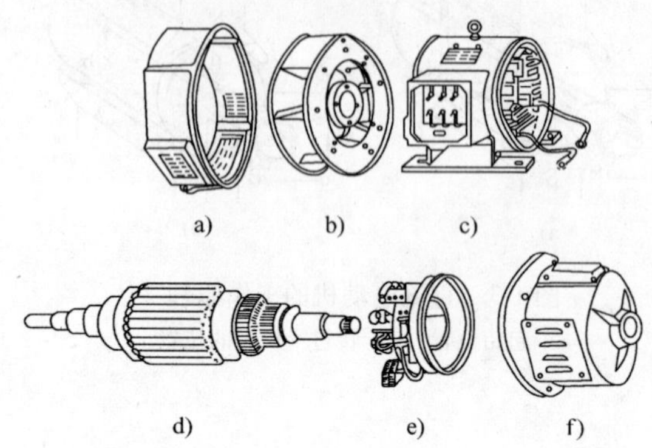


图1-4　直流电机主要部件图

a）前端盖　b）风扇　c）定子

d）转子　e）电刷装置　f）后端盖

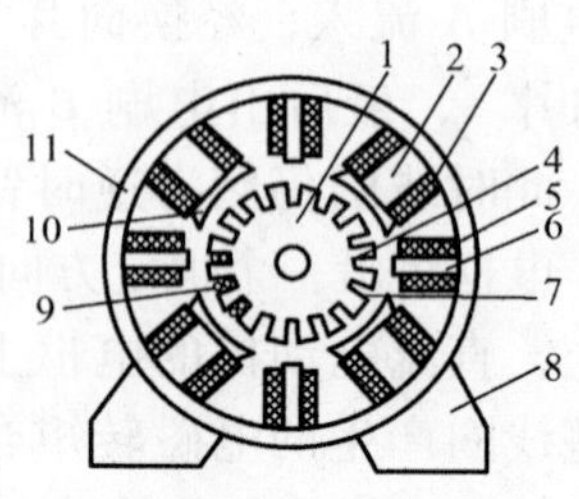


图1-5　直流电机的径向剖面示意图

1—电枢铁心　2—主磁极　3—励磁绕组　4—电枢齿　5—换向极绕组　6—换向极铁心　7—电枢槽　8—底座　9—电枢绕组　10—极掌（极靴）　11—磁轭（机座）

### （一）定子部分

1. 主磁极

主磁极也称为主极，其作用是产生主磁场。在一般的大中型直流电机中，主磁极一般是一种电磁铁，由主磁极铁心和励磁绕组组成。主磁极铁心通常用1～1.5mm厚的钢板冲片叠压紧固而成。绕制好的励磁绕组套在铁心外面，整个主磁极用螺钉固定在机座上。各主磁极上的励磁绕组的连接必须使其通过励磁电流时，相邻磁极的极性呈N极、S极交替排列。主磁极铁心的下部（称为极靴）比套励磁绕组的部分（称为极身）宽，这样可以使励磁绕组牢固地套在主磁极铁心上。

2. 换向极

换向极也称为附加极或间极，其作用是改善换向。它装在两个主磁极之间，也是由铁心和绕组构成的。换向极铁心一般用整块钢或钢板加工而成，换向极绕组与电枢绕组串联。

3. 机座

机座通常用铸钢或厚钢板焊接而成，它是电机的机械支撑，用来固定主磁极、换向极和端盖；同时它也是电机磁路的一部分。在磁路中，机座部分的磁路常称为磁轭。

4. 电刷装置

电刷装置的作用是将直流电压、直流电流引入或引出电枢绕组。它由电刷、刷握、压紧弹簧和铜丝辫构成，如图1-6所示。电刷由石墨制成，固定在刷握内，用压紧弹簧压紧在换向器上，刷握固定在刷杆上，刷杆装在刷架上，彼此之间绝缘。整个电刷装置的位置调整好后，将其固定。一般电刷装置的组数与电机的主磁极极数相等。

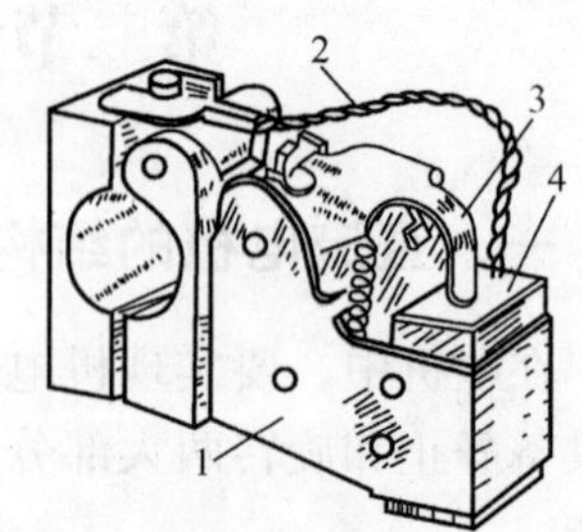


图1-6　电刷装置

1—刷握　2—铜丝辫

3—压紧弹簧　4—电刷

### （二）转子部分

1. 电枢铁心

电枢铁心是电机主磁路的主要部分。为减小电机内的铁心损耗，电枢铁心常采用0.5mm厚的硅钢片冲压叠装而成，冲片圆周外缘均匀地冲有许多齿和槽，槽内安放着电枢绕组。有的冲片上还冲有许多圆孔，以形成改善散热的轴向通风孔。

2. 电枢绕组

电枢绕组是由一定数目按一定规律连接的线圈组成的。它是用来感应电动势和通过电流的，是直流电机电路的主要部分。线圈一般用带绝缘的圆形或矩形截面导线绕制而成，嵌放在电枢铁心槽中，线圈的一条有效边嵌放在某个槽的上层，另一条有效边则嵌放在另一槽的下层，如图1-7所示。

3. 换向器

换向器是由许多彼此绝缘的换向片构成的，其作用是将电刷上通过的直流电流转换为绕组内的交变电流，或将绕组内的交变电动势转换为电刷端上的直流电动势。电枢绕组的每个线圈两端分别焊接在两个换向片上，换向片之间用云母绝缘，换向器结构如图1-8所示。

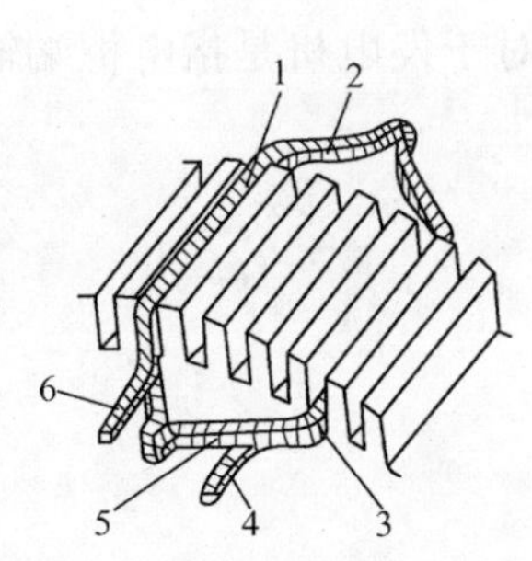


图1-7　线圈在槽内安放示意图

1—上层有效边　2、5—端接部分　3—下层有效边　4—线圈尾端　6—线圈首端

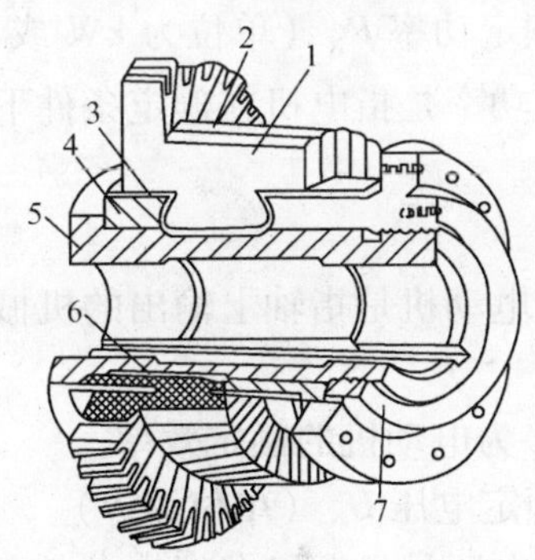


图1-8　直流电机换向器

1—换向片　2—云母片　3—V形云母型套筒　4—V形钢环　5—钢套　6—绝缘套筒　7—螺旋压圈

## 二、直流电机的铭牌数据

每台直流电机的机座上都钉有一个铭牌，如图1-9所示。铭牌上面标注着额定数据和使用条件。额定数据是电机制造厂按照国家标准的要求，对电机的一些电量或机械量所规定的数据。当电机运行时，如果其电量和机械量均符合所规定的要求，则称电机运行于额定工况。

| 直流电动机 | | | |
|---|---|---|---|
| 型号 | $Z_3$–95 | 产品编号 | 7001 |
| 结构类型 | | 励磁方式 | 他励 |
| 功率 | 30kW | 励磁电压 | 220V |
| 电压 | 220V | 工作方式 | 连续 |
| 电流 | 160.5A | 绝缘等级 | 定子B　转子B |
| 转速 | 750r/min | 重量 | 685kg |
| 标准编号 | | 出厂日期 | 年　月 |

图1-9　直流电动机的铭牌举例

（一）直流电机的型号和主要系列

电机的铭牌上都标有电机的型号。直流电机的型号很多，各有其不同的结构特点和使用范围。一般用途的直流发电机的类型代号为 ZF，直流电动机的类型代号为 Z（或 ZD）；电机类型代号后面的数字表示电机的尺寸和规格。图 1-9 所示直流电机的型号为 $Z_3$-95，其中 Z 表示直流电动机，下脚 3 表示第三次改型设计，后面的第一个数字 9 表示机座号，第二个数字 5 表示铁心长度。

直流电机常用系列如下。

1）Z、ZF、ZD 系列。此系列是电磁式小型直流发电机和电动机，其额定功率在 25～400W 范围内，额定转速在 1500～4000r/min 范围内。此系列适合于小型机械传动。

2）$Z_4$、ZO2 系列。此系列一般为中型电动机，适合于机床、造纸、冶金等行业。其额定转速在 320～1500r/min 范围内。

3）ZJF、ZJD 系列。此系列一般为大型直流发电机和电动机，适合于大型轧钢机、卷扬机等重型机械设备，其额定功率在 1000～5350kW 范围内。

（二）额定值

1. 额定功率 $P_N$（单位为 kW 或 W）

额定功率是指电机在额定条件下运行时的输出功率。对于发电机是指电枢端输出的电功率，有

$$P_N = U_N I_N \tag{1-3}$$

对于电动机是指轴上输出的机械功率，有

$$P_N = U_N I_N \eta_N \tag{1-4}$$

式中，$\eta_N$ 为电动机的额定效率。

2. 额定电压 $U_N$（单位为 V）

额定电压是指电机在额定条件下运行时，直流发电机的输出电压或直流电动机的输入电压。

3. 额定电流 $I_N$（单位为 A）

额定电流是指在额定电压和额定负载时允许直流电动机长期输入的电流或允许直流发电机长期输出的电流。

4. 额定转速 $n_N$（单位为 r/min）

额定转速是指电机在额定电压和额定负载时的转速。

此外，铭牌上还标有额定励磁电压 $U_{fN}$（单位为 V）、额定励磁电流 $I_{fN}$（单位为 A）、额定效率 $\eta_N$、极对数 $p$ 和励磁方式等。

电机在实际应用时，是否处于额定运行状态，要由负载大小来决定。一般不允许电机超过额定值运行，因为这会降低电机的使用寿命，甚至损坏电机；但电机长期处于低负载下工作，就不能得到充分利用，效率降低、不经济，所以应根据负载情况选用电机，使电机接近于额定状态运行，才是经济合理的。

## 三、直流电机的励磁方式

直流电机的励磁方式，也称为激磁方式，是指电机励磁电流的供给方式。按照励磁方式，直流电机可分成他励和自励两大类。直流电机的运行特性随励磁方式的不同有很大

差别。

### （一）他励式

他励式直流电机励磁绕组的电流由其他电源供给，励磁绕组与电枢绕组不连接，如图 1-10a 所示。

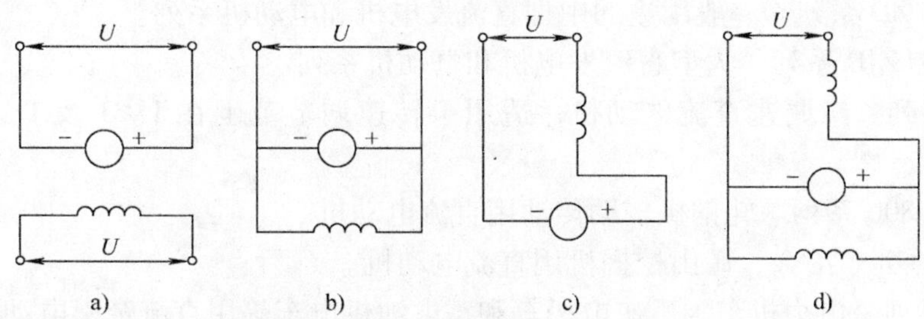


图 1-10 直流电机各种励磁方式接线图

a）他励式 b）并励式 c）串励式 d）复励式

### （二）自励式

自励式发电机利用自身发出的电流励磁；自励式电动机的励磁绕组和电枢绕组由同一电源供电。自励式直流电机又可分为并励、串励和复励三种。

1. 并励式

并励式直流电机的励磁绕组与电枢绕组是并联的，如图 1-10b 所示。

2. 串励式

串励式直流电机的励磁绕组与电枢绕组是串联的，如图 1-10c 所示。

3. 复励式

复励式直流电机的主极上有两个励磁绕组，其中一个与电枢绕组并联，另一个和电枢绕组串联，如图 1-10d 所示。当串励绕组与并励绕组产生的磁动势方向相同时，称为积复励；当两者所产生的磁动势方向相反时，称为差复励。

## 四、国产直流电机的型号及主要产品系列简介

### （一）型号

铭牌上的型号可表明每一种产品的性能、用途和结构特点。国产直流电机的型号采用汉语拼音大写字母和阿拉伯数字的组合来表示，其中汉语拼音大写字母表示电机的结构特点和用途等，阿拉伯数字则表示电机的尺寸及规格，如：

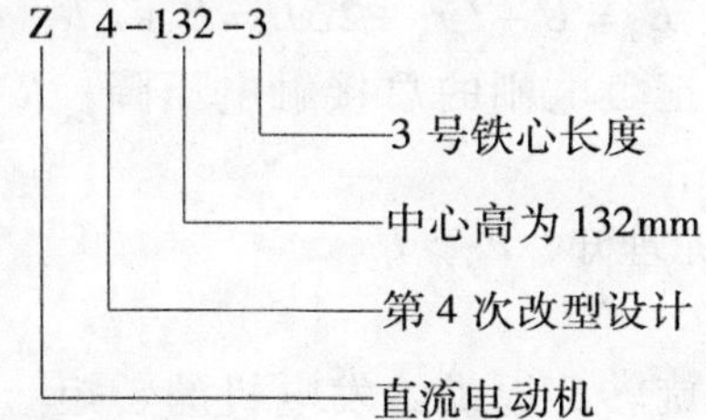


### （二）国产直流电机主要产品系列简介

为了使产品标准化和通用化，电机制造厂生产的产品有很多是系列电机。国产直流电机的系列很多，现介绍几种主要系列。

（1）$Z_4$ 系列　$Z_4$ 系列为 1986 年设计定型的一般用途小型直流电动机，用以逐步取代 $Z_2$、$Z_3$ 老系列小型直流电动机，其最大功率可达 480kW，电压等级有 160V 和 440V 两种，转速范围为 400～3000r/min，该系列电机适用于静止整流装置供电，广泛用于轻工、纺织、造纸、冶金、金属切削机床等作直流传动用。

（2）ZF 和 ZD 系列　一般用途的中型直流发电机和电动机系列。

（3）ZJF 和 ZJD 系列　大型直流发电机和电动机系列。

（4）ZT 系列　广调速直流电动机，适用于转速调节范围在 1∶3 及 1∶4 的电力拖动系统。

（5）ZZJ—800 系列　轧钢机辅助传动用直流电动机。

（6）ZKJ 系列　冶金、矿山挖掘机用直流电动机。

（7）ZQ 系列　电力机车、工矿电机车和蓄电池供电车等用直流牵引电动机。

（8）ZA 系列　防爆安全型直流电动机，适用于矿井和有易爆气体的场所。

## 第三节　直流发电机的运行原理

### 一、直流发电机的基本方程式

直流发电机稳态运行时，其电压、电流、转速、转矩、功率等物理量都保持不变且相互制约，其制约关系与电机的励磁方式有关，本节以他励直流发电机为例介绍直流发电机的电动势平衡方程式、转矩平衡方程式和功率平衡方程式。

#### （一）电动势平衡方程式

1. 发电机空载运行时的电动势平衡方程式

他励直流发电机空载运行时，电枢电流 $I_a=0$，则电枢绕组的感应电动势 $E_a$ 等于端电压 $U$。

2. 发电机负载运行时的电动势平衡方程式

他励直流发电机负载运行时，原动机带动电枢旋转，电枢绕组切割气隙磁场产生感应电动势 $E_a$，在感应电动势 $E_a$ 的作用下形成电枢电流 $I_a$，其方向与感应电动势 $E_a$ 相同。电枢电流流过电枢绕组时，形成电枢电压降 $I_a r_a$；由于电刷与换向器之间存在接触电阻，电枢电流流过时，形成接触电压降 $\Delta U$。各物理量的正方向如图 1-11 所示，则直流发电机的电动势平衡方程式为

$$E_a = U + I_a r_a + 2\Delta U = U + I_a R_a \tag{1-5}$$

式中，$r_a$ 为电枢电阻；$2\Delta U$ 为正负电刷的总接触电压降；$R_a$ 为电枢电阻和电刷接触电阻之和。

由直流发电机的基本工作原理知，$E_a > U$。

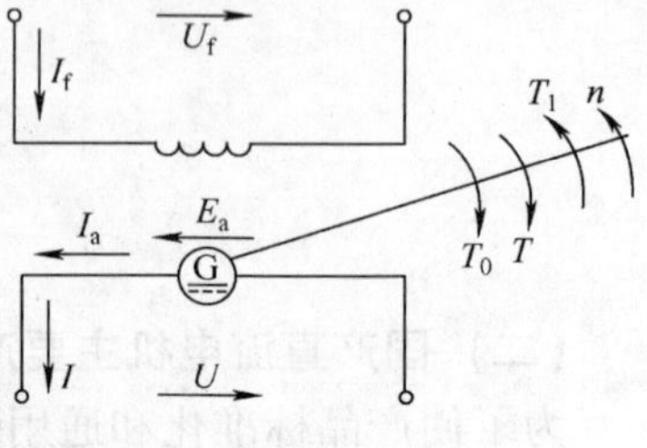

#### （二）转矩平衡方程式

原动机带动发电机的电枢旋转，提供给发电机的转矩为 $T_1$（称为输入转矩），该转矩是拖动性质的转矩，其方向与发电机旋转方向相同，它克服电磁转矩 $T$（制动性质的转矩）和机械摩擦等引起的制动性转矩 $T_0$（称为空载转矩），

图 1-11　他励直流发电机

使发电机以某一转速稳定运行，因此

$$T_1 = T + T_0 \tag{1-6}$$

**（三）功率平衡方程式**

直流发电机是把机械能转变成直流电能的装置。原动机拖动发电机的电枢旋转，输入机械能；电枢绕组切割磁力线，在绕组中产生交变的感应电动势，通过换向器与电刷的配合作用从电刷端输出直流电能。在能量转换过程中，因机械摩擦的作用会消耗一部分机械能，用机械损耗功率 $p_m$ 来表示；由于电枢旋转，使电枢铁心中形成交变磁场，从而产生磁滞和涡流损耗，用铁损耗功率 $p_{Fe}$（简称铁耗）来表示；又因电路中存在电阻，会消耗一部分电能，用铜损耗功率 $p_{cu}$（简称铜损）来表示；此外，还有一部分能量损耗称为附加损耗 $p_s$（又称杂散损耗），其产生原因复杂，难以准确计算，约占额定功率的0.5%～1%。根据能量守恒原理，所有损耗能量和输出能量之和等于输入的机械能。以上能量关系，可用功率平衡方程式表示，即

$$P_1 = P_2 + \sum p = P_2 + p_m + p_{Fe} + p_s + p_{Cu} \tag{1-7}$$

式中，$P_1$ 为输入功率；$P_2$ 为输出功率；$\sum p$ 为总损耗功率，$\sum p = p_m + p_{Fe} + p_s + p_{Cu}$。

其中$p_m$、$p_{Fe}$、$p_s$ 三项之和，称为空载损耗功率 $p_0$，其数值与负载无关，称为不变损耗，$p_0 = T_0\Omega$，其中 $T_0$ 称为空载转矩。而 $p_{Cu} = I_a^2R_a$ 是电枢铜损耗，为可变损耗。

由电动势平衡方程式可得

$$E_aI_a = UI_a + I_a^2R_a$$

即

$$P_M = P_2 + p_{Cu}$$

式中，$P_M$ 为电磁功率。

所以式（1-7）又可表示为

$$P_1 = P_M + p_0$$

## 二、直流发电机的运行特性

发电机的转速为额定转速时，其端电压 $U$、负载电流 $I$、励磁电流 $I_f$、效率 $\eta$ 之间的关系就是发电机的运行特性。

下面以他励直流发电机为例介绍直流发电机的运行特性。

**（一）空载特性**

空载特性是指当 $n = n_N$、$I = 0$ 时 $U_0$ 与 $I_f$ 的关系曲线，即 $U_0 = f(I_f)$。根据电动势公式 $E_a = C_e\Phi n$，当转速 $n = n_N$ 时，$E \propto \Phi$，空载时，$U_0 = E_0$，所以，$U_0 \propto \Phi$。主磁通与励磁磁动势的关系曲线 $\Phi = f(F)$ 称为电机的磁化曲线，而励磁磁动势 $F$ 正比于励磁电流 $I_f$。综上分析，空载特性曲线与电机的磁化曲线相似。

他励直流发电机的空载特性曲线通常可用试验的方法求得。试验电路如图1-12所示，由原动机拖动直流发电机以额定转速旋转，使励磁电流从零开始增大，直到空载电压 $U_0 \approx (1.1 \sim 1.3)U_N$，然后逐步减少励磁电流，记录其对应的空载电压，当励磁电流 $I_f = 0$ 时，空载电压并不等于零，此电压称为剩磁电压，其大小约为额定电压的(2～5)%；然后改变励磁电流的方向，逐步增大励磁电流，使空载电压由剩磁电压减小到零，再继续增大励磁电流，则空载电压逐步升高，但极性相反，直到 $U_0 \approx (1.1 \sim 1.3)U_N$ 之后，再逐步减小励磁电流，直到励磁电流为零。在调节励磁电流的过程中，记录若干组空载电压和对应的励磁电

流，即可绘出空载特性曲线 $U_0=f(I_f)$，如图 1-13 所示。对于其他励磁方式的直流发电机，它们的空载特性曲线与他励直流发电机的空载特性曲线相似。但当转速不同时，曲线将随转速的改变而成正比地上升或下降。

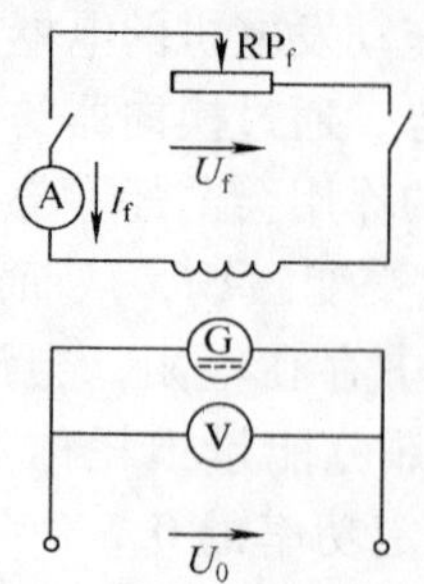

图 1-12 空载特性试验电路图

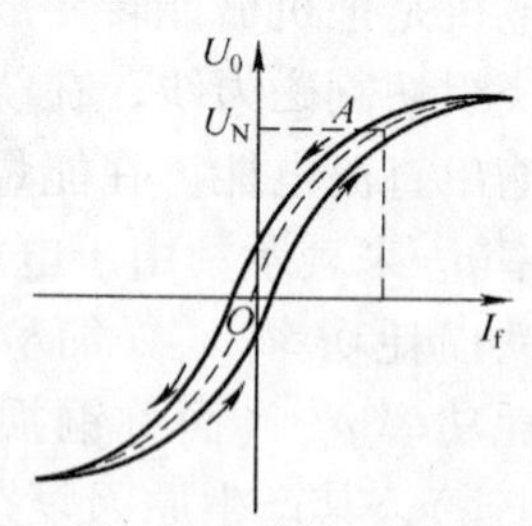

图 1-13 直流发电机的空载特性

### （二）外特性

直流发电机的外特性指是当 $n=n_N$、$I_f=I_{fN}$时 $U$ 与 $I$ 的关系曲线，即 $U=f(I)$。负载增加时，电枢反应的去磁作用使电枢电动势 $E_a$ 略有减小，而电枢回路的电压降 $I_aR_a$ 有所增加，根据发电机的电动势平衡方程式可知，端电压 $U$ 略有下降，如图 1-14 所示。

发电机端电压随负载变化的程度用额定电压调整率 $\Delta U_N$ 来表示。直流发电机的额定电压调整率是指，当 $n=n_N$、$I_f=I_{fN}$，发电机从额定负载过渡到空载时，端电压升高的数值与额定电压的百分比，即

$$\Delta U_N=\frac{U_0-U_N}{U_N}\times 100\% \tag{1-8}$$

一般他励发电机的 $\Delta U_N$ 约为$(5\sim10)\%U_N$，可以认为它是恒压电源。

### （三）调节特性

调节特性是指当端电压 $U=U_N$ 时 $I_f$ 与 $I$ 的关系曲线，即 $I_f=f(I)$。由外特性可知，当负载增加时端电压略有减小，为保持 $U=U_N$ 不变，必须增加励磁电流，所以调节特性是一条上升的曲线，如图 1-15 所示。

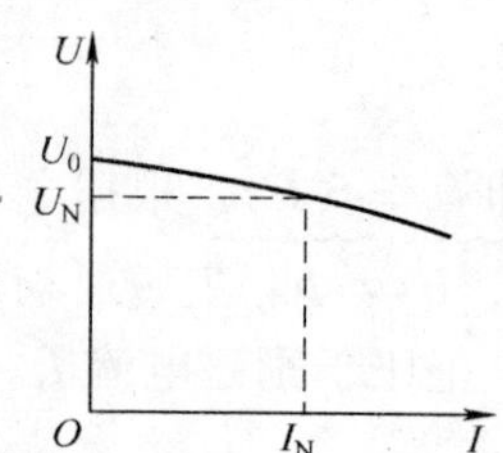

图 1-14 直流发电机的外特性

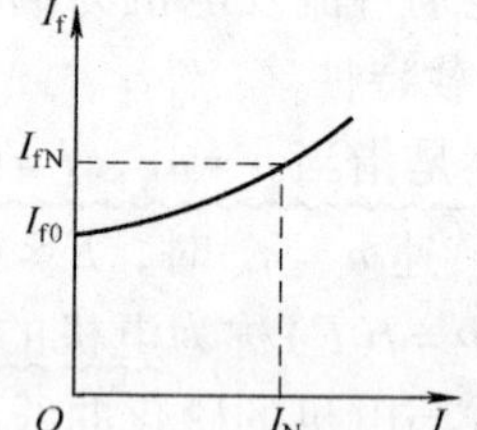

图 1-15 直流发电机的调节特性

### （四）效率特性

效率特性是指当 $n=n_N$、$U=U_N$ 时 $\eta$ 与 $P_2$ 的关系曲线，即 $\eta=f(P_2)$。他励发电机的效率表达式为

$$\eta=\frac{P_2}{P_1}\times 100\%=\frac{P_2}{P_2+\sum p}\times 100\%=\frac{P_2}{P_2+p_{Fe}+p_m+p_{Cu}+p_s}\times 100\% \tag{1-9}$$

式中，$\sum p$ 为总损耗，其中 $p_{Fe}$、$p_m$ 及 $p_s$ 为不变损耗，$p_{Cu}$为可变损耗，通常 $p_{Cu}$与负载的二次方成正比。当负载很小时，可变损耗 $p_{Cu}$也很小，此时发电机损耗以不变损耗为主，但因输出功率小，所以效率低；随着负载增加，输出功率增大，效率增大；当可变损耗与不变损耗相等时，效率最大；继续增加负载，可变损耗随负载电流的增大急剧增加，成为总损耗的主要部分，这时输出功率增大，但其增大的速度比不上可变损耗增加的速度，所以效率反而降低。他励直流发电机的效率特性曲线如图 1-16 所示。

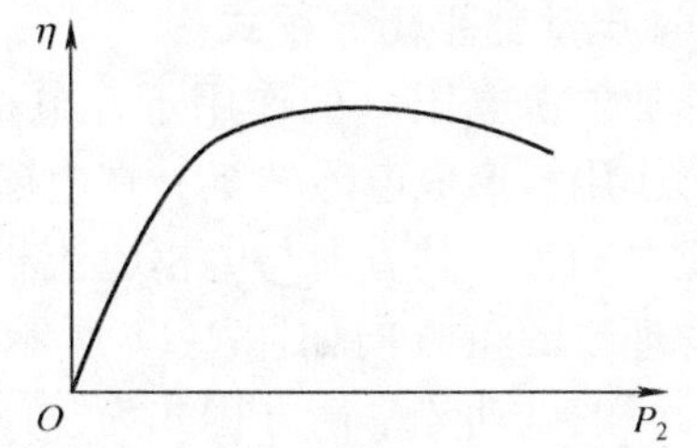

图 1-16 他励直流发电机的效率特性

**【例 1-1】** 一并励直流发电机的额定数据为 $P_N = 82\text{kW}$，$U_N = 230\text{V}$，$R_a = 0.0259\Omega$（电枢回路总电阻），$n_N = 930\text{r/min}$，励磁绕组电阻 $R_f = 26\Omega$，机械损耗与铁损耗之和 $p_{Fe} + p_m = 2.3\text{kW}$，附加损耗 $p_s = 0.01P_N$。

求额定负载时：

（1）输入功率；（2）电磁功率；（3）电磁转矩；（4）效率；（5）额定电压调整率。

**解：**

额定电流：$I_N = \dfrac{P_N}{U_N} = \dfrac{82 \times 10^3}{230}\text{A} = 356.5\text{A}$

励磁电流：$I_f = U_N/R_f = \dfrac{230}{26}\text{A} = 8.8\text{A}$

电枢电流：$I_{aN} = I_N + I_f =$（356.5 + 8.8）A = 365.3A

额定负载时电枢电动势：$E_a = U_N + I_{aN}R_a = 230\text{V} + 365.3 \times 0.0259\text{V} = 239.5\text{V}$

额定负载时电磁功率：$P_M = E_a I_{aN} = 239.5 \times 365.3\text{W} = 87.5 \times 10^3\text{W}$

额定负载时电磁转矩：$T = \dfrac{P_M}{\Omega} = \dfrac{P_M}{2\pi n/60} = \dfrac{87.5 \times 10^3 \times 60}{2\pi \times 930}\text{N} \cdot \text{m} = 898.5\text{N} \cdot \text{m}$

额定负载时发电机的输入功率：

$$P_1 = P_M + p_0 = 87.5 \times 10^3\text{W} + 2.3 \times 10^3\text{W} + 820\text{W} = 90.6 \times 10^3\text{W}$$

额定负载时的效率：$\eta = \dfrac{P_2}{P_1} \times 100\% = \dfrac{82 \times 10^3}{90.6 \times 10^3} \times 100\% = 90.5\%$

空载时电压：$U_0 = E_a = 239.5\text{V}$

额定电压调整率：$\Delta U_N = \dfrac{U_0 - U_N}{U_N} \times 100\% = \dfrac{239.5 - 230}{230} \times 100\% = 4.1\%$

## 第四节 直流电动机的运行原理

与直流发电机类似，直流电动机的运行性能也与励磁方式有关，本节以他励直流电动机为例介绍直流电动机的电动势平衡方程式、转矩平衡方程式和功率平衡方程式。

## 一、基本方程式

### （一）电动势平衡方程式

在外加电源电压 $U$ 的作用下，电枢绕组中流过电枢电流；电流在磁场的作用下，受到电磁力的作用，形成电磁转矩；在电磁转矩的作用下，电枢旋转；旋转的电枢切割磁力线，产生感应电动势，其方向与电枢电流相反，是反电动势。

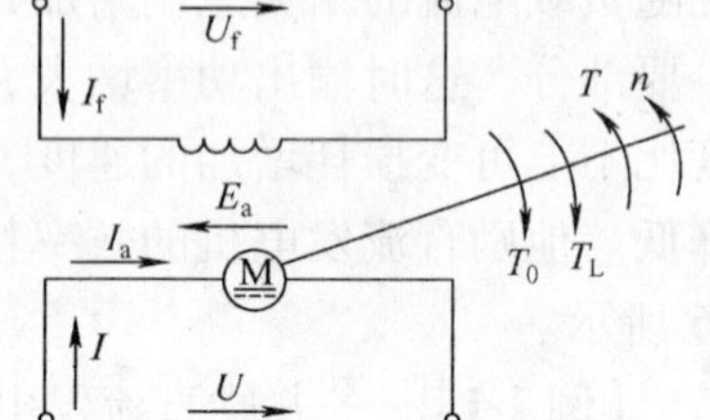

图 1-17 他励直流电动机

各物理量的正方向如图 1-17 所示，则他励直流电动机稳定运行时的电动势平衡方程式为

$$U = E_a + I_a r_a + 2\Delta U = E_a + I_a R_a \tag{1-10}$$

$$U_f = I_f R_f$$

式中，$r_a$ 为电枢电阻；$2\Delta U$ 为正负电刷的总接触压降（其中：碳 $\Delta U \approx 1V$；金属 $\Delta U \approx 0.3V$）；$R_a$ 为电枢电阻和电刷接触电阻之和。

由直流电动机的基本工作原理知，$U > E_a$。

### （二）转矩平衡方程式

对直流电动机来说，电磁转矩 $T$ 是拖动性质的转矩，与负载转矩 $T_L$ 和空载转矩 $T_0$ 相平衡，即

$$T = T_L + T_0 = \frac{pN}{2\pi a}\Phi I_a = 9.55 C_e \Phi I_a \tag{1-11}$$

式中，$p$ 为电动机的极对数；$a$ 为并联支路数。

### （三）功率平衡方程式

直流电动机从电网吸取电能，除去电枢回路的铜损耗 $p_{Cu}$（包括电刷接触铜损耗），其余部分便是电枢所吸收的电功率，即电磁功率 $P_M$，也是电动机获得的总机械功率 $P_m$，因此和发电机一样，电动机的电磁功率也可以写成

$$P_M = E_a I_a = C_e \Phi n I_a = \frac{pN}{60a}\Phi n I_a = \frac{pN}{2\pi a}\Phi I_a \frac{2\pi n}{60} = T\Omega \tag{1-12}$$

式中，$\Omega$ 为机械角速度，$\Omega = \frac{2\pi n}{60} = n/9.55$，即 $n = 9.55\Omega$。

$$T = C_T \Phi I_a = \frac{pN}{2\pi a}\Phi I_a = 9.55 C_e \Phi I_a$$

即

$$C_T = 9.55 C_e$$

电磁功率在补偿了机械损耗 $p_m$、铁耗 $p_{Fe}$ 和附加损耗 $p_s$ 以后，剩下的部分即是对外输出的机械功率 $P_2$，所以

$$P_M = p_m + p_{Fe} + p_s + P_2 = p_0 + P_2 \tag{1-13}$$

最后可写出直流电动机的功率平衡方程式为

$$P_1 = p_{Cu} + P_M = p_{Cu} + p_m + p_{Fe} + p_s + P_2 = \sum p + P_2 \tag{1-14}$$

**【例 1-2】** 一台他励直流电机，$U_N = 220V$，$C_e = 12.4$，$\Phi = 1.1 \times 10^{-2}$ Wb，$R_a = 0.208\Omega$，$p_{Fe} = 362W$，$p_m = 204W$，$n_N = 1450r/min$，忽略附加损耗。求：（1）判断这台电机是发电机运行还是电动机运行；（2）电磁转矩、输入功率和效率。

**解**：（1）判断一台电机的工作状态，可以比较电枢电动势 $E_a$ 与端电压 $U$ 的大小，即

$$E_a = C_e \Phi n = 12.4 \times 1.1 \times 10^{-2} \times 1450\text{V} = 197.8\text{V}$$

因为 $U > E_a$，故此电机为电动机状态运行。

（2）由式（1-10）得

$$I_a = \frac{U - E_a}{R_a} = \frac{200 - 197.8}{0.208}\text{A} = 106.7\text{A}$$

$$T = C_T \Phi I_a = 9.55 C_e \Phi I_a = 9.55 \times 12.4 \times 1.1 \times 10^{-2} \times 106.7\text{N} \cdot \text{m} \approx 139\text{N} \cdot \text{m}$$

$$P_1 = UI_a = 220 \times 106.7\text{W} \approx 23.47\text{kW}$$

$$P_2 = P_M - p_{Fe} - p_m = E_a I_a - p_{Fe} - p_m = (197.8 \times 106.7 - 362 - 204)\text{W} = 20.54\text{kW}$$

$$\eta = \frac{P_2}{P_1} \times 100\% = \frac{20.54}{23.47} \times 100\% = 87.5\%$$

## 二、工作特性

直流电动机的工作特性是指 $U = U_N$、励磁电流 $I_f = I_{fN}$、电枢回路不外串任何电阻时，电动机的转速 $n$、电磁转矩 $T$ 和效率 $\eta$ 分别与输出功率 $P_2$ 之间的关系。在实际运用时，因为电枢电流 $I_a$ 较易测量，且 $I_a$ 随输出功率的变化而变化，所以电动机的工作特性常表示为电动机的转速 $n$、电磁转矩 $T$、效率 $\eta$ 分别与电枢电流 $I_a$ 之间的关系，如图 1-18 所示。

### （一）转速特性

转速特性是指当 $U = U_N$、$I_f = I_{fN}$、电枢回路不外串任何电阻时，电动机的转速与输出功率之间的关系，即 $n = f(P_2)$。

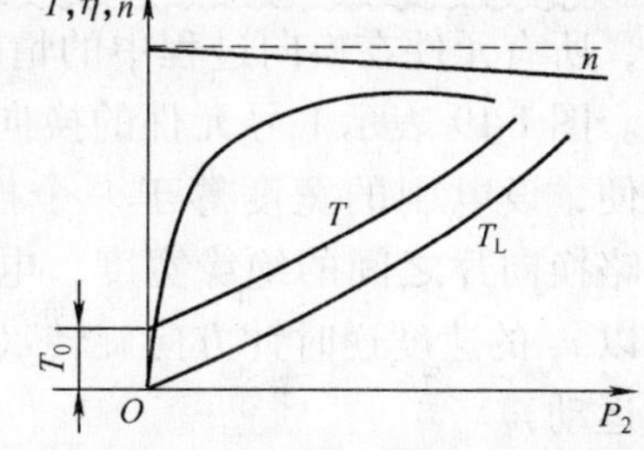

图 1-18　直流电动机的工作特性

由

$$U = E_a + I_a R_a$$

$$E_a = C_e \Phi n$$

得转速公式为

$$n = \frac{U_N - I_a R_a}{C_e \Phi} \tag{1-15}$$

当输出功率增加时，电枢电流增加，电枢压降 $I_a R_a$ 增加，使转速下降；同时由于电枢反应的去磁作用，使转速上升。上述二者相互作用的结果，使转速的变化很小。

电动机转速随负载变化的稳定程度用电动机的额定转速调整率 $\Delta n_N\%$ 表示，即

$$\Delta n_N\% = \frac{n_0 - n_N}{n_N} \times 100\% \tag{1-16}$$

式中，$n_0$ 为空载转速；$n_N$ 为额定负载转速。

并励直流电动机的转速调整率很小，$\Delta n_N\%$ 约为 3% ~8%。

### （二）转矩特性

转矩特性是指 $U = U_N$、$I_f = I_{fN}$、电枢回路不外串任何电阻时，电动机的电磁转矩与输出功率之间的关系，即 $T = f(P_2)$。

由 $T_L = \frac{P_2}{\Omega} = \frac{P_2}{2\pi n/60}$ 可知，当负载增加、转速略有下降时，$T = f(P_2)$ 的关系曲线略向上

弯曲。根据转矩平衡方程式 $T=T_L+T_0$，在 $T_L=f(P_2)$ 的曲线上叠加空载转矩曲线可得 $T=f(P_2)$ 的关系曲线。

**（三）效率特性**

直流电动机的效率特性与发电机相同，此处不再赘述。

## 第五节　直流电动机的换向

直流电动机的电枢绕组是一闭合绕组，由电刷把这一闭合电路分成若干支路，每个支路的元件个数相等。一个电刷所连接两条支路的电流方向相反，当电枢旋转时，绕组元件从一个支路，经电刷短路，进入另一个支路，电流方向要发生变化。元件中电流改变方向的过程，称为换向。

直流电动机的换向非常关键，换向不理想会使电刷和换向器之间产生火花，严重时会烧坏换向器与电刷，使电动机不能正常工作。国家有关标准对电动机换向时产生的火花等级与允许的运行状态有一定的规定。电磁、机械、电化学、电热等很多方面的因素均会对换向造成影响，本节仅讨论电磁原因对换向产生的影响及其改善换向的方法。

### 一、换向过程

从换向开始到换向结束的过程就称为换向过程，电枢绕组中每个元件都要经过换向过程，所有元件在换向过程中的情况一样，所以，只要讨论任意一个元件的换向过程就可以了。图 1-19 表示 1 号元件的换向过程。为分析方便，设电刷的宽度等于一个换向片的宽度，忽略换向片之间的绝缘宽度，电刷不动，换向器以 $v_k$ 的速度逆时针方向旋转（即图中自右向左运动）。

图 1-19a 中，电刷与换向片 1 连接，元件 1 属于电刷右边的支路，此时元件中的电流等于支路电流 $+i_a$，1 号元件开始换向。

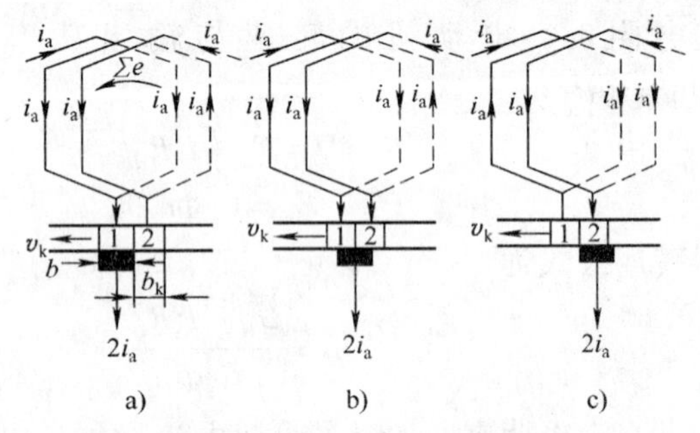

图 1-19　元件 1 中的电流换向过程

图 1-19b 中，电刷同时与换向片 1 和 2 接触，1 号元件被电刷短路，表明该元件正在换向，其电流发生变换，变为 $i$。

图 1-19c 中，电刷与换向片 2 连接，此时元件 1 属于电刷左边的支路，元件中的电流等于支路电流 $-i_a$，1 号元件结束换向。

换向过程所需的时间称为换向周期 $T_k$，通常只有千分之几秒。

### 二、改善换向的方法

如果换向不理想，在电刷下会产生火花。产生火花的原因，除了电磁原因外，还可能因为换向器表面不平整、不清洁、换向片间有绝缘突出，电刷与换向器接触压力不适当等，本节只从电磁原因入手，介绍一些改善换向的方法。常用的方法有以下两种。

**（一）加换向极**

由换向元件的感应电动势可知，当电刷放在几何中心线上时，换向元件只切割电枢磁场与换向极磁场。如果换向元件切割换向极磁场产生的旋转电动势，正好可以抵消换向元件切割电枢磁场产生的旋转电动势和换向元件的电抗电动势，这样附加电流就很小，可以减小火花。

**（二）正确选用电刷**

从改善换向的角度来看，选择接触电阻大的电刷可有利于换向。但接触电阻过大，则接触电压降增大，能量损耗增加，换向器发热加剧，反而不利于换向。因此，正确选用电刷非常重要。在一般电动机中多采用石墨电刷；对换向比较困难的电动机，多采用碳-石墨电刷，其接触电阻较大；在低电压大电流电动机中则常采用金属石墨电刷。

另外，保持换向器表面平整、清洁，适当调整电刷与换向器的接触压力，都可以有效地改善换向。

## 思考题与习题

1-1 试说明直流电机的电刷与换向器的作用。

1-2 直流电机有哪些主要部件，各部件用什么材料构成，分别起什么作用？

1-3 什么是电机的磁化曲线，有什么特点？

1-4 直流电机的主磁路包括哪几段？电机的磁路为什么会出现饱和现象？

1-5 直流电机有哪几种励磁方式？试分别说明励磁方式不同时，电机电流 $I$、电枢电流 $I_a$ 与励磁电流 $I_{fN}$ 之间的关系。

1-6 直流电动机空载时气隙磁感应强度是如何分布的？

1-7 什么是电枢反应，电枢反应对电机的主极磁场有什么影响？

1-8 如何判断直流电机是运行于发电机状态还是运行于电动机状态？

1-9 如何改变直流发电机端电压的极性？

1-10 如何改变他励直流电动机的转向？改变电源的极性能否改变并励直流电动机的转向？

1-11 什么是换向，如何改善换向？

1-12 已知一台他励直流电动机的数据为 $P_N = 40\text{kW}$，$U_N = 220\text{V}$，$I_N = 207.5\text{A}$，$R_a = 0.067\Omega$，$n_N = 1500\text{r/min}$。（1）求额定效率；（2）求额定转速调整率；（3）求额定电磁转矩。

1-13 已知一台并励直流电动机的数据为 $P_N = 17\text{kW}$，$U_N = 220\text{V}$，$R_a = 0.1\Omega$（电枢回路总电阻），$n_N = 1500\text{r/min}$，励磁绕组电阻 $R_f = 110\Omega$，额定负载时的效率 $\eta = 84\%$，试求：（1）额定输入功率；（2）总损耗；（3）电枢回路铜损耗；（4）励磁回路铜损耗；（5）附加损耗；（6）机械损耗与铁损耗之和。

# 第二章　直流电动机的电力拖动

电力拖动系统一般由控制设备、电动机、传动机构、生产机械和电源五部分组成。在此系统中，电动机将电能转换成机械能，通过传动机构拖动生产机械；控制设备由各种控制电机、电器、自动化元件及工业控制计算机、可编程序控制器等组成，用以控制电动机的运动，从而对生产机械的运动实现自动控制；电源的作用是向电动机和其他电气设备供电。

本章首先介绍电力拖动系统的运动方程式，然后介绍生产机械的负载转矩特性，最后以他励直流电动机为例，介绍直流电动机的机械特性、起动、制动和调速。

## 第一节　电力拖动系统的运动方程式

电力拖动系统中所用的电动机种类很多，生产机械的性质也各不相同，但从动力学的角度看，它们都服从动力学统一的规律，所以在研究电力拖动时，首先应建立电力拖动系统的运动方程。

### 一、运动方程式

在各种结构形式的电力拖动系统中，电动机的轴与生产机械的旋转机构直接相连的单轴系统是最基本的一种，本节就分析其运动方程式。

#### （一）直线运动

当系统作直线运动时，根据力学定律可知，其运动方程式为

$$F - F_{\mathrm{L}} = m\frac{\mathrm{d}v}{\mathrm{d}t} \tag{2-1}$$

式中，$F$ 为拖动力，单位为 N；$F_{\mathrm{L}}$ 为阻力，单位为 N；$m\frac{\mathrm{d}v}{\mathrm{d}t}$为惯性力，其中 $m$ 为运动物体的质量，单位为 kg；$v$ 为物体运动的线速度，单位为 m/s。

#### （二）旋转运动

与直线运动相似，根据力学定律可得到做旋转运动的单轴系统的运动方程式为

$$T - T_{\mathrm{L}} = J\frac{\mathrm{d}\Omega}{\mathrm{d}t} \tag{2-2}$$

式中，$T$ 为电动机产生的电磁转矩，单位为 N · m；$T_{\mathrm{L}}$ 为负载转矩，单位为 N · m；$J\frac{\mathrm{d}\Omega}{\mathrm{d}t}$为惯性转矩（或称为加速转矩），其中 $J$ 为旋转物体的转动惯量，单位为 kg · m$^2$；$\Omega$ 为旋转物体的旋转角速度，单位为 rad/s。

在式（2-2）中，转动惯量 $J$ 可表示为

$$J = mr^2 = GD^2/(4g) \tag{2-3}$$

式中，$m$ 和 $G$ 为旋转部分的质量（单位为 kg）和重力（单位为 N）；$r$ 和 $D$ 为惯性半径和直

径，单位为 m；$GD^2$ 为飞轮转矩，单位为 $N \cdot m^2$；$g = 9.81 m/s^2$ 为重力加速度。

若将角速度 $\Omega = 2\pi n/60$ 和式（2-3）代入式（2-2）可得到旋转运动方程式的实用表达式为

$$T - T_L = \frac{GD^2}{375}\frac{dn}{dt} \tag{2-4}$$

在式（2-4）中，当 $T = T_L$ 时，$\frac{dn}{dt} = 0$，系统静止或等速旋转，电力拖动系统处于稳定运行状态；当 $T > T_L$ 时，$\frac{dn}{dt} > 0$，电力拖动系统处于加速运行状态，是过渡过程；当 $T < T_L$ 时，$\frac{dn}{dt} < 0$，电力拖动系统处于减速运行状态，也是过渡过程。

当电动机的轴与生产机械的旋转机构通过传动机构相连时，应将实际的多轴系统进行等效折算，将其折算成为一个等效的单轴系统。在保持拖动系统折算前后传送的功率和存储的能量不变的条件下，将工作机构的转矩、力、飞轮转矩和质量进行折算，并且折算的同时还要考虑传动机构的损耗。这样，电动机与生产机械就成为单轴系统，可以按照上文介绍的方法写出相应的运动方程式。

### 二、运动方程式中转矩的正负号分析

在式（2-4）中，常以电动机的轴作为研究对象。由于电动机的类型和运行状态不同，且生产机械负载的类型也不同，所以电动机轴上的电磁转矩（拖动转矩）$T$ 和负载转矩（阻力转矩）$T_L$ 不仅大小不同，而且方向也是变化的，因此常将运动方程式写成如下的形式：

$$\pm T - (\pm T_L) = \frac{GD^2}{375}\frac{dn}{dt} \tag{2-5}$$

在式（2-5）中，预先规定某一方向（例如顺时针转动方向或逆时针转动方向）为正，那么，当拖动转矩 $T$ 与此规定的正方向相同时，取正号，与此规定正方向相反时，取负号；而对于阻力转矩 $T_L$，当 $T_L$ 与此规定的正方向相同时，取负号，与此规定的正方向相反时，取正号。这样，加速转矩$\frac{DG^2}{375}\frac{dn}{dt}$的大小及正负由拖动转矩 $T$ 和阻力转矩 $T_L$ 的代数和来决定。

## 第二节　生产机械的负载转矩特性

在电力拖动系统的运动方程式中，负载转矩 $T_L$ 与转速 $n$ 之间的关系，即 $n = f(T_L)$ 称为生产机械的负载转矩特性。

生产机械的负载转矩大小与很多因素有关。根据统计，大多数生产机械的负载转矩特性可以归纳为以下三种类型。

### 一、恒转矩负载特性

恒转矩负载是指负载转矩 $T_L$ 的大小与转速 $n$ 无关，即当转速变化时，负载转矩 $T_L$ 保持

为常值。根据转矩的方向是否与转动方向有关，恒转矩负载可分为反抗性恒转矩负载和位能性恒转矩负载。

**（一）反抗性恒转矩负载**

反抗性恒转矩负载的特点是负载转矩 $T_L$ 的方向总是与转动方向相反，总是阻碍电动机的运转，其特性如图 2-1 所示。图中，当负载转动方向改变时，负载转矩的方向也随着改变，永远是阻转矩。根据运动方程式中正负号的确定原则可知，反抗性恒转矩负载特性应画在第一和第三象限。带式运输机、轧钢机和机床的刀架平移机构等由摩擦力产生转矩的机械都属于反抗性恒转矩负载。

**（二）位能性恒转矩负载**

位能性恒转矩负载的特点是，负载转矩 $T_L$ 具有固定的方向，不随转动方向的改变而改变，其特性如图 2-2 所示。同理，根据运动方程式中正负号的确定原则，位能性恒转矩负载特性应画在第一和第四象限。这类特性的负载转矩是由物体的重力或弹性体的压缩、拉伸等作用产生的。例如，起重机提升重物和下放重物时，负载转矩方向不变。

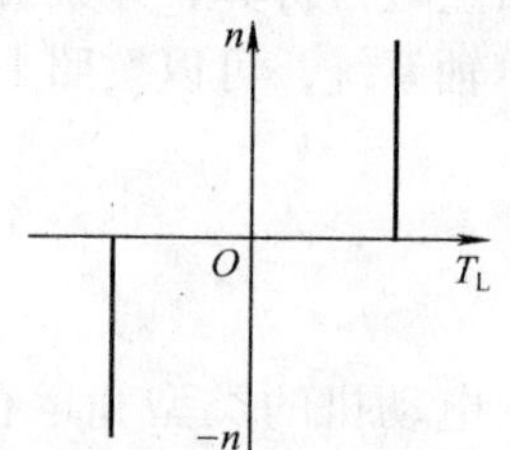


图 2-1　反抗性恒转矩负载特性

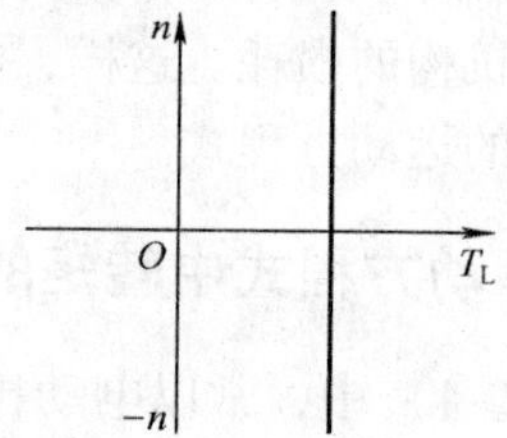


图 2-2　位能性恒转矩负载特性

## 二、通风机类负载特性

通风机类负载转矩 $T_L$ 与转速 $n$ 的大小有关，且基本上与转速 $n$ 的二次方成正比，即 $T_L = Kn^2$，其中，$K$ 为比例系数。其负载特性如图 2-3 所示。图中只在第一象限画出转速为正时的特性，当转速为负时，特性应在第三象限，且与第一象限的特性曲线对称。

属于通风机类负载的生产机械有通风机、水泵、油泵等。

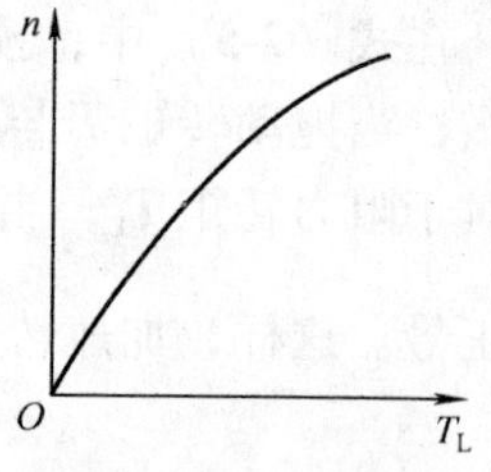

图 2-3　通风机类负载特性

## 三、恒功率负载特性

恒功率负载的特点是在不同转速下，负载从电动机吸收的功率 $P_L$ 为恒定值，即

$$P_L = T_L\Omega = T_L\frac{2\pi n}{60} = \frac{2\pi}{60}T_L n = K_1 \tag{2-6}$$

式中，$K_1$ 为常数。

由式（2-6）可得负载转矩 $T_L$ 与转速 $n$ 成反比，即

$$T_L = K/n \tag{2-7}$$

式中，$K$ 为常数。

由式（2-6）和式（2-7）可知，当负载功率 $P_L$ 不随转速 $n$ 变化时，负载转矩 $T_L$ 与转速

$n$ 成反比，其负载特性如图 2-4 所示。例如，车床粗加工时，切削量大，切削阻力大，电动机运行在低速状态；而在精加工时，切削量小，切削阻力小，但对加工表面精度要求高，电动机应工作在高速状态。另外，这里也只画出了转速为正时的特性，在第一象限；当转速为负时，恒功率负载特性曲线应在第三象限，与第一象限的特性曲线对称。

实际生产机械的负载转矩特性可能是单一类型的负载特性，也可能是上述几种典型特性的综合。例如通风机，除了主要的通风机类负载特性外，轴承上还承受一定的摩擦转矩，因而实际的通风机负载特性为 $T_L = T_0 + Kn^2$，其中 $T_0$ 为恒摩擦转矩。其负载特性曲线如图 2-5 所示。

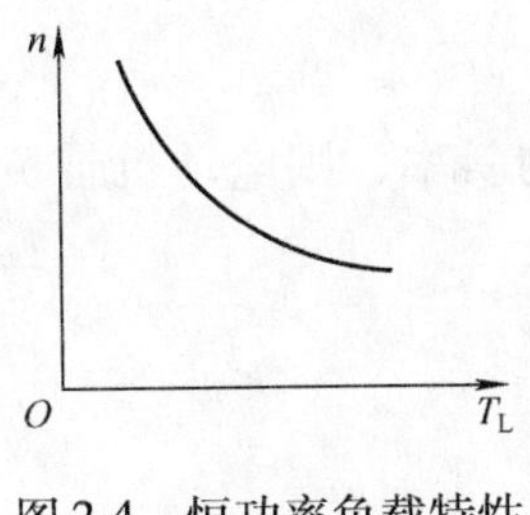

图 2-4　恒功率负载特性

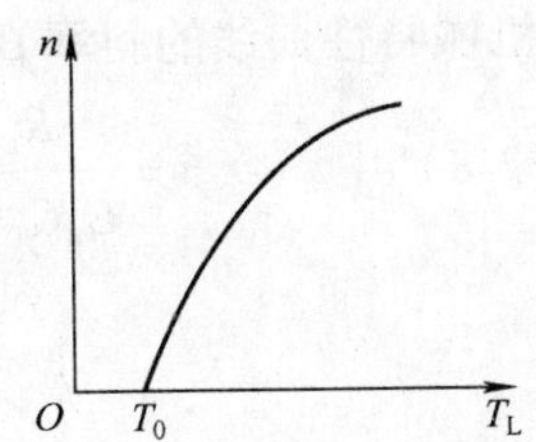

图 2-5　实际通风机类负载特性

## 第三节　他励直流电动机的机械特性

电动机的机械特性是指电动机的转速 $n$ 与电磁转矩 $T$ 的关系曲线，即 $n = f(T)$。

需要指出的是，电动机的电磁转矩 $T$ 与电动机轴上的输出转矩 $T_2$ 不同，它们之间相差一个空载转矩 $T_0$，但由于空载转矩 $T_0$ 与电动机的电磁转矩 $T$ 相比，比较小，一般在工程计算中常忽略不计，因此可以近似地认为电动机的电磁转矩 $T$ 与电动机轴上的输出转矩 $T_2$ 相等。

### 一、他励直流电动机的机械特性方程式

根据他励直流电动机的基本方程式（本章分析时忽略电刷的接触压降）

$$U = E_a + I_a R_a = C_e n\Phi + I_a R_a$$

$$T = T_2 + T_0 = C_T \Phi I_a$$

可以得到其机械特性方程式为

$$n = \frac{U}{C_e \Phi} - \frac{R_a}{C_e C_T \Phi^2} T \tag{2-8}$$

在式（2-8）中，电源电压 $U$、电枢总电阻 $R_a$ 和每极磁通 $\Phi$ 一般不变，则可得到他励直流电动机机械特性（如图 2-6 所示）是一条向下倾斜的直线。

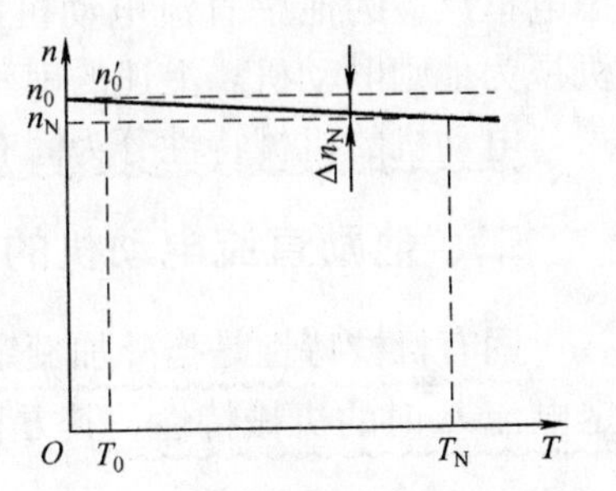

图 2-6　他励直流电动机的机械特性

下面对机械特性方程式作简要分析。

#### （一）理想空载转速 $n_0$

在机械特性方程式（2-8）中，令电磁转矩 $T = 0$ 时，可得

$$n_0 = \frac{T}{C_e \Phi} \tag{2-9}$$

式中，$n_0$ 为电动机的理想空载转速，如图 2-6 中 $n_0$ 所示。根据式（2-9）可知，改变电压 $U$ 和每极磁通 $\Phi$，可以得到不同大小的理想空载转速。

实际运行的电动机，电磁转矩 $T$ 不可能为零，至少应等于空载转矩 $T_0$，因此电动机的实际空载转速 $n_0'$ 比理想空载转速 $n_0$ 要小一些，如图 2-6 中 $n_0'$ 所示。故实际空载转速应为

$$n_0' = n_0 - \frac{R_a}{C_e C_T \Phi^2} T_0 \tag{2-10}$$

**（二）机械特性曲线的斜率 $\beta$**

在式（2-8）中，令 $\beta = \frac{R_a}{C_e C_T \Phi^2}$，称为机械特性曲线的斜率，则电动机带负载后的转速降 $\Delta n$ 为

$$\Delta n = \frac{R}{C_e C_T \Phi^2} T = \beta T \tag{2-11}$$

这样，机械特性方程式可简写为

$$n = n_0 - \beta T \tag{2-12}$$

由式（2-12）可知，$\beta$ 越大，转速降 $\Delta n$ 越大，表明机械特性越软；反之，机械特性越硬。机械特性的硬度也可用额定转速的变化率 $\Delta n_N\%$ 来表示。定义 $\Delta n_N\%$ 为

$$\Delta n_N\% = \frac{n_0 - n_N}{n_N} \times 100\% \tag{2-13}$$

**（三）电枢反应对机械特性的影响**

当电动机的负载增大时，由于电枢反应的影响，将产生去磁作用，从而使得每极磁通 $\Phi$ 略有减小，由式（2-8）可知，电动机的转速 $n$ 将回升，使得机械特性在负载较大时出现上翘的现象，如图 2-7 所示。这种上翘的机械特性曲线将影响拖动系统的稳定运行。

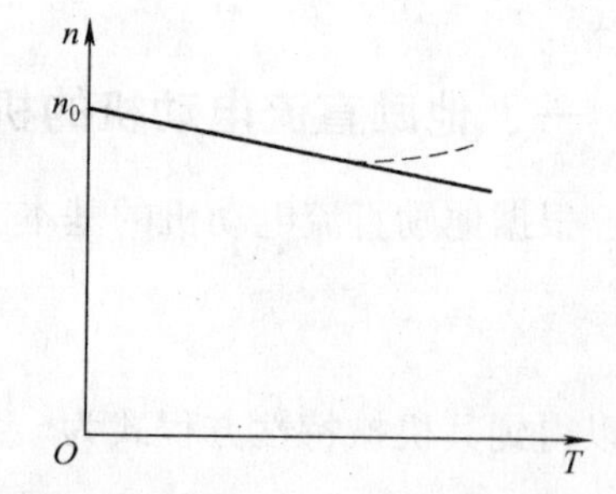

图 2-7　电枢反应对机械特性的影响

为了避免机械特性上翘，常在主磁极上外加匝数很少的串励绕组，让其产生的磁动势抵消电枢反应的去磁作用，实质上是将他励直流电动机变成了积复励直流电动机，但因为串励绕组磁动势较弱，其机械特性与不考虑电枢反应的他励直流电动机相同，所以仍然将该电动机视为他励电动机。上述的串励绕组被称为稳定绕组。

电动机的机械特性分为固有机械特性和人为机械特性。

## 二、他励直流电动机的固有机械特性

固有机械特性是指外加额定电压 $U_N$、电枢回路中没有串接附加电阻，且励磁电流为额定电流 $I_{fN}$ 时的机械特性，其方程式为

$$n = \frac{U_N}{C_e \Phi_N} - \frac{R_a}{C_e C_T \Phi_N^2} T \tag{2-14}$$

式中，$\Phi_N$ 为额定励磁电流 $I_{fN}$ 时的每极磁通（忽略电枢反应的影响）。

根据式（2-14）可以绘出他励直流电动机的固有机械特性，如图 2-8、图 2-9 和图 2-10 中的直线 1 所示。因为电枢回路电阻较小，所以他励直流电动机的固有机械特性较硬。

## 三、他励直流电动机的人为机械特性

人为机械特性是指人为地改变电动机的参数或电源电压而得到的机械特性。他励直流电动机有以下三种人为机械特性。

### （一）电枢回路串接电阻时的人为机械特性

当电动机外加额定电压 $U_N$、励磁电流为额定电流 $I_{fN}$ 时，在电枢回路串联附加电阻 $R_{ad}$，此时的人为机械特性方程式为

$$n=\frac{U_N}{C_e\Phi_N}-\frac{R_a+R_{ad}}{C_eC_T\Phi_N^2}T \tag{2-15}$$

将式（2-15）与式（2-14）相比，可以看出，电枢回路串电阻时，人为机械特性的理想空载转速 $n_0$ 与固有机械特性的理想空载转速 $n_0$ 相同，但其特性曲线的斜率 $\beta$ 随串联附加电阻的增大而增大，使得人为机械特性变软，如图 2-8 中的直线 2 和直线 3 所示。从图中可知，在相同的负载条件下，电动机在稳定运行时的转速降 $\Delta n$ 随串联电阻的增大而增大。所以，电枢回路串电阻的人为机械特性是一族通过理想空载转速点 $n_0$ 而斜率不同的直线族。

### （二）降低电源电压时的人为机械特性

当电枢回路中没有串接附加电阻，且励磁电流为额定电流 $I_{fN}$ 时，降低外加电源电压 $U$，此时的人为机械特性方程式为

$$n=\frac{U}{C_e\Phi_N}-\frac{R_a}{C_eC_T\Phi_N^2}T \tag{2-16}$$

将式（2-16）与式（2-14）相比，可以看出，降低电源电压时的人为机械特性曲线的斜率 $\beta$ 与固有机械特性曲线的斜率 $\beta$ 相同，即人为机械特性曲线的硬度与固有机械特性曲线的硬度相同，但其理想空载转速 $n_0$ 随外加电压的降低而减小，如图 2-9 中的直线 2 和直线 3 所示。

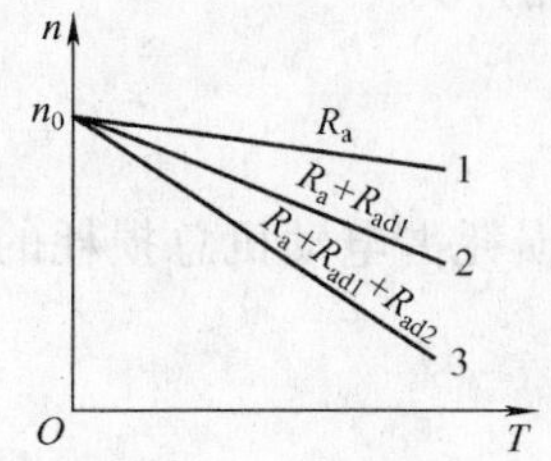


图 2-8　他励直流电动机的固有机械特性及电枢回路串接电阻时的人为机械特性

1—固有机械特性　2，3—电枢回路串接电阻时的人为机械特性

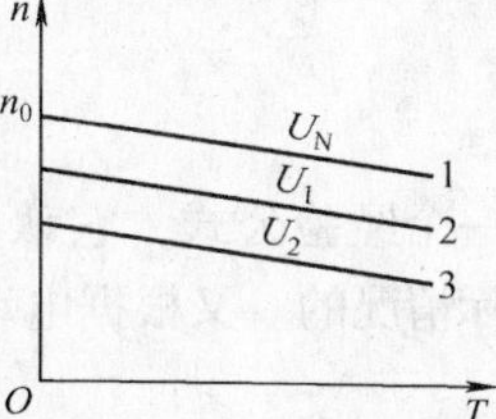


图 2-9　他励直流电动机的固有机械特性及降低电源电压时的人为机械特性

1—固有机械特性　2，3—降低电源电压时的人为机械特性

在实际电动机中，降低电源电压一般是从额定电源电压向下调节，从而得到不同的人为机械特性。从图 2-9 中可知，在相同的负载条件下，电动机在稳定运行时的转速降 $\Delta n$ 不随外加电压的变化而变化。所以，降低外加电源电压的人为机械特性是一族斜率相同的平行线。

**（三）减弱磁通时的人为机械特性**

当外加额定电压 $U_N$、电枢回路中没有串接附加电阻时，改变励磁电流（其相应的每极磁通为 $\Phi$）的大小，此时的人为机械特性方程式为

$$n=\frac{U_N}{C_e\Phi}-\frac{R_a}{C_eC_T\Phi^2}T \tag{2-17}$$

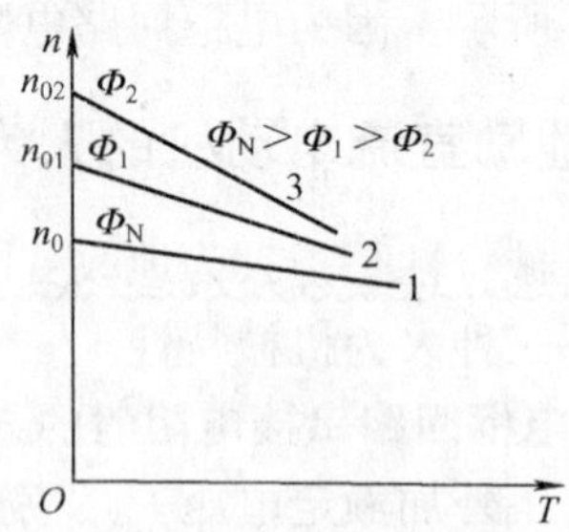


图 2-10 他励直流电动机的固有机械特性及减弱磁通时的人为机械特性

1—固有机械特性 2，3—减弱磁通时的人为机械特性

将式（2-17）与式（2-14）相比，可以看出，改变励磁电流（即每极磁通 $\Phi$）时，人为机械特性曲线的斜率 $\beta$ 随每极磁通 $\Phi$ 的减弱而增大，即人为机械特性曲线变软；人为机械特性的理想空载转速 $n_0$ 随每极磁通 $\Phi$ 的减弱而增大。减弱磁通时的人为机械特性如图 2-10 中的直线 2 和直线 3 所示。

在实际电动机中，因为电动机磁场存在饱和现象，所以改变磁通一般是从额定磁通向下调节，从而得到减弱磁通的人为机械特性。从图 2-10 中可知，在相同的负载条件下，电动机在稳定运行时的转速降 $\Delta n$ 随每极磁通的减小而增大，并且理想空载转速也随每极磁通的减小而增大，所以减弱磁通时的人为机械特性是一族理想空载转速点逐渐增大而斜率也逐渐增大的直线。

## 四、机械特性的绘制

因为他励直流电动机的机械特性是一条直线，所以根据电动机的铭牌数据，如额定功率 $P_N$、额定电压 $U_N$、额定电流 $I_N$ 和额定转速 $n_N$ 等，可以计算出机械特性上的两个点，从而画出机械特性。

**（一）固有机械特性的绘制**

固有机械特性的绘制一般选择理想空载点（0，$n_0$）和额定运行点（$T_N$，$n_N$）。

首先根据铭牌数据，估算出电枢电阻 $R_a$（$R_a$ 也可以实测）为

$$R_a=\left(\frac{1}{2}\sim\frac{2}{3}\right)\frac{U_NI_N-P_N}{I_N^2} \tag{2-18}$$

该式是一个经验公式，它认为在额定负载下，电枢铜损耗占电动机总损耗的 1/2 ~ 2/3，这是符合实际情况的。又根据电动势平衡方程式可得

$$C_e\Phi_N=\frac{E_a}{n_N}=\frac{U_N-I_NR_a}{n_N} \tag{2-19}$$

从而得到理想空载转速为

$$n_0=\frac{U_N}{C_e\Phi_N}$$

其次计算额定运行点的电磁转矩为

$$T_N=C_T\Phi_NI_N=9.55C_e\Phi_NI_N$$

式中，$C_T=\dfrac{pN}{2\pi a}$（$a$ 为电枢绕组并联支路对数；$N$ 为电枢绕组线圈匝数；$p$ 为电机的极对数），

$C_e=\dfrac{pN}{60a}$，故 $C_T=\dfrac{60}{2\pi}C_e=9.55C_e$。

这样，连接这两个点的直线就是固有机械特性曲线。

**（二）人为机械特性的绘制**

对各种人为机械特性，将相应的参数值代入相应的人为机械特性方程式，即可求出人为机械特性上的某个运行点与理想空载点，从而画出人为机械特性。

## 第四节　他励直流电动机的起动和反转

电动机从静止状态到稳定运行状态的过渡过程称为起动过程或简称起动。电动机在起动瞬间，转速等于零，这时的电枢电流称为起动电流，用 $I_{st}$ 表示；相应的电磁转矩称为起动转矩，用 $T_{st}$ 表示。生产机械对电动机的起动有如下要求：①要有足够大的起动转矩 $T_{st}$，②起动电流 $I_{st}$ 必须在允许范围内；③起动时间短；④起动设备简单、经济、可靠。

下面介绍他励直流电动机常用的起动方法。

### 一、直接起动

直接起动是指接通励磁电源后，将电动机的电枢直接投入额定电压的电源上起动，直接起动又称为全压起动。由于起动瞬间，转速等于零，电枢绕组的感应电动势 $E_a=C_e n\Phi=0$，则起动电流为

$$I_{st}=\frac{U_N-E_a}{R_a}=\frac{U_N}{R_a}$$

因为电枢绕组的电阻 $R_a$ 很小，所以起动电流 $I_{st}$ 很大，可达到额定电流的十几倍。此时，起动转矩 $T_{st}=C_T\Phi I_{st}$ 也很大。

直接起动的过程可用图 2-11 所示的机械特性曲线来说明，机械特性曲线的斜率由电枢电阻决定。假设电动机的负载转矩为额定转矩，即 $T_L=T_N$，当电枢接通电源，即加上额定电源电压 $U_N$ 时，起动转矩 $T_{st}>>T_L$，使系统加速，电动机的转速升高。随着电动机转速的升高，感应电动势 $E_a=C_e n\Phi$ 增大，使电枢电流 $I_a$ 减小，电磁转矩也相应减小，直到 $T=T_L=T_N$ 为止，即直到电动机的机械特性与负载特性的交点 $a$ 处，此时电动机的转速为额定转速 $n_N$，起动过程结束。

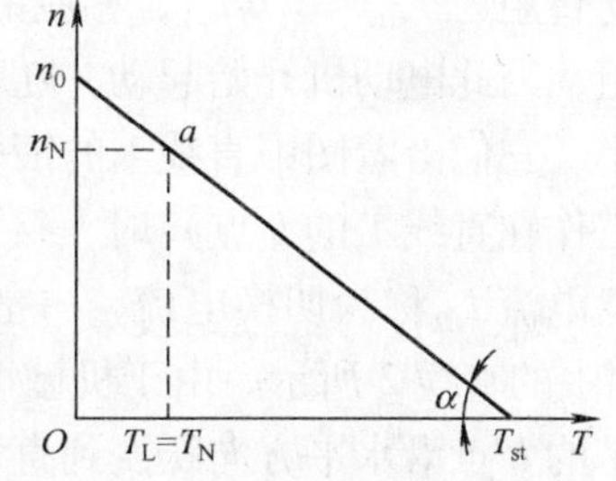


图 2-11　直接起动时的机械特性

直接起动不需要专用设备，操作简单，但起动电流较大，可达额定电流的十几倍，造成换向困难，容易引起环火；而且过大的起动电流还会使电网电压发生瞬时跌落，影响电网上其他设备的正常工作；同时，过大的起动电流将产生很大的起动转矩，使传动机构受到很大的冲击力，容易损坏设备。所以直接起动只限用于容量很小的直流电动机。

### 二、电枢回路串电阻起动

为限制起动电流，起动时在电枢回路串联可变电阻（通常称为起动电阻），待转速上升后

再逐步将起动电阻切除。电枢回路串联起动电阻 $R_{st}$ 起动时的起动电流为

$$I_{st}=\frac{U_N}{R_a+R_{st}} \tag{2-20}$$

可见，只要起动电阻 $R_{st}$ 选得合适，就可将起动电流 $I_{st}$ 限制在允许的范围内。

起动电阻一般是被逐级切除的，通常利用接触器来切除。图 2-12a 给出了他励直流电动机串三级电阻起动的电路图，图中 KM 为接通电源的接触器主触点，$KM_1$、$KM_2$、$KM_3$ 分别为起动过程中切除起动电阻 $R_{st1}$、$R_{st2}$、$R_{st3}$ 的三个接触器主触点。

起动时，调节励磁电流为额定励磁电流，然后闭合 KM，接入电源，断开 $KM_1$、$KM_2$、$KM_3$，使起动电阻全部接入，电动机将起动升速。在此过程中，逐一闭合 $KM_1$、$KM_2$ 和 $KM_3$，使起动电阻全部切除，起动过程结束。这一起动过程可通过图 2-12b 的起动特性图加以说明。

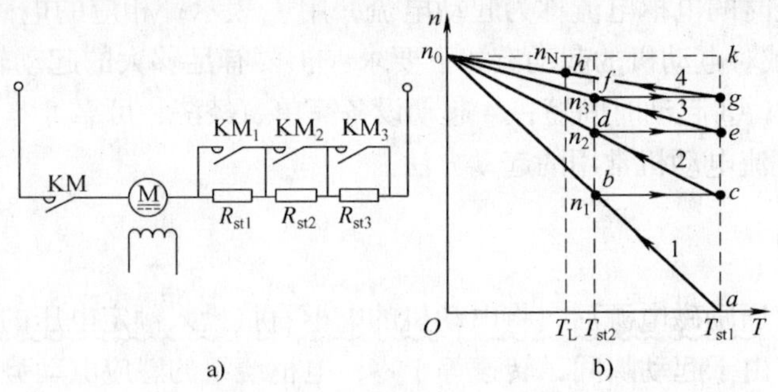


图 2-12 他励直流电动机电枢回路串电阻起动

a）电路图 b）特性图

起动开始瞬间，起动电流 $I_{st1}=\dfrac{U_N}{R_a+R_{st1}+R_{st2}+R_{st3}}$，一般限制在 $(2\sim2.5)I_N$，此时对应的起动转矩为 $T_{st1}=C_T\Phi I_{st1}$，相应的人为机械特性如图 2-12b 中的直线 1 所示。由于 $T_{st1}$ 大于负载转矩，因此电动机开始起动。随着转速的上升，感应电动势增大，使电枢电流和电磁转矩逐渐减小，它们沿着图中直线 1 的箭头所指方向变化。当转速升高至 $n_1$，电磁转矩降至 $T_{st2}$（电动机工作在直线 1 的 $b$ 点）时，接触器 $KM_1$ 触点闭合，将电阻 $R_{st1}$ 短路。与电磁转矩 $T_{st2}$ 对应的电枢电流 $I_{st2}$ 称为切换电流，一般取为 $(1.1\sim1.2)I_N$。电阻 $R_{st1}$ 切除后的人为机械特性如图 2-12b 中的直线 2 所示。由于机械惯性，转速不能突变，仍然为 $n_1$，而此时电动机的工作点由直线 1 的 $b$ 点沿水平方向跃变到直线 2 的 $c$ 点，选择适当的值 $R_{st1}$，可使 $c$ 点的电磁转矩值等于 $T_{st1}$。这样，电动机又进一步加速，转矩与转速便沿直线 2 的箭头所指方向变化，直到转速升高至 $n_2$，相应的电磁转矩降为 $T_{st2}$（电动机工作在直线 2 的 $d$ 点）时，接触器 $KM_2$ 触点闭合，将电阻 $R_{st2}$ 短路。电阻 $R_{st2}$ 切除后的人为机械特性如图 2-12b 中的直线 3 所示，此时电动机的工作点由直线 2 的 $d$ 点沿水平方向跃变到直线 3 的 $e$ 点。同理，选择适当的 $R_{st2}$ 值，可使 $e$ 点的电磁转矩值也等于 $T_{st1}$。这样，电动机又进一步加速，转矩与转速便沿直线 3 的箭头所指方向变化。以此类推，在最后一级电阻 $R_{st3}$ 切除后，电动机将过渡到固有机械特性上，如图 2-12b 中的直线 4 所示，并沿固有机械特性加速，到达 $h$ 点时，电磁转矩与负载转矩相平衡，电动机便稳定运行在 $h$ 点，整个起动过程结束。

这种起动方法的缺点是，采用的起动变阻器对大容量的电动机来说较笨重，而且起动过程中损耗也很大。

## 三、减压起动

当他励直流电动机的电枢回路由专用的可调直流电源供电时，通过调节加到电枢上的电压，也可限制起动电流。

图 2-13 给出了他励直流电动机减压起动过程的机械特性图。起动前调节好励磁电流，然后将电枢电压由低到高逐步增大，电动机的转速也将逐步增大，同时使起动电流限制在一定范围之内。

减压起动是一种比较理想的起动方法，起动过程中损耗小，起动比较平稳，但须有专用的可调直流电源，多用于要求经常起动的场合和大中型电动机的起动，例如实际使用的直流伺服系统就多采用减压起动方法。

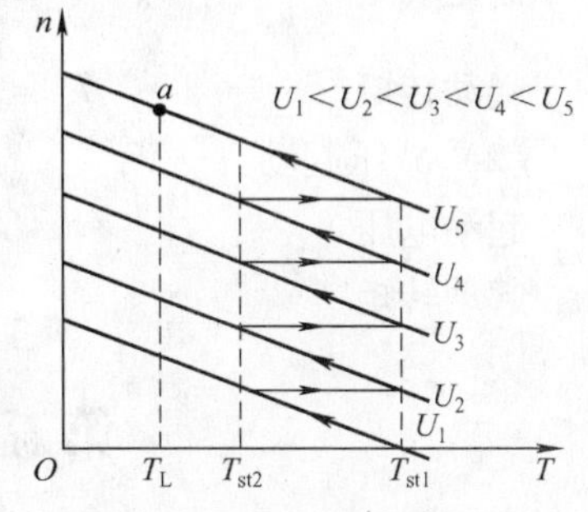

图 2-13　减压起动的机械特性

【例 2-1】　某台并励直流电动机，额定电压为 220V，额定电流为 22A，电枢回路电阻为 0.82Ω，起动时要求将起动电流限制为小于 2 倍的额定电流，问应在电枢回路串联多大的电阻?

**解**：电动机起动瞬间，转速为零，感应电动势也为零，所以串联起动电阻 $R_{st}$ 后的起动电流为

$$I_{st}=\frac{U_N-E_a}{R_a+R_{st}}=\frac{220V-0}{0.82\Omega+R_{st}}<2I_N=44A$$

则起动电阻 $R_{st}$ 为

$$R_{st}>\left(\frac{220}{44}-0.82\right)\Omega=4.2\Omega$$

所以，为了使起动电流限制为小于 2 倍的额定电流，应在电枢回路串联大于 4.2Ω 的电阻。

## 四、直流电动机的反转

电力拖动系统在工作过程中，常常需要改变转动方向，为此需要电动机反方向起动和运行，即需要改变电动机产生的电磁转矩的方向。因为电磁转矩是由主磁极磁通与电枢电流相互作用而产生的，根据左手定则，任意改变两者之一时，作用力方向就改变。所以，改变转向的方法有两个：一是电枢绕组两端极性不变，而将励磁绕组反接；另一是励磁绕组极性不变而将电枢绕组反接。

【例 2-2】　某他励直流电动机额定功率 $P_N=96kW$，额定电压 $U_N=440V$，额定电流 $I_N=250A$，额定转速 $n_N=500r/min$，电枢回路电阻 $R_a=0.078\Omega$，拖动额定恒转矩负载运行，忽略空载转矩。

（1）若采用电枢回路串电阻起动，起动电流 $I_{st}=2I_N$ 时，计算应串入的电阻值及起动转矩。

（2）若采用减压起动，条件同上，电压应降至多少？计算起动转矩。

**解**：（1）电枢回路串电阻起动

应串电阻　$R_{st}=\frac{U_N}{I_{st}}-R_a=\left(\frac{440}{2\times250}-0.078\right)\Omega=0.802\Omega$

额定转矩　$T_N\approx9.55\frac{P_N}{n_N}=9.55\times\frac{96\times10^3}{500}N\cdot m=1833.6N\cdot m$

起动转矩　$T_{st}=2T_N=2\times1833.6N\cdot m=3667.2N\cdot m$

（2）减压起动

起动电压　$U_{st}=I_{st}R_a=2\times250\times0.078V=39V$

起动转矩　$T_{st}=2T_N=3667.2N\cdot m$

## 第五节　他励直流电动机的制动

在电力拖动系统中，为了满足生产上的技术、经济和安全的要求，往往需要使电动机尽快地停转或者由高速运行迅速转为低速运行，为此需要对电动机进行制动。此外，对于位能负载的工作机构，利用制动可以获得稳定的下降速度。因此，制动是电动机一种很重要的运行状态。

制动可以采用机械的方法进行，称为机械制动；也可以采用电气制动。在制动过程中，要求电动机制动迅速、平滑、可靠，能量损耗少。电动机的电动状态和制动状态的区别为：电动状态时电动机的电磁转矩方向与转速方向相同，机械特性在第一和第三象限；制动状态时电机的电磁转矩方向与转速方向相反，机械特性在第二和第四象限。

常用的电气制动有能耗制动、反接制动和回馈制动三种，下面分别讨论。

### 一、能耗制动

能耗制动是把运行在电动状态下的电动机的电枢从电网上切除，并接在一个外加的制动电阻 $R_{bk}$ 上构成闭合回路，控制电路如图 2-14a 所示。制动时，保持励磁电流的大小和方向不变，使接触器 $KM_1$ 常闭触点断开，切断电源，常开触点闭合，接入制动电阻 $R_{bk}$，电动机进入制动状态，如图 2-14b 所示。

电动机在制动开始瞬间，由于惯性作用，因此转速仍保持与原电动状态时相同的方向和大小，则电枢绕组的感应电动势 $E_a$ 的大小和方向也与原电动状态时相同，而此时电枢绕组与外串电阻 $R_{bk}$ 构成回路，外加电枢电压为零，所以回路中电流为

$$I_a=-\frac{E_a}{R_a+R_{bk}}$$

与电动状态时的电枢电流的方向相反，从而电动机的电磁转矩也将改变方向，与电动状态时相反，而电动机的转速方向与电动状态时相同，所以此时电动机的电磁转矩方向与转速方向相反，电动机处于制动状态。

注：$U=0$、$U_f$ 不变→因为惯性，电枢切割恒定磁场→产生反方向的 $I_a$，$T<0$→$n\uparrow$→当 $n=0$、$T=0$ 时，制动结束。

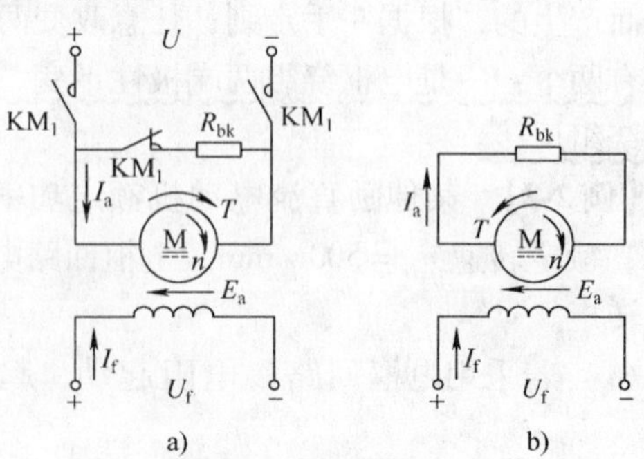


图 2-14　能耗制动

a）能耗制动控制电路图　b）能耗制动时的电路图

电动机在制动过程中，靠自身系统的动能发电，并将发出的电能消耗在电枢回路的电阻上，因此称为能耗制动。

电动机在能耗制动时，$U=0$，$R=R_a+R_{bk}$，将此条件代入他励直流电动机的机械特性方程式

$$n=\frac{U}{C_e\Phi}-\frac{R_a}{C_eC_T\Phi^2}T$$

中，便可得到能耗制动的机械特性方程式

$$n=-\frac{R_a+R_{bk}}{C_eC_T\Phi^2}T \tag{2-21}$$

由式（2-21）可知，能耗制动的机械特性曲线是一条过坐标原点的、位于第二和第四象限的直线，如图 2-15 所示。该机械特性曲线的斜率为

$$\beta=\frac{R_a+R_{bk}}{C_eC_T\Phi^2}$$

与电动状态下电枢回路串联电阻 $R_{bk}$ 时的人为机械特性曲线的斜率相同，两条特性曲线相互平行。

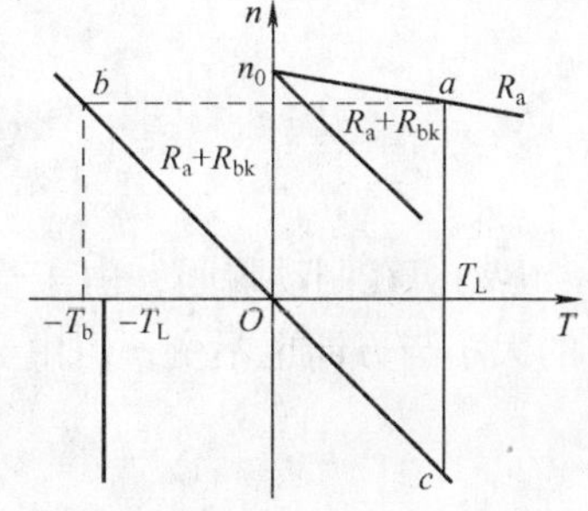

图 2-15　能耗制动机械特性

能耗制动具有制动电路简单可靠的特点，并且当转速为零时，电磁转矩也为零。对于反抗性恒转矩负载的拖动系统可以实现准确停车。在图 2-15 中，假定原电动机拖动反抗性恒转矩负载工作在电动状态 $a$ 点，制动切换瞬间，由于惯性转速不能突变，电动机的工作点从电动机机械特性曲线上的 $a$ 点水平跃变到能耗制动机械特性曲线上的 $b$ 点，此时电磁转矩改变方向，与负载转矩方向相同，它们的共同作用使电动机沿直线 $bO$ 减速，直到 $O$ 点。在 $O$ 点，电动机转速为零，感应电动势也为零，从而使电枢电流为零，电磁转矩也为零，电动机停转。如果电动机拖动的是位能性负载，系统最终将稳定运行于第四象限中两特性曲线的交点（$c$ 点）处，电动机反转恒速下放重物。

改变制动电阻 $R_{bk}$ 的大小，可以改变能耗制动特性曲线的斜率，从而可以改变起始制动转矩的大小，以及下放位能负载的稳定速度。制动电阻 $R_{bk}$ 越小，起始制动转矩越大，而下放位能负载的稳定速度越小。减小制动电阻，可以增大制动转矩，缩短制动时间，提高工作效率。但制动电阻过小，将会造成制动电流过大，通常最大制动电流限制在$(2\sim2.5)I_N$，这样，制动电阻就不能太小。

能耗制动的控制电路比较简单，制动过程中不需要从电网吸收电功率，比较经济、安全，常用于反抗性负载电气制动停车，有时也用于位能性负载下放重物。

## 二、反接制动

反接制动可以用两种方法实现：一种是电枢反接制动，另一种是倒拉反接制动。

### （一）电枢反接制动

电枢反接制动也称正转反接制动。它是把运行在电动状态下的电动机的电枢两端外施电压的极性突然改变，即由原来的正值变为负值，同时在电枢回路中串联限制电流的制动电阻 $R_{bk}$，

控制电路如图 2-16a 所示。当接触器 $KM_1$ 触点接通、$KM_2$ 触点断开时，电动机稳定运行在电动状态。制动时，保持励磁电流的大小和方向不变，断开接触器 $KM_1$ 触点，同时接通 $KM_2$ 触点，将电枢电源反接，并且接入制动电阻 $R_{bk}$，电动机进入制动状态。

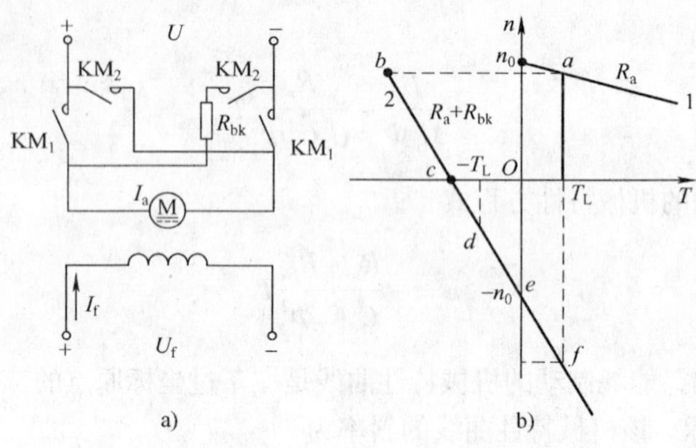


图 2-16　电枢反接制动

a）控制电路图　b）机械特性

电动机在制动瞬间，由于惯性作用，转速的大小和方向不变，则电枢绕组的感应电动势 $E_a$ 的大小与方向也不变，但由于电源反接，此时电枢电流为

$$I_a=\frac{-U-E_a}{R_a+R_{bk}}=-\frac{U+E_a}{R_a+R_{bk}}$$

电动机处于制动状态。则电枢反接制动的机械特性方程式为

$$n=-n_0-\frac{R_a+R_{bk}}{C_eC_T\Phi^2}T \tag{2-22}$$

相应的机械特性曲线如图 2-16b 所示。从特性曲线图可知，电枢反接制动时，电动机的工作点从原来电动状态的 $a$ 点（在直线 1 上）水平跃变到 $b$ 点（在直线 2 上），此时电磁转矩 $|T|>|-T_L|$ 反向，对电动机起制动作用，使转速迅速下降，沿直线 2 到达 $c$ 点。$c$ 点转速为零，但电磁转矩并不为零，如果要求停机，就必须马上切断电源。如果要求电动机反向运行，若负载是反抗性恒转矩负载，并且有 $c$ 点的电磁转矩 $|T|<|-T_L|$，则电动机将反向起动，沿直线 2 至 $d$ 点（第三象限），在反向电动状态下稳定运行；若 $|T|<|-T_L|$，电动机将堵转，此时也必须马上切断电源。若负载是位能性恒转矩负载，则电动机将反向起动，沿直线 2 至 $f$ 点（第四象限），在反向回馈制动状态下稳定运行。电枢反接制动机械特性曲线 2 过 $e$ 点。

反接制动过程中（图 2-16 中的 $bc$ 段），电压 $U$、电枢电流 $I_a$ 和电磁转矩 $T$ 均为负，而转速 $n$ 和感应电动势 $E_a$ 为正，输入功率 $P_1=UI_a>0$，说明电源仍向电动机输入电功率；输出功率 $P_2=T_2\Omega\approx T\Omega<0$，说明负载从轴上向电动机输入机械功率；电磁功率 $P_M=E_aI_a<0$，说明轴上输入的机械功率转化为电枢回路的电功率。由此可见，反接制动时，电源输入的电功率和负载输入的机械功率转化成的电功率全部消耗在电枢回路的电阻上，其能量损耗较大。

### （二）倒拉反接制动

倒拉反接制动也称正接反转制动。电动机由提升重物转为下放重物的情况就属于倒拉反接制动，其控制电路如图 2-17a 所示。电动机提升重物时，KM 触点是闭合的，电动机运行在固有机械特性曲线上的 $a$ 点，如图 2-17b 所示；下放重物时，将 KM 触点打开，此时电枢电路接入较大的制动电阻 $R_{bk}$，由于电动机转速不能突变，电动机的工作点从 $a$ 点水平跃变到相应的人为机械特性曲线上的 $b$ 点。此时，电动机的电磁转矩 $T_b < T_L$，电动机将减速，沿人为机械特性曲线下降至 $c$ 点。在 $c$ 点，电动机转速为零，但仍有电磁转矩 $T_c < T_L$，所以，在重物负载的作用下，电动机反向起动，即电动机的转向由原来提升重物变为下放重物。在此过程中，因磁通未变，电枢电流的方向未变，所以电磁转矩的方向也未变，但电动机的转向变了，使电磁转矩与旋转方向相反，电动机进入制动状态。该制动状态是由于位能负载转矩拖动电动机反转而形成的，所以称为倒拉反接制动。

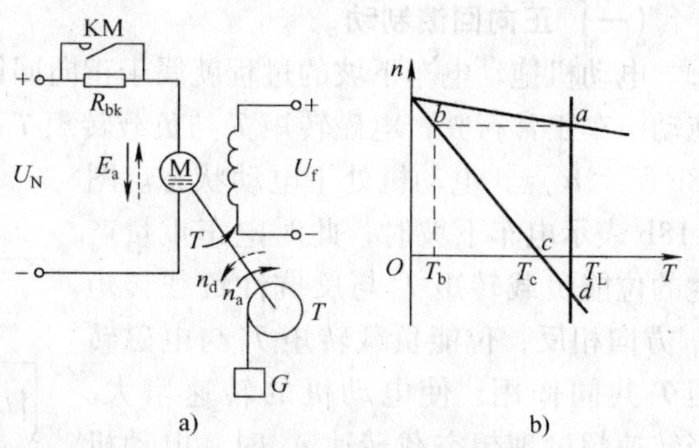


图 2-17　倒拉反接制动
a）控制电路　b）机械特性

在倒拉反接制动状态下，由于转速为负，感应电动势 $E_a$ 的方向也与电动机状态时相反，由电枢回路的电动势方程式可知，电枢电流为

$$I_a = \frac{U + E_a}{R_a + R_{bk}}$$

随着电动机反向转速的增加，感应电动势 $E_a$ 增大，电枢电流和电磁制动转矩也相应增大，当到达人为机械特性曲线上的 $d$ 点时，电磁转矩与负载转矩相平衡，电动机稳定运行在较低转速的 $d$ 点，使重物以较低的速度平稳下放。

倒拉反接制动的机械特性方程式为

$$n = n_0 - \frac{R_a + R_{bk}}{C_e C_T \Phi^2} T \tag{2-23}$$

式（2-23）与电动状态时的人为机械特性方程式在形式上是一样的，只是倒拉反接制动的机械特性曲线在第四象限，如图 2-17b 中的 $cd$ 所示。

由式（2-23）可知，倒拉反接制动时，电枢回路中要接入较大的制动电阻 $R_{bk}$，以便使 $\frac{R_a + R_{bk}}{C_e C_T \Phi^2} T > n_0$，电动机反转；并且可知，下放重物的速度随接入的制动电阻 $R_{bk}$ 的增大而增大。

倒拉反接制动时的能量关系和电枢反接制动时的相同。

## 三、回馈制动

在电动状态运行的电动机，当在外部条件作用下，使电动机的实际转速 $n$ 大于其理想空载转速 $n_0$ 时，电枢感应电动势 $E_a$ 将大于电枢电压 $U$，电枢电流将改变方向（与电动状态时相反），为负值，使电磁转矩的方向也与电动状态时相反，从而与转速方向相反，电动机处于制动状态。此时，电动机处于发电状态，电动机向电源回馈电能，所以称为回馈制动。回馈制动也称为再生制动，它分为正向回馈制动和反向回馈制动两种。

**（一）正向回馈制动**

电动机拖动电车下坡的过程就属于正向回馈制动，如图 2-18 所示。图 2-18a 表示电动机拖动电车正常行驶，电磁转矩 $T$ 与负载转矩 $T_L$ 相平衡，电动机以均匀转速 $n_a$ 旋转。如图 2-18c 所示 $a$ 点，电动机处于电动状态。图 2-18b 表示电车下坡时，此时电车重量产生的位能负载转矩 $T_L'$ 与反抗性负载转矩 $T_L$ 方向相反，位能负载转矩 $T_L'$ 与电磁转矩 $T$ 共同作用，使电动机的转速增大。当转速超过理想空载转速 $n_0$ 时，电动机的感应电动势 $E_a > U$，使电枢电流改变方向，电磁转矩 $T$ 也改变方向，起制动作用。当电磁转矩 $T$ 与位能负载转矩 $T_L'$ 相平衡时，如图 2-18c 所示 $b$ 点，电动机以转速 $n_b$ 稳定运行。此时，电动机进入发电状态，将轴上输入的机械功率大部分回馈给电网，小部分消耗在电枢回路的电阻上。另外，在制动过程中，因为转速 $n > 0$，所以称为正向回馈制动。

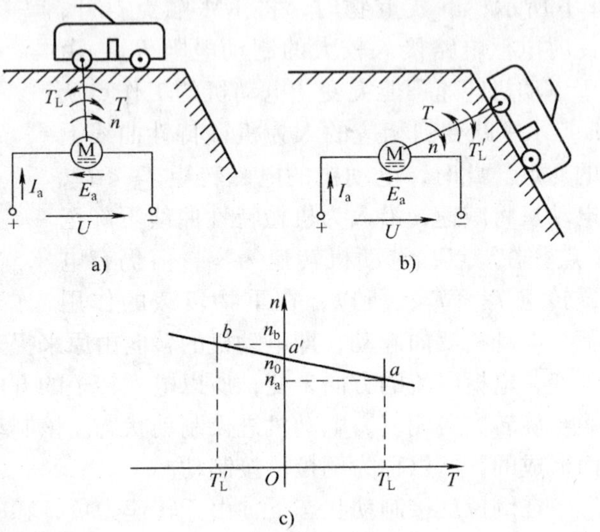

图 2-18　正向回馈制动

a）电动状态　b）正向回馈制动状态　c）机械特性

电动机在降低电枢电压调速的过程中，也会出现正向回馈制动，如图 2-19 所示。设电动机原来稳定运行在电动状态的固有机械特性上的 $a$ 点，电磁转矩 $T_a = T_L$，现因电动机调速而降低电枢电压至 $U_1$ 使电动机的人为机械特性向下平移，理想空载转速由 $n_0$ 降到 $n_{01}$，但电机的转速 $n_a$（$n_a > n_{01}$）不能突变，则感应电动势 $E_a$ 也不能突变，从而出现 $E_a > U_1$ 的现象，电动机的工作点从 $a$ 点水平跃变到人为机械特性曲线上的 $b$ 点，电动机处于制动状态。此时，电动机把降速释放的动能转化为电能回馈给电源（也有一部分消耗在电枢电路中），使电动机处于回馈制动状态。

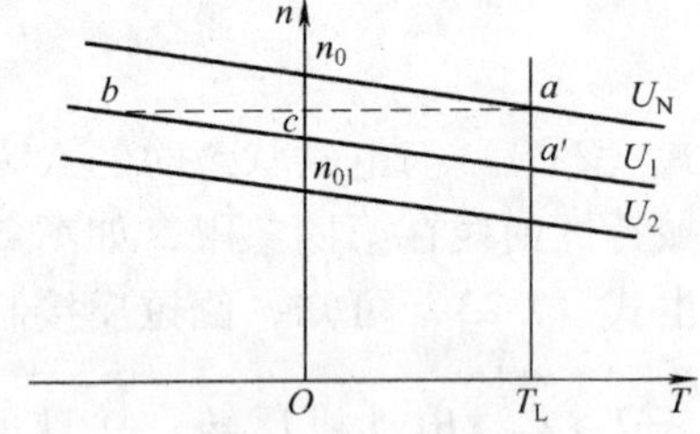


图 2-19　减压调速时的回馈制动机械特性

在正向回馈制动过程中（图 2-19 的 $bc$ 段），电磁转矩与负载转矩共同作用使电动机迅速减速，到达 $c$ 点（$n_c = n_{01}$）。此时，$E_a = U_1$，但由于惯性，电动机仍然减速。过了 $c$ 点，$E_a < U_1$，电流又改变方向，为正值，电磁转矩也改变方向，为正值，电动机处于电动状态。随着转速减小，电流增大，电磁转矩也增大，到达 $a'$ 点，电磁转矩 $T_a = T_L$，电动机在新的转速下稳定运行。

他励直流电动机增加磁通的调速过程也会出现正向回馈制动。

**（二）反向回馈制动**

电动机拖动位能负载在电枢反接制动过程中会出现反向回馈制动，参见图 2-16b。当电动机运行在反向电动状态，即第三象限时（图中 $cd$ 段），由于位能负载下落作用使电动机

的转速 $|n|$ 超过 $|-n_0|$ 时，电动机的感应电动势 $E_a>U$，从而使电枢电流改变方向，因此电磁转矩也改变方向，电机进入反向发电状态，电磁转矩起制动作用。此时电动机将轴上输入的机械功率大部分回馈给电网，小部分消耗在电枢回路电阻上。另外，由于此时转速 $n<0$，所以称为反向回馈制动（图中段）。

回馈制动时，直流电动机变成直流发电机与电网并联运行，它将获得的机械功率转化成电功率回馈给电网。从电能消耗来看，回馈制动比较经济。

## 四、直流电动机的四象限运行

图 2-20 表示直流电动机的四象限运行。图中的直线 1 和 5 表示正向和反向电动状态。如果在电枢回路中串联某一电阻，当电枢电压为正时，可得到直线 2；当电枢电压为负时，可得到直线 4；当电枢电压为 0 时，可得到直线 3。

图 2-20 中的第一和第三象限的特性曲线表明电动机运行在电动状态；第二和第四象限的特性曲线表明电动机运行在制动状态。

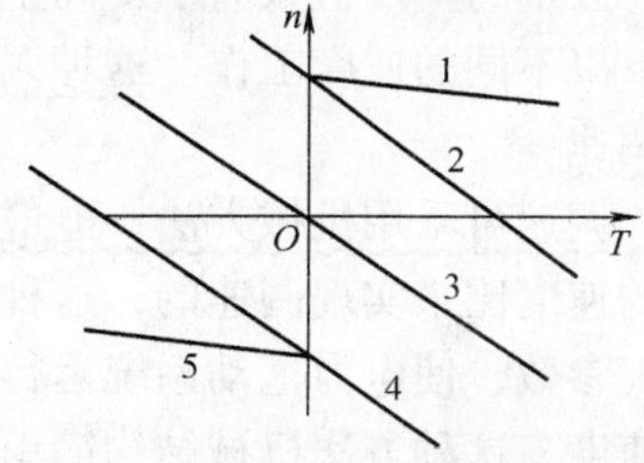

图 2-20 直流电动机的四象限运行

**【例 2-3】** 某台他励直流电动机，额定功率为 29kW，额定电压为 440V，额定转速为 1050r/min，额定电流为 76.2A，电枢电阻为 0.39Ω。

（1）电动机拖动位能性负载在反接制动状态下下放重物，测得电枢电流为 60A，求电动机下放重物的速度为多少？

（2）电动机在倒拉状态下下放重物，测得电枢电流为 50A 时，转速为 -600r/min，求在电枢回路串联的电阻有多大？此时电网输入的功率有多大？从轴上输入的电磁功率及电枢回路电阻上消耗的功率各为多少？

（3）电动机拖动反抗性负载，在转速为 500r/min 时开始采用能耗制动，若制动电流需限制在 100A，求电枢回路应串联多大的电阻？

**解** 据他励直流电动机的基本方程式知

$$C_e\Phi_N=(U_N-I_NR_a)/n_N=(440-76.2\times0.39)/1050=0.39$$

（1）电动机下放重物的速度为

$$n_b=(-U_N-I_aR_a)/(C_e\Phi_N)=[(-440-60\times0.39)/0.39]\text{r/min}=-1188(\text{r/min})$$

（2）电动机在反接制动时电枢回路总电阻为

$$R=R_a+R_{bk}=(U_N-n_bC_e\Phi_N)/I_a=[440-0.39\times(-600)]\text{V}/(50\text{A})=13.48\Omega$$

电枢回路串联的电阻为

$$R_{bk}=R-R_a=13.48\Omega-0.39\Omega=13.09\Omega$$

电网输入的功率为

$$P_1=U_NI_a=440\times50\text{W}=22000\text{W}=22\text{kW}$$

电枢回路电阻上消耗的功率为

$$p_{cuR}=I_aR=50\times50\times13.48\text{W}=33700\text{W}=33.7\text{kW}$$

则电动机轴上的电磁功率为

$$P_M=E_aI_a=(U_N-I_aR)I_a=(440-50\times13.48)\times50\text{W}=-11.7\text{kW}$$

该结果表明电磁功率是从轴上输入的。

（3）能耗制动时，最大电流出现在制动开始时，此时的感应电动势为

$$E_a = C_e \Phi_N n = 0.39 \times 500\text{V} = 195\text{V}$$

电枢回路总的电阻为

$$R = R_a + R_{bk} = E_a / I_a = \frac{195}{100}\Omega = 1.95\Omega$$

因此电枢回路应串联的电阻为

$$R_{bk} = R - R_a = 1.95\Omega - 0.39\Omega = 1.56\Omega$$

## 第六节　他励直流电动机的调速

大量的生产机械为了提高生产效率、满足生产工艺和产品质量的要求，需要在不同的情况下以不同的速度工作。这种人为地改变生产机械的工作速度以满足生产要求的方法通常称为调速。

调速可采用机械方法、电气方法和机械电气相结合的方法。机械方法是通过改变传动机构的速度比来实现调速的，这种方法的机械结构比较复杂；电气方法是人为地改变电动机的电气参数，使电力拖动系统运行在不同的人为机械特性上，从而在相同的负载下可获得不同的速度，这种方法机械结构简单，但电气结构复杂。本节主要分析他励直流电动机的电气调速方法及其优缺点。

由他励直流电动机的转速公式

$$n = \frac{U}{C_e \Phi} - \frac{R_a + R_{ad}}{C_e \Phi} I_a$$

可知，改变电动机转速的方法有以下三种。

1）调节电枢外串电阻 $R_{ad}$。从额定转速 $n_N$ 向下调节。

2）调节电源电压 $U$。一般为减压调速，从额定转速 $n_N$ 向下调节。

3）调节励磁磁通 $\Phi$。一般为弱磁调速，从额定转速向上调节。

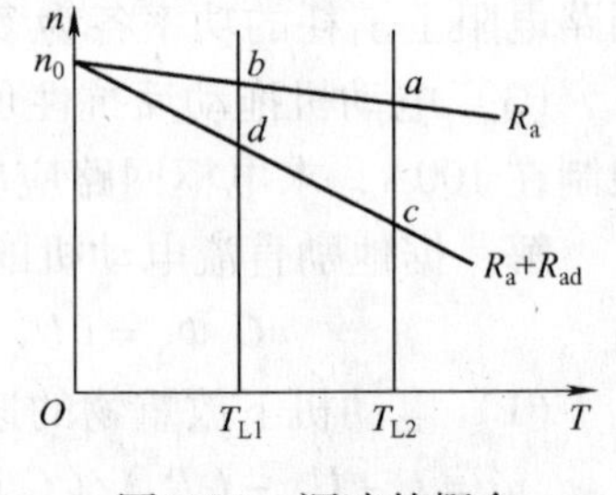

图 2-21　调速的概念

需特别注意，调速与因负载变化而引起的转速变化不同。负载改变时电动机的电气参数不变，机械特性也不变，工作点是在同一条机械特性上变化，如图 2-21 所示。图中，从 $a$ 到 $b$ 和从 $c$ 到 $d$ 是由负载变化引起的转速变化，而从 $a$ 到 $c$ 和从 $b$ 到 $d$ 则是调速。

### 一、调速指标

调速指标分为技术指标和经济指标，下面分别介绍。

#### （一）技术指标

调速的技术指标包括调速范围 $D$、静差率 $\delta$、平滑性及调速时的容许输出。

1. 调速范围 $D$

生产机械要求的调速范围是指生产机械可能运行的最高转速 $n_{max}$ 与最低转速 $n_{min}$ 之比，即

$$D = n_{max}/n_{min} \tag{2-24}$$

不同生产机械要求的调速范围是不同的。一般车床的调速范围为 $D=20\sim120$；龙门刨床的调速范围为 $D=10\sim40$；轧钢机的调速范围为 $D=3\sim120$；造纸机的调速范围为 $D=3\sim20$ 等。

对于机械和电气配合的调速方法，其调速范围为两者调速范围的乘积。在此主要研究电气的调速范围 $D$，即电动机在额定负载下可能达到的最高与最低转速之比。

由式（2-24）可知，要扩大调速范围 $D$，一是可以增大 $n_{max}$，这将受电动机的机械强度、换向等的限制；二是可以降低 $n_{min}$，这将受电动机运行时的相对稳定性的限制。

2. 静差率 $\delta$（也称相对稳定性）

静差率是指电动机在某一条机械特性上运行时，由理想空载到额定负载时所出现的转速降 $\Delta n_N$ 与理想空载转速 $n_0$ 之比，习惯用百分值表示，即

$$\delta = (\Delta n_N/n_0)\times100\% = \frac{n_0 - n_N}{n_0}\times100\% \tag{2-25}$$

从静差率的定义可知，电动机的机械特性越硬，静差率越小，相对稳定性越好，所以一般 $\delta$ 要求应该小于某一允许值。对卧式车床要求 $\delta\leqslant30\%$，对精度高的造纸机要求 $\delta\leqslant0.1\%$。

静差率与机械特性的硬度有关，但又有不同之处。如图 2-22 所示，机械特性 1 和 3 的硬度相同，转速降相等，即 $\Delta n_{N1}=\Delta n_{N3}$，但两条特性的静差率不同。因为两条特性的理想空载转速不同，即 $n_{03}<n_{01}$，所以 $\delta_1<\delta_3$。这说明硬度相同的机械特性，理想空载转速越低，静差率越大，因此，实际系统调速指标 $\delta$ 是指系统在 $n_{min}$时的保证值。

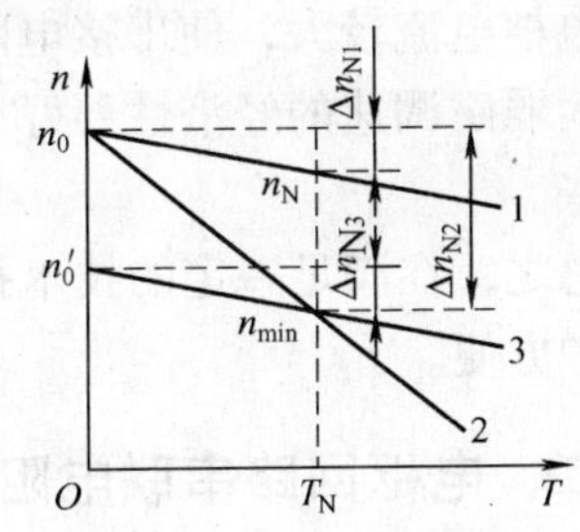


图 2-22　不同机械特性下的静差率

静差率和调速范围是两个相互联系的技术指标。利用图 2-22 中的机械特性 1 和 3，可以推导出调速范围 $D$ 与静差率之间的关系为

$$D = \frac{n_{max}}{n_{min}} = \frac{n_{max}}{n_0 - \Delta n_N} = \frac{n_{max}}{\Delta n_N(1-\delta)/\delta} = \frac{n_{max}\delta}{\Delta n_N(1-\delta)} \tag{2-26}$$

式中，$\delta$ 为用小数值表示的静差率；$\Delta n_N$ 为低速时额定负载下的转速降。

在拖动系统中，常将系统的最高转速定为电动机的额定转速，即 $n_{max}=n_N$，而低速时的静差率 $\delta$ 由生产机械决定。当低速时的机械特性已确定时，可根据 $\Delta n_N$ 计算出 $D$，以检验 $D$ 是否能满足要求。一般在设计调速方案前，$D$ 与 $\delta$ 已确定，于是由式（2-26）可计算出额定转速降 $\Delta n_N$ 为

$$\Delta n_N = \frac{n_{max}\delta}{D(1-\delta)} \tag{2-27}$$

3. 平滑性

在一定的调速范围内，调速的级数越多，则认为调速越平滑。平滑性用平滑系数 $\varphi$ 来衡量，是指相邻两级（如第 $i$ 级与第 $i-1$ 级）的转速之比，即

$$\varphi = \frac{n_i}{n_{i-1}} \tag{2-28}$$

显然，调速的级数越多，$\varphi$ 值越接近于 1，调速的平滑性越好。当 $\varphi=1$ 时称为无级调速，即转速可连续调节。不同的生产机械对调速的平滑性要求不同，例如对于机床，一般 $\varphi$ 取为 1.26、1.41、1.58 等。

4. 调速时的（容许）输出

调速时的容许输出是指，在电动机容量得到充分利用的情况下，在调速过程中轴上所能输出的功率和转矩。

不同类型的电动机采用不同的调速方法时，容许输出的功率与转矩随转速变化的规律是不同的。电动机在稳定运行时，实际输出的功率与转矩由负载决定。不同转速下，不同负载需要的功率与转矩是不同的。要注意容许输出与实际输出的区别。

**（二）经济指标**

调速的经济指标取决于调速系统的设备投资及运行费用，而运行费用又取决于调速过程中的损耗，一般用设备的效率 $\eta$ 表示，则有

$$\eta=\frac{P_2}{P_2+\Delta p} \tag{2-29}$$

式中，$\Delta p$ 为调速时的损耗功率；$P_2$ 为电动机轴上的输出功率。

各种调速方法的经济指标有很大不同，如他励直流电动机电枢串电阻调速的经济性差，因为电枢电流较大，使串接电阻的体积大，所需的投资多，并且运行时产生的损耗大，效率低。而弱磁调速的经济性要好一些，因为励磁电流小，运行时的损耗小，但控制设备相应要复杂些。

总之，在满足一定的技术指标下，确定调速方案时，应力求设备投资少，电能损耗小，且维护方便。

## 二、电枢回路串联电阻调速

电枢回路串联电阻调速是当电动机外加额定电压 $U_N$、励磁电流为额定电流 $I_{fN}$ 时，调节电枢回路串联的附加电阻 $R_{ad}$ 而实现的调速。图 2-23 表示电枢回路串联电阻的调速过程。在图 2-23a 中，$R_{ad1}<R_{ad2}<R_{ad3}$，假定电动机拖动恒转矩负载 $T_L$，则相应的转速为 $n_1$、$n_2$、$n_3$、$n_4$，且 $n_1>n_2>n_3>n_4$。当电枢回路串联附加电阻 $R_{ad1}$ 时，由于机械惯性，转速 $n_1$ 和感应电动势 $E_a$ 不能突变，电动机的工作点由原来的 $a$ 点水平跃变到 $b$ 点，但是电枢电流 $I_a$ 和电磁

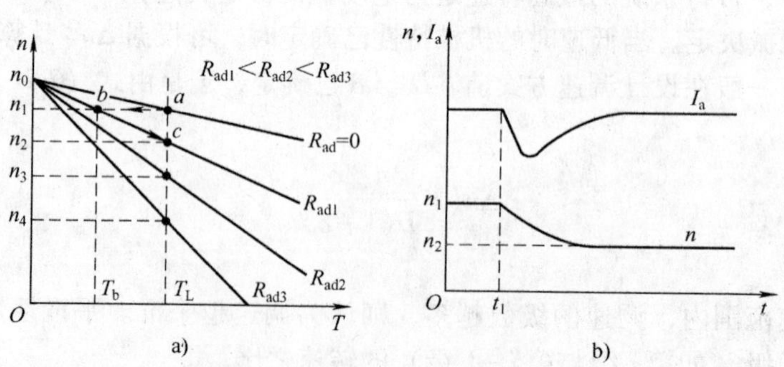


图 2-23 电枢回路串联电阻调速

a）机械特性 b）电枢电流和转速随时间的变化

转矩 $T$ 要相应减小，此时电磁转矩 $T_b < T_L$，使系统减速。随着转速下降，感应电动势 $E_a$ 也下降，使减小的电枢电流 $I_a$ 和电磁转矩 $T$ 又增大，即工作点由 $b$ 点向 $c$ 点移动。当系统转速达到 $n_2$（工作点到达 $c$ 点）时，电磁转矩 $T_c = T_L$，转矩达到新的平衡状态，调速过程结束，系统将稳定运行在 $c$ 点。调速过程中转速 $n$ 和电枢电流随时间的变化如图 2-23b 所示。

电枢回路串联电阻调速的特点如下：

1）调速范围小（$D = 1 \sim 3$），并且还随负载大小的变化而变化。负载小时，调速范围小。

2）调速的相对稳定性差。因为转速越低，机械特性越软。

3）调速的平滑性不好，属于有级调速。

4）调速的经济性差。由于电枢电流较大，因此附加电阻消耗的功率也较大。

5）调速方法简单，设备投资少。

因此，电枢串联电阻调速多用于对调速性能要求不高的生产机械上，如起重机、电车等。

## 三、减压调速

减压调速需要有专用可调压直流电源，而且其调速性能取决于可调压直流电源的性能。目前用得较多的可调压直流电源为晶闸管可控整流装置或大功率晶体管整流装置，如图 2-24 所示。

减压调速是在保持电枢回路中没有串接附加电阻，且励磁电流为额定电流 $I_{fN}$ 时，通过可调压直流电源调节电枢外加电压来调节转速。此时的人为机械特性方程式为

$$n = \frac{U_0}{C_e \Phi_N} - \frac{R_a + R_0}{C_e C_T \Phi_N^2} T \tag{2-30}$$

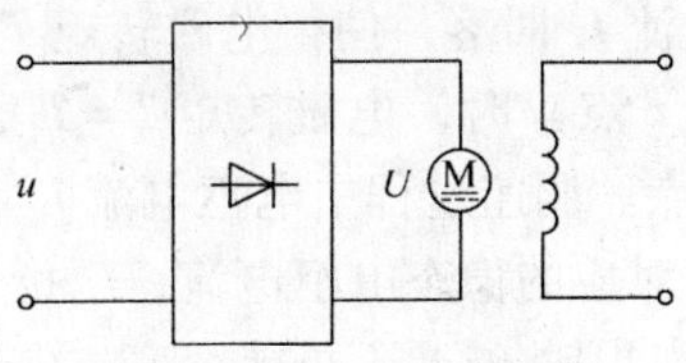

图 2-24　整流装置供电的直流调速系统示意图

式中，$U_0$ 为整流装置的空载整流电压；$R_0$ 为整流装置的内阻。

平滑地改变 $U_0$，可以得到一族平行于固有机械特性的人为机械特性，如图 2-25a 所示。调速过程与电枢回路串联电阻调速基本相似，在此不再赘述。调速过程中电枢电流 $I_a$ 和转速 $n$ 随时间的变化如图 2-25b 所示。

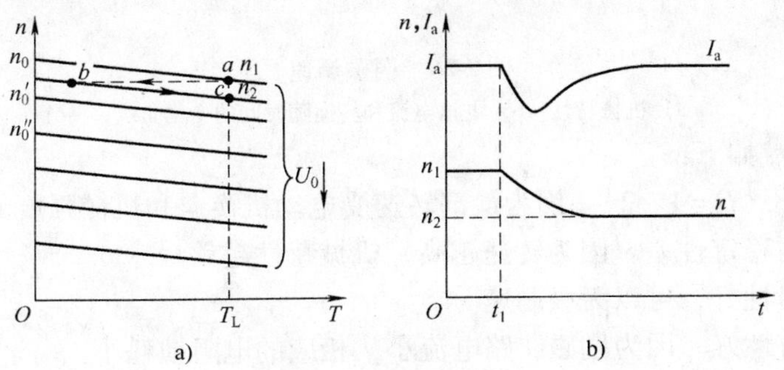


图 2-25　减压调速

a）机械特性　b）电枢电流和转速随时间的变化

减压调速方法的特点如下：

1）调速范围大。

2）调速的相对稳定性好。

3）调速的平滑性好，属于无级调速。

4）调速的经济性好。因为减压调速是通过减小输入功率调速的，低速时，损耗小。

5）调速设备投资大。

因此，减压调速多用于对调速性能要求较高的生产机械上，如机床、轧钢机、造纸机等。

## 四、弱磁调速

弱磁调速是当外加额定电压 $U_N$、电枢回路中没有串接附加电阻时，通过减小励磁电流（即减小每极磁通$\Phi$）的大小来实现的转速调节。图 2-26 表示弱磁调速的调速过程。在图 2-26a 中，曲线 1 表示固有机械特性，曲线 2 表示减弱磁通后的人为机械特性。假设系统原来稳定运行在 $a$ 点，减弱磁通后，由于机械惯性，转速 $n_1$，不能突变，但感应电动势 $E_a$ 将随磁通 $\Phi$ 的减小而减小，从而使电枢电流 $I_a$ 增大，并且电枢电流的增大比磁通 $\Phi$ 减小的量大，使电磁转矩 $T$ 随电枢电流的增大而增大，工作点由 $a$ 点移到 $b$ 点，此时 $T>T_L$，从而使系统加速，即转速上升。当转速上升到某值时，相应地使感应电动势 $E_a$ 回升，从而使电枢电流 $I_a$ 回落，使得电磁转矩 $T$ 减小，工作点由 $b$ 点向 $c$ 点移动。当转速达到 $n_2$（工作点到达 $c$ 点）时，电磁转矩 $T=T_L$，转矩达到新的平衡状态，调速过程结束，系统将稳定运行在 $c$ 点。调速过程中电枢电流 $I_a$ 和转速 $n$ 随时间的变化如图 2-26b 所示，图中 $I_{a1}$ 指调速前与 $n_1$ 相对应的稳态电枢电流，$I_{a2}$ 指调速后与 $n_2$ 相对应的稳态电枢电流。由于励磁回路的电感较大，因此磁通不可能突变，电磁转矩的实际变化如图 2-26a 的曲线 3 所示。

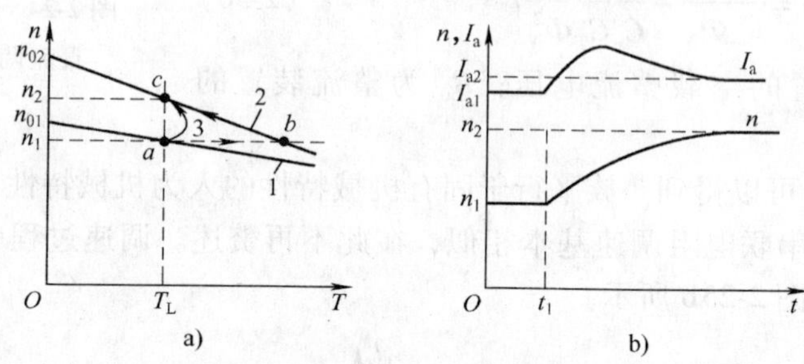


图 2-26　弱磁调速

a）机械特性　b）电枢电流和转速随时间的变化曲线

弱磁调速的特点如下：

1）调速范围小（$D=1\sim2$）。因为最高转速受电动机换向和机械强度的限制。

2）调速的相对稳定性差。因为转速越高，机械特性越软。

3）调速的平滑性好，可以无级调速。

4）调速的经济性好。因为励磁回路电流小，相应的电阻损耗小。

5）调速设备投资少，控制也方便。

需要特别注意，弱磁调速不允许励磁回路断线。若励磁回路断线，磁通变为剩磁，此时电枢电流将很大，则转速将飞速上升，可能将电枢损坏，因此必须对励磁电路采取相应的保护措施。

为了扩大调速范围，常常把减压调速和弱磁调速结合起来。在额定转速以下采用减压调速，在额定转速以上采用弱磁调速。

## 五、调速时的容许输出与负载类型的配合

调速时的容许输出是电动机调速时的技术指标之一。电动机在额定转速下容许输出的功率和转矩主要由电动机发热决定，而电动机发热主要取决于电枢电流的大小。一般情况下，电动机在不同转速下运行，只要电枢电流不超过额定值，电动机就能长时间安全运行。所以额定电流是判断电动机能否长期运行的限度。当保持电枢电流为额定值时，电动机的容量就能充分利用。

### (一) 调速时的容许输出

他励直流电动机的电磁功率与电磁转矩有以下关系：

$$T = C_T \Phi I_a \tag{2-31}$$

$$P_M = T\Omega = 2\pi nT/60 = Tn/9.55 \tag{2-32}$$

式中，$T$ 的单位为 N · m；$n$ 的单位为 r/min；$P_M$ 的单位为 W。

1. 调速回路串联电阻调速和减压调速

电枢回路串联电阻调速和减压调速的条件都有保持励磁电流为额定电流 $I_{fN}$（相应的每极磁通为 $\Phi_N$）不变，则根据式（2-31）和式（2-32）可知，调速过程中的电磁转矩和电磁功率分别为

$$T = C_T \Phi_N I_N = T_N = C \tag{2-33}$$

$$P_M = T_N n/9.55 = C_1 n \tag{2-34}$$

式中，$C$ 和 $C_1$ 均为比例常数。

由式（2-33）和式（2-34）可知，采用电枢回路串联电阻调速和减压调速时，其容许输出转矩为常数（额定转矩），不随转速变化，因此称之为恒转矩调速方法；而其容许输出功率与转速成正比，随转速下降而减小，如图 2-27b 所示，转速从 $n_N$ 到 $n_{min}$（因为这两种调速均为从额定转速 $n_N$ 向下调节）。

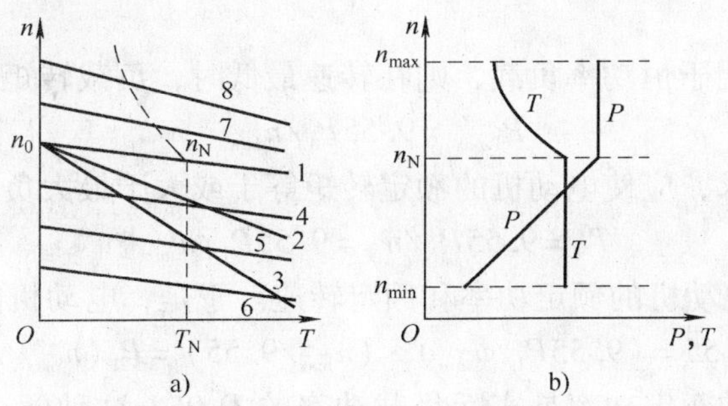


图 2-27　他励直流电动机调速时的容许输出转矩和容许输出功率

a）机械特性与容许输出转矩　b）容许输出转矩和容许输出功率

图 2-27a 中用虚线表示不同转速下的容许输出转矩曲线，固有机械特性 1 以下是电枢串联电阻调速（曲线 2 和 3）和减压调速（曲线 4、5 和 6），固有机械特性 1 以上是弱磁调速

（曲线7和8）。图2-27b中画出了容许输出转矩和容许输出功率与转速的关系曲线，以额定转速为界，分为恒功率调速区和恒转矩调速区。

2. 弱磁调速

在弱磁调速过程中，因为要调节磁通，所以电磁转矩要变化，若在不同转速时保持电枢电流为额定值 $I_N$ 不变，则根据他励直流电动机的电动势方程式可得

$$\Phi = \frac{U_N - I_N R_a}{C_e n} = \frac{C_2}{n} \tag{2-35}$$

式中，$C_2$ 为比例常数。

将式（2-35）代入式（2-31）和式（2-32）可得该调速过程中的电磁转矩和电磁功率分别为

$$T = C_T \Phi I_N = C_T C_2 I_N / n = C_3 / n \tag{2-36}$$

$$P_M = Tn/9.55 = C_3/9.55 = C_4 \tag{2-37}$$

式中，$C_3$ 和 $C_4$ 均为比例常数。

由式（2-36）和式（2-37）可知，采用弱磁调速时，其容许输出功率为常数，不随转速变化，因此称之为恒功率调速方法；而其容许输出转矩与转速成反比，随转速增大而减小，如图2-27b所示，转速从 $n_N$ 到 $n_{max}$（因为这种调速为从额定转速 $n_N$ 向上调节）。

需特别注意，电动机的容许输出与实际输出并不相同，电动机的实际输出要根据电动机与负载的配合来决定。

### （二）两种调速方法与负载类型的配合

1. 恒转矩调速

电枢回路串联电阻调速和减压调速属于恒转矩调速方法，在调速过程中，转速从额定转速向下调节，因此电动机的额定转速不能小于负载要求的最高转速，通常取 $n_N = n_{max}$。

若恒转矩调速方法用于恒转矩负载，为使电动机能得到充分利用，应保持电动机的电枢电流为额定值，则电磁转矩为额定转矩，此时电动机的电磁功率为

$$P_M = Tn/9.55 \tag{2-38}$$

这样，电动机在任何转速下都为满载运行，所以恒转矩调速方法用于恒转矩负载较好，电动机能得到充分利用。

若恒转矩调速方法用于恒功率负载，则在转速最低时，负载转矩最大，即

$$P_{Lmax} = 9.55 P_L / n_{min}$$

为了满足负载的要求，应使电动机的额定转矩等于或大于最大负载转矩，即

$$T_N = 9.55 P_N / n_N = 9.55 P_L / n_{min}$$

式中，$P_N$ 和 $n_N$ 分别为电动机的额定功率和额定转速。于是，电动机的额定功率为

$$P_N = T_N n_N / 9.55 = (9.55 P_L / n_{min}) \cdot (n_{max}/9.55) = P_L (n_{max}/n_{min}) = P_L D \tag{2-39}$$

该式说明，电动机的额定功率是实际负载功率的 $D$ 倍，这种配合使电动机得不到充分利用，造成浪费。

2. 恒功率调速

弱磁调速属于恒功率调速方法。由于弱磁调速是从额定转速向上调节，故电动机的额定转速应等于生产机械要求的最低转速，即 $n_N = n_{min}$。

若恒功率调速用于恒功率负载，则应使电动机的额定功率与负载功率相等，这样，在调

速过程中，电枢电流可始终保持为额定值，电动机能得到充分利用。

若恒功率调速用于恒转矩负载，因 $n_N = n_{min}$，则电动机的额定功率为

$$P_N = T_N n_N / 9.55 = T_N n_{min} / 9.55 \tag{2-40}$$

而负载的最大功率为

$$P_{Lmax} = T_L n_{max} / 9.55$$

为了满足负载的要求，必须使电动机的额定功率等于或大于负载的最大功率，由此可得

$$T_N = 9.55 P_N / n_N = 9.55 P_{Lmax} / n_{min} = 9.55 (T_L n_{max} / 9.55) / n_{min} = D T_L \tag{2-41}$$

该式表明，电动机的转矩是负载转矩的 $D$ 倍，造成浪费。

**【例2-4】** 一台他励直流电动机，已知额定电压为220V，额定转速为1500r/min，额定电流为41.1A，电枢电阻为0.4Ω，带额定负载转矩时，求：

（1）若在电枢回路串联电阻 $R_{ad}$ 为1.65Ω，则电动机的稳定转速为多少？

（2）若将电源电压降为110V，则电动机的稳定转速为多少？

（3）若将磁通减少10%，则电动机的稳定转速为多少？

**解：** 根据他励直流电动机的基本方程式可知

$$C_e \Phi_N = (U_N - I_N R_a) / n_N = (220 - 41.4 \times 0.4) / 1500 = 0.136$$

（1）电枢回路串联电阻调速时，电枢电流应为额定电流不变，则电动机的转速为

$$n = (U_N - I_N R_a - I_N R_{ad}) / (C_e \Phi_N)$$
$$= [(220 - 41.1 \times 0.4 - 41.1 \times 1.65) / 0.136] \text{r/min} = 1000 \text{r/min}$$

（2）减压调速时，电枢电流也为额定电流不变，则电动机的转速为

$$n = (U - I_N R_a) / (C_e \Phi_N) = [(110 - 41.1 \times 0.4) / 0.136] \text{r/min} = 688 \text{r/min}$$

（3）弱磁调速时，由于 $T = C_T \Phi_N I_N = C_T \Phi I_a$，因此可求得电枢电流为

$$I_a = \Phi_N I_N / \Phi = [(1 \times 41.1) / 0.9] \text{A} = 45.67 \text{A}$$

则电动机的转速为

$$n = (U_N - I_a R_a) / (C_e \Phi) = [(220 - 45.67 \times 0.4) / (0.136 \times 0.9)] \text{r/min} = 1648 \text{r/min}$$

**【例2-5】** 某直流调速系统，直流电动机的额定转速为900r/min，其固有机械特性的理想空载转速为1000r/min，生产机械要求的静差率为20%。求：

（1）采用电枢串联电阻调速时的调速范围；

（2）采用减压调速时的调速范围。

**解：**（1）电枢串联电阻时，$n_0 = 1000$r/min，最低转速 $n_{min}$ 时的转速降为

$$\Delta n_N = \delta n_0 = 0.2 \times 1000 \text{r/min} = 200 \text{r/min}$$

则最低转速为

$$n_{min} = n_0 - \Delta n_N = (1000 - 200) \text{r/min} = 800 \text{r/min}$$

因此调速范围为

$$D = \frac{n_{max}}{n_{min}} = \frac{900}{800} = 1.125$$

（2）减压调速时的转速降为

$$\Delta n_N = n_0 - n_N = (1000 - 900) \text{r/min} = 100 \text{r/min}$$

最低转速时的理想空载转速为

$$n_{0\min}=\frac{\Delta n_{\mathrm{N}}}{\delta}=\frac{100}{0.2}\mathrm{r/min}=500\mathrm{r/min}$$

最低转速为

$$n_{\min}=n_{0\min}-\Delta n_{\mathrm{N}}=(500-100)\mathrm{r/min}=400\mathrm{r/min}$$

则调速范围为

$$D=\frac{n_{\max}}{n_{\min}}=\frac{900}{400}=2.25$$

## 思考题与习题

2-1　什么叫电力拖动系统？它有哪些部分组成？

2-2　他励直流电动机稳定运行时，其电磁转矩和电枢电流的大小与哪些因素有关？如果负载转矩不变，改变电枢回路电阻，或改变电源电压，或改变励磁电流，对电枢电流的大小有什么影响？

2-3　用图 2-13 所示的减压起动的机械特性分析减压起动的物理过程。

2-4　如何区别电动机是处于电动状态还是电气制动状态？

2-5　当起重机下放重物时，要使他励电动机在低于理想空载转速下运行，应采用什么制动方法？若在高于理想空载转速下运行，则又应采用什么制动方法？

2-6　调速的静差率与机械特性的硬度有何关系？又有何区别？

2-7　什么叫机械特性上的额定工作点？什么叫额定转速降？

2-8　电动机的实际输出决定于负载还是决定于调速方法？

2-9　一台他励直流电动机，已知额定功率为 10kW，额定电压为 220V，额定电流为 53.4A，电枢电阻为 0.4Ω，额定转速为 1500r/min。忽略电刷的接触电压降。试求：

（1）额定运行时的电磁转矩、输出转矩和空载转矩；

（2）理想空载转速和实际空载转速；

（3）转速为 1600r/min 时的电枢电流。

2-10　一台他励直流电动机，已知额定功率为 40kW，额定电压为 220V，额定电流为 207.5A，电枢电阻为 0.067Ω。试求：

（1）直接起动时，起动电流是额定电流的多少倍？

（2）若将起动电流限制为额定电流的 1.5 倍，则此时应在电枢回路中串入多大的电阻？

2-11　一台他励直流电动机，已知额定功率为 2.5kW，额定电压为 220V，额定电流为 12.5A，额定转速为 1500r/min，电枢电阻为 0.8Ω。试求：

（1）当电动机以 1200r/min 的转速运行时，采用能耗制动停车，若限制最大制动电流为额定电流的 2 倍，则应在电枢回路中串接多大的电阻？

（2）若负载为位能性恒转矩负载，负载转矩为额定转矩 0.9 倍，采用能耗制动使负载以 120r/min 的转速稳定下降，则电枢回路中应串联多大的电阻？

2-12　一台他励直流电动机，已知额定功率为 29kW，额定电压为 440V，额定转速为 1000r/min，额定电流为 76A，电枢电阻为 0.377Ω。假设忽略空载损耗，试求：

（1）电动机以 500r/min 的转速吊起 $T_{\mathrm{L}}=0.8T_{\mathrm{N}}$ 的负载时，应在电枢回路中串接多大的电阻？

（2）有哪几种方法可以使 $0.8T_{\mathrm{N}}$ 的负载以 500r/min 的转速下放？各种方法中分别应在电枢回路中串联多大的电阻？

（3）若以 500r/min 的速度吊起 $0.8T_{\mathrm{N}}$ 的负载，采用电枢反接制动，使电流不超过额定电流的 2 倍，则电动机稳定下放负载的速度是多少？

2-13　一台他励直流电动机，已知额定功率为 30kW，额定电压为 220V，额定转速为 1000r/min，额定电流为158.5A，电枢电阻为0.1Ω，负载转矩为额定转矩的0.8倍。试求：

（1）电动机的转速；

（2）电枢回路串入0.3Ω电阻时的稳定转速；

（3）电压减至188V时，减压瞬间的电枢电流和减压后的稳定转速；

（4）将磁通减弱至额定磁通的80%时的稳定转速。

2-14　一台他励直流电动机，已知额定功率为22kW，额定电压为220V，额定转速为1500r/min，额定电流为115A，电枢电阻为0.1Ω。当电动机拖动额定负载运行时，要求把转速降到1000r/min，不计电动机的空载转矩。试求：

（1）当采用电枢回路串联电阻调速时，应串入多大的电阻？

（2）当采用降低电源电压调速时，应将电源电压降为多少？

（3）上述两种情况下，拖动系统输入的电功率和输出的机械功率各为多少？

# 第三章　变　压　器

变压器是一种静止电器。它利用电磁感应原理，将一种电压等级的交流电能变换成同频率的另一种电压等级的交流电能。

变压器是电力系统中一种重要的电器设备，它对电能的经济传输、灵活分配和安全使用具有重要的意义。此外，各种用途的控制变压器、仪用互感器等也应用得十分广泛。

本章以普通双绕组电力变压器为主要研究对象，说明变压器的工作原理、分类及其基本结构，然后着重阐述变压器的运行原理和运行特性。最后，对特殊用途的变压器予以概述。

## 第一节　变压器的基本工作原理、用途及结构

### 一、变压器的基本工作原理

由于变压器是利用电磁感应原理工作的，因此它主要由铁心和套在铁心上的两个互相绝缘的绕组组成，如图 3-1 所示。通常一个绕组接交流电源，称为一次绕组，也可称原绕组或初级绕组；另一个绕组接负载，称为二次绕组，也可称副绕组或次级绕组。当在一次绕组两端加上合适的交流电源时，在电源电压 $u_1$ 的作用下，一次绕组中就有交流电流流过，此电流在变压器铁心中将建立起交变磁通 $\Phi$，它将同时与一、二次绕组相交链，于是在一、二次绕组中产生感应电动势。它们的大小为

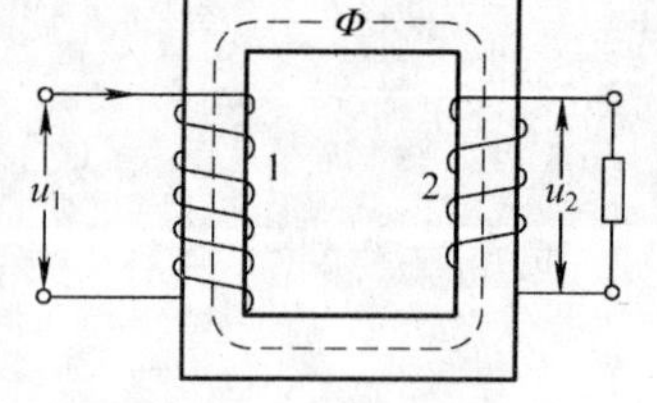

图 3-1　变压器原理图

$$e_1 = -N_1 \frac{\mathrm{d}\Phi}{\mathrm{d}t} \tag{3-1}$$

$$e_2 = -N_2 \frac{\mathrm{d}\Phi}{\mathrm{d}t} \tag{3-2}$$

式中，$N_1$、$N_2$ 分别为变压器一、二次绕组的匝数。

忽略变压器绕组内部电压降，$u_1 \approx e_1$，$u_2 \approx e_2$，则一、二次电压之比为

$$\frac{u_1}{u_2} \approx \frac{e_1}{e_2} = \frac{N_1}{N_2} \tag{3-3}$$

式（3-3）表明，变压器一、二次绕组的电压比等于一、二次绕组的匝数比。只要改变一次或二次绕组的匝数，即可改变输出电压的大小，这就是变压器的基本工作原理。

### 二、变压器的用途

在电力系统中，要将大功率电能从发电站输送到远距离的用电区，通常采用高压输电，

这是因为输送一定电功率时，电压越高，线路中的电流越小，线路中有色金属的用量越少，线路的电压降和功率损耗也就越小，从而降低线路的投资费用。一般来说，输电距离越远，输送功率越大，要求输电电压越高。一般高压输电线路的电压为110kV、220kV、330kV或500kV。由于受到绝缘等条件的限制发电机发出的电压不能太高，通常为10.5kV，因此需用升压变压器将电压升高到输电电压，再把电能输送出去。当电能输送到用电区后，为了用电安全，又必须用减压变压器把输电电压降到配电电压，送往各用电区，最后用配电变压器把电压降到用户电压（大型动力用电采用10kV或6kV；小型动力用电和照明用电采用380V和220V），供用户使用。从发电、输电到配电的整个过程中，通常需要经过多次变压，因此变压器在电力系统中对电能的生产、输送、分配和使用起着十分重要的作用。

## 三、变压器的分类

变压器的种类繁多，按其用途可分为以下几种。

1）电力变压器——主要应用于电力系统中升降电压。

2）特殊电源用变压器——如电炉、电焊、整流变压器等。

3）仪用变压器——供测量和继电保护用的变压器，如电压、电流互感器等。

4）实验变压器——专供电气设备作耐压实验用的高压变压器。

5）调压器——能均匀调节输出电压的变压器，如自耦调压器、感应调压器等。

6）控制用变压器——用在控制系统中的小功率变压器、脉冲变压器、变频变压器，以及在电子设备中作为电源、隔离、阻抗匹配等小容量的变压器。

其中，电力变压器又可分为升压变压器、减压变压器、配电变压器、联络变压器和厂用变压器等几种。此外，它还可按相数、耦合方式、绕组数、冷却方式以及调压方式等分类，不再赘述。

## 四、变压器的基本结构

如图3-2所示，一般的电力变压器由下列主要部分组成：铁心、绕组、油箱（油浸式）及其附件，下面分别予以介绍。

### （一）铁心

铁心是变压器的磁路部分，又作为绕组的支撑骨架。铁心由铁心柱（外面套绕组的部分）和铁轭（连接两个铁心柱的部分）组成。为了提高铁心的导磁性能，减小磁滞损耗和涡流损耗，铁心多采用厚度为0.35mm，表面涂有绝缘漆的热轧或冷轧硅钢片叠装而成。铁心的基本结构形式有心式和壳式两种，如图3-3所示。心式结构的特点是绕组包围着铁心，如图3-3a所示。这种结构比较简单，绕组的装配及绝缘也比较容易，适用于容量大而电压高的变压器，国产电力变压器多采用心式结构。壳式结构的特点是铁心

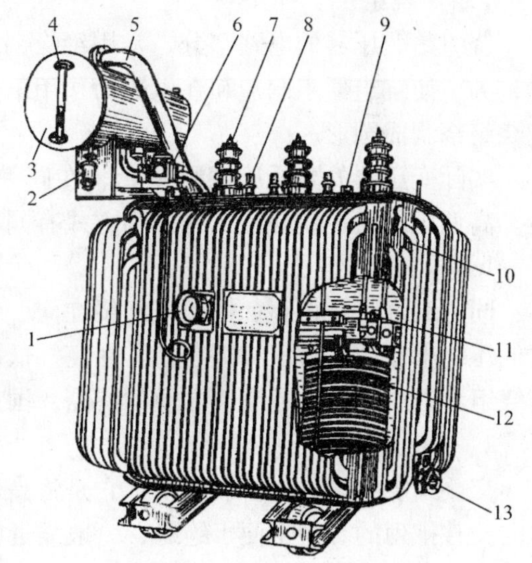


图3-2　油浸式电力变压器

1—信号温度计　2—吸湿器　3—储油柜　4—油表　5—安全气道　6—气体继电器　7—高压套管　8—低压套管　9—分接开关　10—油箱　11—铁心　12—线圈　13—放油阀门

包围着绕组，如图 3-3b 所示。这种结构的机械强度较好，但外层绕组的铜线用量较多，制造工艺又复杂，除电炉变压器和小型干式变压器外很少采用。

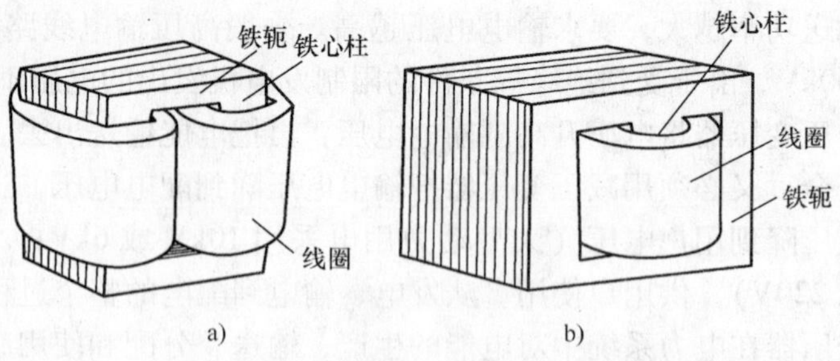


图 3-3 单相变压器的铁心结构形式

a）心式 b）壳式

为了减小磁路的磁阻和励磁电流，铁心的磁路不能有间隙，因此相邻两层铁心叠片的接缝要相互错开，图 3-4a、b 是相邻两层硅钢片的排法。

小容量变压器的铁心柱截面一般采用方形或长方形，在容量较大的变压器中，为了充分利用绕组内圆的空间，常采用阶梯形截面，容量越大，则阶梯越多，如图 3-5 所示。

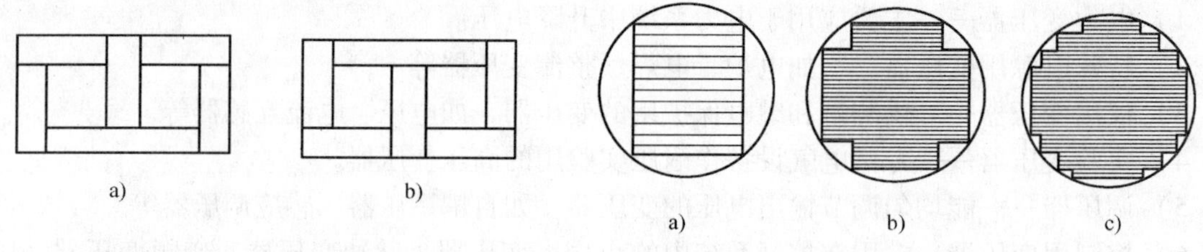


图 3-4 硅钢片的排法

a）奇数层排法 b）偶数层排法

图 3-5 铁心柱的截面

a）矩形截面 b）梯形截面 c）多级梯形截面

**（二）绕组**

绕组是变压器的电路部分，常用绝缘铜线或铝线绕制而成，近年来还有用铝箔绕制而成的，为了使绕组便于制造和在电磁力作用下受力均匀以及机械性能良好，一般电力变压器都把绕组绕制成圆形。

实际变压器的高低压绕组是套装在同一铁心柱上的，并且紧靠在一起，尽量减小漏磁通。高低压绕组在铁心柱上的排列方式有同心式和交叠式两种类型。

1. 同心式绕组

同心式绕组是将高、低压绕组绕在同一铁心柱上。为了便于绕组与铁心之间的绝缘，通常低压绕组在内，高压绕组在外。在高、低压绕组之间及绕组与铁心之间都加有绝缘。同心式绕组具有结构简单，制造方便的特点，国产变压器多采用这种结构。

2. 交叠式绕组

交叠式绕组又称为饼式绕组，它是将高、低压绕组分成若干个线饼，沿着铁心柱的高度方向交替排列的。为了便于绝缘，一般靠近铁轭的最上层和最下层放置低压绕组。交叠式绕组的主要优点是漏抗小，机械强度好，引线方便，但绝缘比较复杂。这种绕组只适于壳式大型变压器中，如大型电炉变压器就采用这种结构。

**（三）油箱及其附件**

电力变压器多采用油浸式结构，变压器的器身放在装有变压器油的油箱内。变压器油既是一种绝缘介质，又是一种冷却介质。小容量（20kV · A 以下）变压器，一般采用平壁式油箱，容量稍大的变压器则采用管式油箱，即在油箱壁上焊有散热油管，以增加散热面积。对于容量在3000~10000kV·A的变压器，则采用散热器式油箱。10000kV·A以上的变压器，一般采用带有风扇冷却的散热器油箱，叫做油浸风冷式油箱；对50000kV·A以上的大容量变压器，采用强迫油循环冷却油箱。此外，在变压器油箱上面一般装有圆筒形储油柜，储油柜通过连通管与油箱相通，保证变压器器身始终浸在变压器油中，柜内油面高度随着变压器油的热胀冷缩而变动，储油柜使油与空气接触面积减小，从而减少油的氧化和水分的浸入。

另外还有气体继电器和安全气道，是在故障时保护变压器安全的辅助装置。

变压器绕组的引出线从油箱内引到油箱外时，必须穿过瓷质的绝缘套管，以保证带电的引线与接地的油箱绝缘。

油箱盖上面还装有分接开关，可调节一次绕组的匝数，当电网电压波动时，变压器本身能做小范围的电压调节，以保持负载端电压的稳定。

## 五、变压器的铭牌及额定值

为了使变压器安全、经济、合理地运行，同时使用户对变压器的性能有所了解，变压器出厂时都安装了一块铭牌，上面标明了变压器各种额定数据。

### （一）额定容量 $S_N$

$S_N$ 是指额定工作状态下变压器的视在功率，单位为 kV·A。

### （二）额定电压 $U_{1N}$、$U_{2N}$

$U_{1N}$是指加到变压器一次侧的额定电源电压值。$U_{2N}$是指当一次侧加额定电压、二次侧开路时的空载电压值。单位为V或kV。对于三相变压器，额定电压是指线电压。

### （三）额定电流 $I_{1N}$、$I_{2N}$

$I_{1N}$、$I_{2N}$是指根据额定容量和额定电压算出的一、二次侧额定电流，单位为A。对于三相变压器，额定电流是指线电流。

对于单相变压器 $$I_{1N}=\frac{S_N}{U_{1N}}\quad I_{2N}=\frac{S_N}{U_{2N}} \tag{3-4}$$

对于三相变压器 $$I_{1N}=\frac{S_N}{\sqrt{3}U_{1N}}\quad I_{2N}=\frac{S_N}{\sqrt{3}U_{2N}} \tag{3-5}$$

### （四）额定频率 $f_N$

我国规定标准工频为50Hz。

此外，额定运行时变压器的效率、温升等数据均属于额定值。除额定值外，铭牌上还标有变压器的相数、连接组和接线图、变压器的运行方式及冷却方式等。为考虑运输，有时铭牌上还标有变压器的总重、器身质量和外形尺寸等数据。

**【例3-1】** 有一台三相油浸自冷式铝线变压器，$S_N=180\text{kV·A}$，Yyn接法，$U_{1N}/U_{2N}=10/0.4\text{kV}$，试求一、二次绕组的额定电流各是多大？

**解：** $$I_{1N}=\frac{S_N}{\sqrt{3}U_{1N}}=\frac{180\times10^3}{\sqrt{3}\times10\times10^3}\text{A}=10.4\text{A}$$

$$I_{2N}=\frac{S_N}{\sqrt{3}U_{2N}}=\frac{180\times10^3}{\sqrt{3}\times0.4\times10^3}\text{A}=259.8\text{A}$$

## 第二节　变压器的空载运行

变压器的一次绕组接在额定电压的交流电源上，二次绕组开路，这种运行方式称为变压器的空载运行，如图 3-6 所示。

### 一、变压器中各量正方向的规定

由于变压器的电压、电流、磁通及电动势的大小和方向都随时间作周期性变化，为了能正确表明各量之间的关系，必须规定它们的正方向。一般采用电工惯例来规定其正方向。

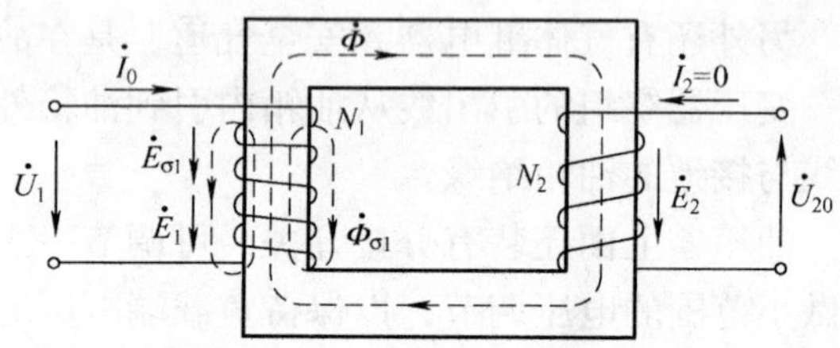


图 3-6　单相变压器空载运行

1）同一条支路中，电压 $u$ 的正方向与电流的正方向一致。

2）电流产生的磁动势在变压器铁心中建立磁通 $\Phi$，$\Phi$ 与 $i$ 的正方向符合右手螺旋定则。

3）磁通 $\Phi$ 产生的感应电动势 $e$，其正方向与产生该磁通的电流 $i$ 方向一致。图 3-6 中各量的正方向就是根据上述规定来确定的。

### 二、变压器空载运行时各量之间的关系

当变压器一次绕组加上交流电源电压 $\dot{U}_1$ 时，一次绕组中就有电流产生，由于变压器为空载运行，此时称一次绕组中的电流为空载电流 $\dot{I}_0$，由 $\dot{I}_0$ 产生空载磁动势 $\dot{F}_0=\dot{I}_0N_1$，并建立空载时的磁场。由于铁心的磁导率比空气（或油）的磁导率大得多，所以绝大部分磁通通过铁心闭合，同时与一、二次绕组交链，并产生感应电动势 $\dot{E}_1$ 和 $\dot{E}_2$。如果二次绕组与负载接通，则在感应电动势的作用下向负载输出电功率，所以这部分磁通起着传递能量的媒介作用，因此称之为主磁通 $\dot{\Phi}$；另有一小部分磁通（约为主磁通的 0.25%），主要经非磁性材料（空气或变压器油等）形成闭路，只与一次绕组交链，不参与能量传递，称之为一次绕组的漏磁通 $\dot{\Phi}_{\sigma1}$，它在一次绕组中产生漏磁电动势 $\dot{E}_{\sigma1}$。另外，$\dot{I}_0$ 将在一次绕组中产生绕组电压降 $\dot{I}_0r_1$。

虽然主磁通 $\dot{\Phi}$ 和漏磁通 $\dot{\Phi}_{\sigma1}$ 都是由空载电流 $\dot{I}_0$ 产生的，但两者性质却不同。由于铁磁材料存在饱和现象，主磁通 $\dot{\Phi}$ 与建立它的电流 $\dot{I}_0$ 之间的关系是非线性的。漏磁通的磁路大部分由非铁磁材料组成，所以漏磁路的磁阻基本上是常数，漏磁通与产生它的电流 $\dot{I}_0$ 呈线性关系。主磁通在一、二次绕组内产生感应电动势，如果二次绕组接上负载，则在二次电动势的作用下向负载输出电功率。所以主磁通起着传递能量的媒介作用，而漏磁通仅在一次绕组内感应电动势，只起电压降的作用，不能传递能量。因此在分析变压器和交流电机时，常将主磁通和漏磁通分开处理。

**（一）感应电动势与主磁通的关系**

在变压器的一次绕组上加正弦交流电压 $u_1$ 时，则 $\Phi$ 和 $e_1$ 也按正弦规律变化。假设主磁通为

$$\Phi = \Phi_m \sin\omega t \tag{3-6}$$

根据电磁感应定律，则一次绕组的感应电动势为

$$e_1 = -N_1 \frac{d\Phi}{dt} = \omega N_1 \Phi_m \sin(\omega t - 90°) = E_{1m}\sin(\omega t - 90°) \tag{3-7}$$

由式（3-7）可知，当主磁通 $\Phi$ 按正弦规律变化时，由它产生的感应电动势也按正弦规律变化，但在相位上滞后于主磁通 90°。

由式（3-7）还可知 $e_1$ 的有效值为

$$E_1 = \frac{E_{1m}}{\sqrt{2}} = \frac{2\pi f N_1 \Phi_m}{\sqrt{2}} = 4.44 f N_1 \Phi_m \tag{3-8}$$

同理，二次绕组感应电动势的有效值为

$$E_2 = 4.44 f N_2 \Phi_m \tag{3-9}$$

$E_1$ 和 $E_2$ 用相量表示时为

$$\dot{E}_1 = -j4.44 f N_1 \dot{\Phi}_m$$
$$\dot{E}_2 = -j4.44 f N_2 \dot{\Phi}_m \tag{3-10}$$

式（3-10）表明，变压器一、二次绕组感应电动势的大小与电源频率 $f$、绕组匝数 $N$ 及铁心中主磁通的最大值 $\Phi_m$ 成正比，在相位上均滞后主磁通 90°。

**（二）空载变压器的电压平衡方程**

按照图 3-6 中规定的正方向，则一次侧用相量形式表示的电压平衡方程式如下：

$$\dot{U}_1 = -\dot{E}_1 - \dot{E}_{\sigma1} + \dot{I}_0 r_1 = -\dot{E}_1 + j\dot{I}_0 x_1 + \dot{I}_0 r_1 = -\dot{E}_1 + \dot{I}_0 Z_1 \tag{3-11}$$

式中，$r_1$ 为变压器一次绕组的电阻；$x_1$ 为变压器一次绕组的漏电抗（简称漏抗）；$Z_1$ 为变压器一次绕组的漏阻抗，$Z_1 = r_1 + jx_1$。

空载运行时，阻抗电压降 $\dot{I}_0 Z_1$ 很小（一般小于 0.5% $U_{1N}$），因此可近似认为

$$\dot{U}_1 \approx -\dot{E}_1$$

二次侧由于电流为零，感应电动势等于二次绕组的空载电压，即

$$\dot{U}_{20} = \dot{E}_2 \tag{3-12}$$

在变压器中，通常将一次绕组与二次绕组的电压之比称为变压器的电压比，用 $k$ 表示，即

$$k = \frac{E_1}{E_2} \approx \frac{U_1}{U_{20}} = \frac{N_1}{N_2}$$

对于三相变压器，电压比是变压器的相电压之比，而不是线电压之比。

**（三）空载电流与主磁通的关系**

变压器空载时，一次绕组实际上是一个带铁心的线圈，因此空载电流 $\dot{I}_0$ 应包括无功的磁化电流 $\dot{I}_{0Q}$ 和有功的铁损电流 $\dot{I}_{0P}$ 两个分量，即

$$\dot{I}_0 = \dot{I}_{0Q} + \dot{I}_{0P} \tag{3-13}$$

$\dot{I}_{0Q}$ 起励磁作用，用来建立空载磁场，与主磁通 $\dot{\Phi}$ 同相位；$\dot{I}_{0P}$ 用来供给铁心损耗，它超

前于主磁通 $\dot{\Phi}$ 90°，与 $-E_1$ 同相位。由于一般变压器都采取减小铁心损耗的措施，因此 $\dot{I}_0$ 主要用以产生主磁通，所以空载电流也称为励磁电流。同时 $\dot{I}_0$ 比 $\dot{\Phi}$ 在相位上超前一个不大的角度，叫做铁耗角。对于电力变压器，一般空载电流 $\dot{I}_0$ 约为额定电流的（2 ~ 10）%，容量越大，$\dot{I}_0$ 相对越小。

**（四）等效电路**

变压器空载时，从一次绕组看进去的等效阻抗为 $Z_m$，有

$$-\dot{E}_1=\dot{I}_0(r_m+jx_m)=\dot{I}_0Z_m \tag{3-14}$$

式中，$Z_m=r_m+jx_m$；$r_m$ 称为励磁电阻，是变压器铁心损耗的等效电阻，即 $p_{Fe}=I_0^2r_m$；$x_m$ 为主磁通在铁心中引起的等效电抗，称为励磁电抗，其大小正比于铁心磁路的磁导。

将式（3-14）代入式（3-11）得

$$\dot{U}_1=-\dot{E}_1+\dot{I}_0Z_1=\dot{I}_0Z_m+\dot{I}_0Z_1=\dot{I}_0\ (Z_m+Z_1)$$

相应的等效电路如图 3-7 所示。

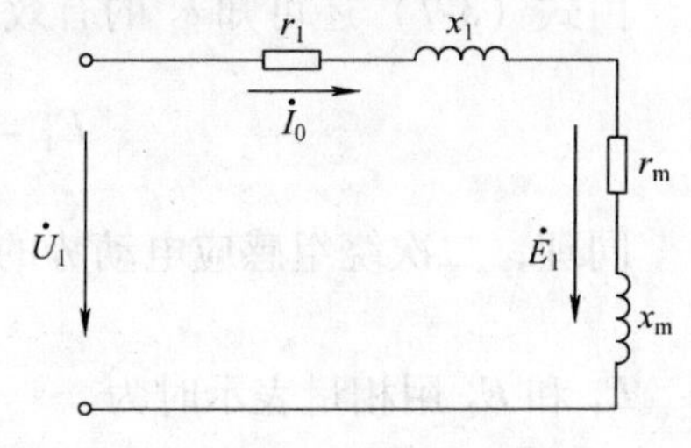

图 3-7　变压器空载时的等效电路

**【例 3-2】**　一台 180kV · A 的铝线变压器，已知 $U_{1N}$ 和 $U_{2N}$ 分别为 10000V 和 400V，Yyn 接线，铁心截面积 $S_{Fe}=160\text{cm}^2$，铁心中最大磁密度 $B_m=1.445\text{T}$，试求一次及二次绕组的匝数及变压器电压比。

**解**：变压器电压比　$k=\dfrac{U_1}{U_2}=\dfrac{10000/\sqrt{3}}{400/\sqrt{3}}=25$

铁心中磁通　$\Phi_m=B_mS_{Fe}=1.445\times160\times10^{-4}\text{Wb}=231\times10^{-4}\text{Wb}$

高压绕组匝数　$N_1=\dfrac{U_1}{4.44f\Phi_m}=\dfrac{10000}{\sqrt{3}\times4.44\times50\times231\times10^{-4}}$匝$=1125$ 匝

低压绕组匝数　$N_2=\dfrac{N_1}{k}=\dfrac{1125}{25}$匝$=45$ 匝

## 第三节　变压器的负载运行

当变压器一次绕组加上电源电压 $\dot{U}_1$，二次绕组接上负载 $Z_L$，这时变压器就投入了负载运行，如图 3-8 所示。

### 一、变压器负载运行时的电磁关系

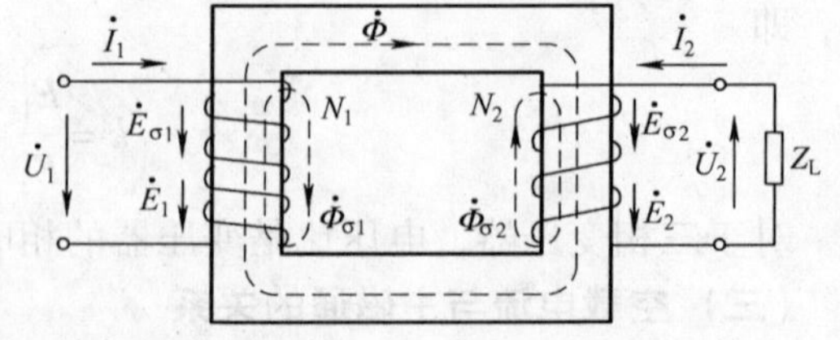

图 3-8　变压器负载运行

变压器负载运行时，二次绕组中流过电流 $\dot{I}_2$，产生磁动势 $\dot{F}_2=\dot{I}_2N_2$，由于二次绕组的磁动势也作用在同一条主磁路上，从而打破了变压器空载运行时的电动势平衡状态。变压器负载运行时，一次绕组中的电流从空载时的 $\dot{I}_0$ 转变成负载时的 $\dot{I}_1$。变压器负载运行时，铁心中合成磁动势为 $\dot{I}_2N_2+\dot{I}_1N_1$，并由此建立主磁通 $\dot{\Phi}$，同时在一次绕组和二次绕组中产生感应电动势 $\dot{E}_1$ 和 $\dot{E}_2$。从空载运行到负载运行，一次

电流由空载时的 $\dot{I}_0$ 增加了 $\Delta\dot{I}_1=\dot{I}_1-\dot{I}_0$，该增量所产生的磁动势正好与二次侧所产生的磁动势互相抵消，从而使变压器中的电磁关系重新达到平衡状态，即

$$\Delta\dot{I}_1N_1+\dot{I}_2N_2=0 \text{ 或 } \Delta\dot{I}_1=-\frac{N_2}{N_1}\dot{I}_2 \tag{3-15}$$

上式表明一次绕组从电源吸收的电功率，通过电磁感应关系传递到二次绕组并向负载输出功率。

## 二、基本方程式

### （一）电压平衡方程式

根据图 3-8，变压器负载运行时，由于一次侧、二次侧漏磁电动势的存在，由基尔霍夫定律得到以下电动势平衡方程式，即

$$\dot{U}_1=-\dot{E}_1+\mathrm{j}\dot{I}_1x_1+\dot{I}_1r_1=-\dot{E}_1+\dot{I}_1Z_1$$

$$\dot{I}_2=-\dot{E}_2-\mathrm{j}\dot{I}_2x_2-\dot{I}_2r_2=\dot{E}_2-\dot{I}_2Z_2$$

$$\dot{I}_2N_2+\dot{I}_1N_1=\dot{I}_0N_1 \qquad k=\frac{E_1}{E_2}=\frac{N_1}{N_2} \qquad \dot{U}_2=Z_{\mathrm{L}}\dot{I}_2$$

式中，$Z_2=r_2+\mathrm{j}x_2$ 为二次绕组的漏阻抗；$r_2$ 和 $x_2$ 为二次绕组的电阻和漏电抗。

### （二）磁动势平衡方程式

变压器负载运行时，由于二次侧磁动势 $\dot{I}_2N_2$ 的出现，磁路上出现两个磁动势：$\dot{I}_1N_1$ 和 $\dot{I}_2N_2$。因此，磁路中的总磁动势为 $\dot{I}_1N_1+\dot{I}_2N_2$，这一合成磁动势产生总磁通 $\dot{\Phi}$，由于同一台变压器空载和负载时磁路的主磁通基本相同，则产生主磁通的磁动势就应当相等，空载时励磁磁动势为 $\dot{F}_0=\dot{I}_0N_1$，负载时励磁磁动势为 $\dot{F}_1+\dot{F}_2=\dot{I}_1N_1+\dot{I}_2N_2$，故有

$$\dot{F}_0=\dot{F}_1+\dot{F}_2$$

即

$$\dot{I}_0N_1=\dot{I}_1N_1+\dot{I}_2N_2 \tag{3-16}$$

或

$$\dot{I}_1N_1=\dot{I}_0N_1+(-\dot{I}_2N_2)$$

两边用 $N_1$ 除，则得到电流方程式为

$$\dot{I}_1=\dot{I}_0+\left(-\dot{I}_2\frac{N_2}{N_1}\right) \tag{3-17}$$

由式（3-17）可知：负载时 $\dot{I}_1$ 由两个分量组成，一个是励磁电流 $\dot{I}_0$，用于建立变压器负载运行时的主磁通；另一个是一次电流的负载分量 $\Delta\dot{I}_1$，用来补偿二次绕组磁动势 $\dot{I}_2N_2$ 对主磁通的影响，以保持主磁通基本不变。

## 三、变压器的折算

利用前面导出的基本方程式，可以分析计算变压器的运行性能，但实际计算时，十分繁琐，所以引入折算法。所谓折算，就是把一次绕组匝数变换成二次绕组匝数或把二次绕组匝数变换成一次绕组匝数来计算，而不改变其电磁关系。通常是将二次绕组折算到一次绕组，由于折算前后二次绕组匝数不同，因此折算后的二次绕组的各物理量数值与折算前的不同，折算量用原来的符号加“′”表示。即取 $N_2'=N_1$，则 $E_2$ 折算为 $E_2'$，使 $E_2'=E_1$。

### （一）二次侧电动势和电压的折算

由于二次绕组折算后，$N_2' = N_1$，根据电动势大小与匝数成正比，则有

$$\frac{E_2'}{E_2} = \frac{N_2'}{N_2} = \frac{N_1}{N_2} = k$$

即

$$E_2' = kE_2 = E_1 \tag{3-18}$$

$$U_2' = kU_2 \tag{3-19}$$

### （二）二次电流的折算

为保持二次绕组磁动势在折算前后不变，即 $I_2'N_2' = I_2N_2$，则有

$$I_2' = \frac{N_2}{N_2'}I_2 = \frac{N_2}{N_1}I_2 = \frac{1}{k}I_2 \tag{3-20}$$

### （三）二次阻抗的折算

根据折算前后消耗在二次绕组电阻及漏电抗上的有功、无功功率不变的原则，则有负载阻抗 $Z_L$ 的折算值为

$$Z_L' = \frac{U_2'}{I_2'} = \frac{kU_2}{\dfrac{I_2}{k}} = k^2\frac{U_2}{I_2} = k^2 Z_L \tag{3-21}$$

综上所述，若将二次绕组折算到一次绕组，则折算值与原值的关系：①凡是电动势、电压都乘以电压比 $k$；②凡是电流都除以电压比 $k$；③凡是电阻、电抗、阻抗都乘以电压比 $k$ 的二次方；④凡是磁动势、功率、损耗等，值不变。

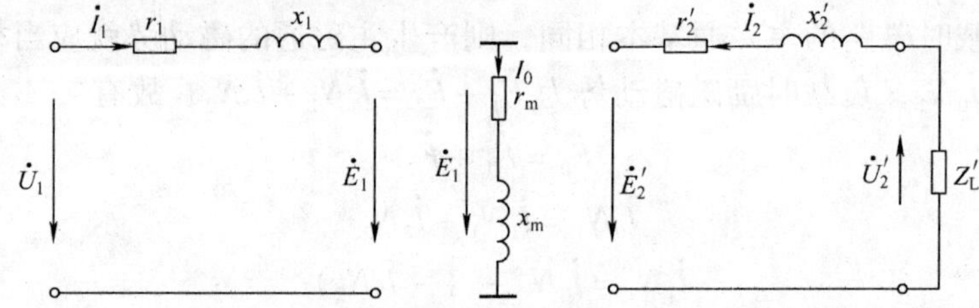


图 3-9　根据式（3-22）画出的部分等效电路

## 四、变压器的等效电路

经过折算的变压器，其基本方程式变为

$$\begin{aligned} \dot{U}_1 &= -\dot{E}_1 + \dot{I}_1 Z_1 \\ \dot{U}_2' &= \dot{E}_2' - \dot{I}_2' Z_2' \\ \dot{E}_1 &= \dot{E}_2' = -\dot{I}_0 Z_m \\ \dot{I}_0 &= \dot{I}_1 + \dot{I}_2' \end{aligned} \tag{3-22}$$

根据式（3-22），可以分别画出变压器的部分等效电路，如图 3-9 所示，其中变压器一、二次绕组之间的磁耦合作用，由主磁通在绕组中产生的感应电势 $\dot{E}_1$、$\dot{E}_2$ 反映出来，经过绕组折算后，$\dot{E}_1 = \dot{E}_2'$，构成了相应主磁场励磁部分的等效电路。根据 $\dot{E}_1 = \dot{E}_2' = -\dot{I}_0 Z_m$ 和 $\dot{E}_1 =$

$\dot{E}_2'$的关系式，可将一次、二次绕组的等效电路和励磁支路连在一起，构成变压器的T形等效电路，如图3-10所示。

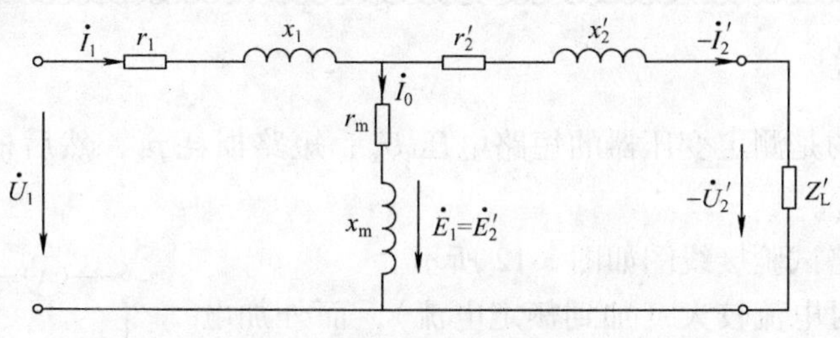


图3-10　变压器T形等效电路

# 第四节　变压器参数的测定

变压器等效电路中的参数$Z_m$、$Z_k$，对变压器的运行性能有着直接的影响。知道了变压器的参数，即可绘出等效电路，然后运用等效电路去分析和计算变压器的运行性能。变压器的参数可以通过空载试验和短路试验来测定。

## 一、空载试验

对于单相变压器作空载试验可按图3-11接线。在一次绕组加额定电压，二次绕组开路状态下，测取$U_1$、$I_0$、$p_0$。

为了测出空载电流和空载损耗随电压变化的曲线，外施电压要能在一定范围内进行调节。变压器空载运行时，输入功率$p_0$为铁心损耗$p_{Fe}$与空载铜耗$I_0^2r_1$之和，由于$I_0^2r_1 << p_{Fe}$可忽略不计，故可认为变压器空载时的功率$p_0$完全用来补偿变压器的铁心损耗，即$p_0 \approx p_{Fe}$。

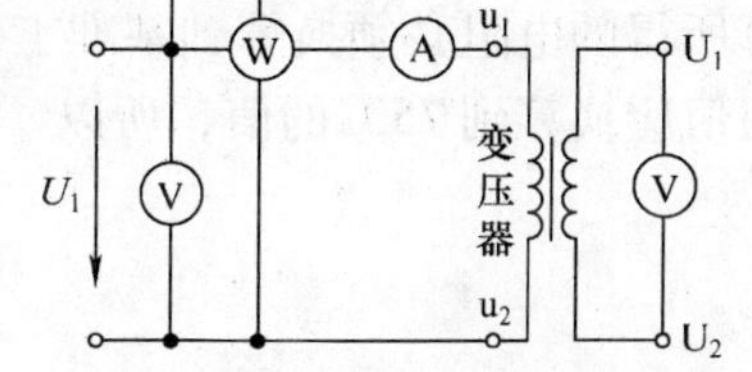


图3-11　单相变压器空载试验电路图

根据空载等效电路（见图3-7）可知，变压器空载时总阻抗为

$$Z_0 = Z_1 + Z_m = (r_1 + jx_1) + (r_m + jx_m)$$

由于$r_m >> r_1$、$x_m >> x_1$，因此$Z_0 \approx Z_m$，这样根据测量结果，可计算电压比及励磁参数，即

$$k = \frac{N_1(\text{高压})}{N_2(\text{低压})} \approx \frac{U_1}{U_{20}} \tag{3-23}$$

$$Z_m = \frac{U_{1N}}{I_0}$$

$$r_m = \frac{p_0}{I_0^2} \tag{3-24}$$

$$x_m = \sqrt{Z_m^2 - r_m^2}$$

应当注意，由于励磁参数与磁路的饱和程度有关，不同电源电压下测出的数值是不同

的，故应取额定电压下测量的数据来计算励磁参数。另外，为了安全与方便起见，空载试验一般在低压侧进行，如果需要得到高压侧的数值时，还必须乘以电压比 $k$ 的二次方。

## 二、短路试验

短路试验的目的是测定变压器的短路电压 $U_k$、短路损耗 $p_k$，然后根据测得的参数求出短路参数 $r_k$、$x_k$、$Z_k$。

单相变压器短路试验接线图如图 3-12 所示。

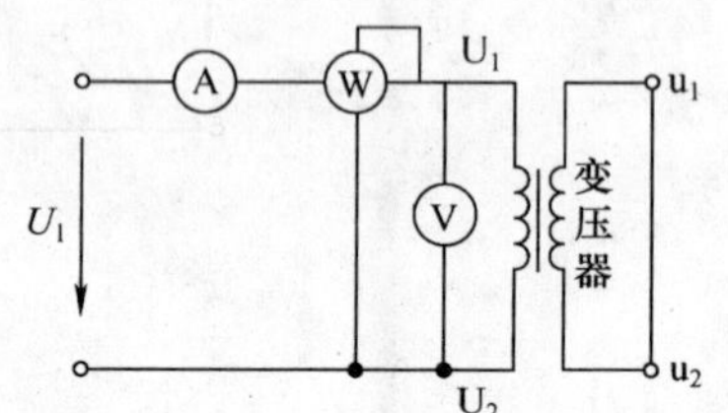


图 3-12　单相变压器短路试验接线图

由于短路试验时电流较大（加到额定电流），而外加电压却很低，一般短路电压约为额定电压的（4～10）%，因此为便于测量，一般在高压侧试验，将低压侧短路。

短路试验时，用调压器调节输出电压，从零开始缓慢地增大，使一次电流从零升到额定电流 $I_{1N}$ 为止，分别测量其短路电压 $U_k$、短路电流 $I_k$ 和短路损耗 $p_k$，并记录试验时的室温 $\theta$（℃）。

因为短路试验时外加电压很低，主磁通很小，所以铁耗和励磁电流均可忽略不计，这时输入的功率（短路损耗）$p_k$ 可认为完全消耗在绕组的铜耗上，即 $p_k \approx I_k^2 r_k$。根据测量结果，由简化等效电路可以计算室温下的短路参数（取 $I_k = I_{1N}$）：

$$Z_k = \frac{U_k}{I_k} = \frac{U_k}{I_{1N}} \qquad r_k \approx \frac{p_k}{I_k^2} = \frac{p_k}{I_{1N}^2} \qquad x_k = \sqrt{Z_k^2 - r_k^2} \tag{3-25}$$

因为绕组的电阻值将随温度的变化而改变，而短路实验一般在室温下进行，所以经过计算所得的电阻必须换算到基准工作温度时的数值。按国家标准规定，油浸式变压器的短路电阻值应换算到 75℃的值，所以

$$\left.\begin{aligned} r_{k75℃} &= r_k \frac{K+75}{K+\theta} \\ Z_{k75℃} &= \sqrt{r_{k75℃}^2 + x_k^2} \\ p_{kN75℃} &= I_{1N}^2 r_{k75℃} \\ U_{kN75℃} &= I_{1N} Z_{k75℃} \end{aligned}\right\} \tag{3-26}$$

式中，$\theta$ 为试验时的室温（℃）；$K$ 为常数，对于铜导线 $K = 235$，对于铝导线 $K = 228$；$p_{kN75℃}$ 为标准温度下的额定短路损耗；$U_{kN75℃}$ 为标准温度下的额定短路电压。

因为短路试验是在高压侧进行的，故测定的短路参数是属于高压侧的数值，若需要折算到低压侧时，应除以电压比 $k$ 的二次方。

变压器的短路阻抗是变压器的重要参数，由于容量和电压不同，变压器短路阻抗的欧姆值相差很大。为了便于比较，可用相对单位来表示，即把短路电压用一次侧额定电压的百分数表示，把它叫做阻抗电压，即

$$u_k = \frac{U_{kN75℃}}{U_{1N}} \times 100\% = \frac{I_{1N} Z_{k75℃}}{U_{1N}} \times 100\% \tag{3-27}$$

阻抗电压也称短路电压，标在变压器铭牌上，它的大小反映了变压器在额定负载下运行时，漏阻抗压降的大小。一般中小容量电力变压器的 $u_k$ 为（4～10.5）%，大容量变压器的

$u_k$ 为（12.5～17.5）%。

以上所分析的是单相变压器参数的计算方法，对于三相变压器，变压器的参数是指一相的参数，因此只要采用相电压、相电流、一相的功率（或损耗），即每相的数值进行计算即可。

**【例 3-3】** SL-100/6 型三相铝线电力变压器，$S_N=100\text{kV}\cdot\text{A}$，$U_{1N}$ 和 $U_{2N}$ 分别为 6000V 和 400V，$I_{1N}$ 和 $I_{2N}$ 分别为 9.63A 和 144.5A，一、二次绕组都接成星形，在室温 25℃时做空载试验和短路试验，试验数据见表 3-1。

**表 3-1 试验数据**

| 试验项目 | 电压/V | 电流/A | 功率/W | 备 注 |
|---|---|---|---|---|
| 空载 | 400 | 9.37 | 600 | 电源加在低压侧 |
| 短路 | 325 | 9.63 | 2014 | 电源加在高压侧 |

试求折算到高压侧的励磁参数和短路参数。

**解：** 由空载试验数据，先求低压侧的励磁参数：

$$Z_m=\frac{U_{1\Phi}}{I_{0\Phi}}=\frac{400}{\sqrt{3}\times 9.37}\Omega=24.6\Omega$$

$$r_m=\frac{p_{0\Phi}}{I_{0\Phi}^2}=\frac{600}{3\times 9.37^2}\Omega=2.28\Omega$$

$$x_m=\sqrt{Z_m^2-r_m^2}=\sqrt{24.6^2-2.28^2}\Omega=24.5\Omega$$

折算到高压侧的励磁参数：

因 $$k=\frac{6000/\sqrt{3}}{400/\sqrt{3}}=15$$

所以 $$Z_m'=k^2Z_m=15^2\times 24.6\Omega=5535\Omega$$

$$r_m'=k^2r_m=15^2\times 2.28\Omega=513\Omega$$

$$x_m'=k^2x_m=15^2\times 24.5\Omega=5513\Omega$$

由短路试验数据，计算高压侧室温下的短路参数：

$$Z_k=\frac{U_{k\Phi}}{I_{k\Phi}}=\frac{325}{\sqrt{3}\times 9.63}\Omega=19.5\Omega$$

$$r_k\approx\frac{p_{k\Phi}}{I_{k\Phi}^2}=\frac{2014}{3\times 9.63^2}\Omega=7.24\Omega$$

$$x_k=\sqrt{Z_k^2-r_k^2}=\sqrt{19.5^2-7.24^2}\Omega=18.1\Omega$$

换算到标准工作温度 75℃时有

$$r_{k75℃}=r_k\frac{228+75}{228+\theta}=7.24\times\frac{228+75}{228+25}\Omega\approx 8.67\Omega$$

$$Z_{k75℃}=\sqrt{r_{k75℃}^2+x_k^2}=\sqrt{8.67^2+18.1^2}\Omega\approx 20.1\Omega$$

额定短路损耗应为

$$p_{kN75℃}=3I_{1N}^2r_{k75℃}=3\times9.63^2\times8.67\text{W}=2412\text{W}$$

阻抗电压相对值为

$$u_k=\frac{U_{kN75℃}}{U_{1N}}\times100\%=\frac{9.63\times20.1}{6000/\sqrt{3}}\times100\%=5.58\%$$

## 第五节　变压器的运行特性

变压器的运行特性，主要有外特性和效率特性。

### 一、变压器的外特性和电压变化率

由于变压器内部存在电阻和漏电抗，当负载电流流过二次绕组时，变压器内部将产生阻抗压降，使二次侧端电压随负载电流的变化而变化，这种变化关系用变压器的外特性来描述。

变压器的外特性是指一次绕组加额定电压、负载功率因数 $\cos\varphi_2$ 一定时，二次电压 $U_2$ 随负载电流 $I_2$ 变化的规律，即 $U_2=f(I_2)$。变压器的外特性曲线如图 3-13 所示。

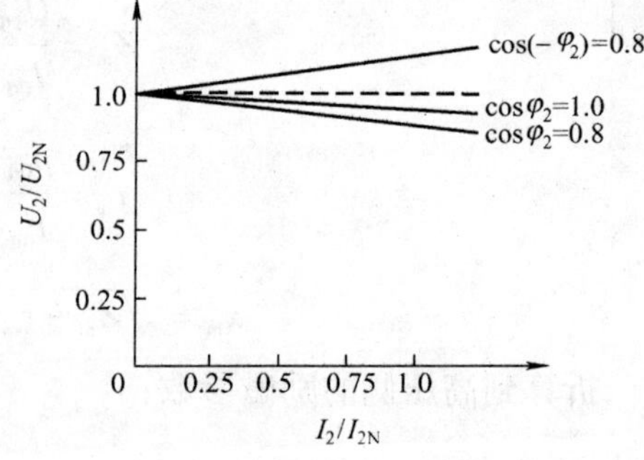

图 3-13　变压器的外特性曲线

变压器二次电压随负载变化的程度用电压变化率 $\Delta U\%$ 来表示。所谓电压变化率，是指一次绕组加额定电压、负载功率因数一定，由空载至某一负载时二次电压的变化对二次额定电压的百分率，即

$$\Delta U\%=\frac{U_{20}-U_2}{U_{2N}}\times100\%=\frac{U_{2N}-U_2}{U_{2N}}\times100\%=\frac{U_{1N}-U_2'}{U_{1N}}\times100\%$$

通过简化等效电路可以求得

$$\begin{aligned}\Delta U\%&=\frac{U_{1N}-U_2'}{U_{1N}}\times100\%=\frac{I_1r_k\cos\varphi_2+I_1x_k\sin\varphi_2}{U_{1N}}\times100\%\\&=\frac{I_1}{I_{1N}}\times\frac{I_{1N}r_k\cos\varphi_2+I_{1N}x_k\sin\varphi_2}{U_{1N}}\times100\%\\&=\beta\frac{I_{1N}r_k\cos\varphi_2+I_{1N}x_k\sin\varphi_2}{U_{1N}}\times100\%\end{aligned}\tag{3-28}$$

式中，$\beta$ 为变压器负载系数，$\beta=\frac{I_1}{I_{1N}}=\frac{I_2}{I_{2N}}$。

从式（3-28）可看出，电压变化率 $\Delta U\%$ 不仅与短路参数 $r_k$、$x_k$ 和负载系数 $\beta$ 有关，还与负载功率因数 $\cos\varphi_2$ 有关。

电压变化率 $\Delta U\%$ 是变压器的主要性能指标，它反映了电源电压的稳定性，一定程度上反映了电能的质量。一般变压器的负载均为感性，在 $\cos\varphi_2=0.8$ 时，中小型变压器的电压变化率为（4~5.5)%。

## 二、变压器的效率

变压器的效率 $\eta$ 是指它的输出功率 $P_2$ 与输入功率 $P_1$ 之比，用百分数表示，即

$$\eta=\frac{P_2}{P_1}\times 100\% \tag{3-29}$$

变压器的总损耗包括铁心损耗和绕组铜损耗，即 $\sum p=p_{Cu}+p_{Fe}$，将 $P_1=P_2+p_{Cu}+p_{Fe}$ 代入式（3-29）得

$$\eta=\frac{P_2}{P_2+p_{Cu}+p_{Fe}}\times 100\% \tag{3-30}$$

变压器铁损可由空载试验求出。在额定电压下，忽略空载铜损耗不计时，$p_{Fe}=p_0=$ 常量，铁耗不随负载大小而变，称为不变损耗。

变压器铜损耗可由短路试验求出，在忽略 $I_0$ 时，则有

$$p_{Cu}=I_1^2r_1+I_2'^2r_2=I_1^2r_k=(\beta I_{1N})^2r_k=\beta^2I_{1N}^2r_k=\beta^2p_{kN} \tag{3-31}$$

铜损耗随负载大小而变，称为可变损耗。

对变压器负载时二次侧输出功率，若假定 $U_2\approx U_{2N}$，忽略电压变化，则可写出

$$P_2=U_2I_2\cos\varphi_2=U_{2N}\beta I_{2N}\cos\varphi_2=\beta S_N\cos\varphi_2 \tag{3-32}$$

式中，$S_N=U_{2N}I_{2N}$ 称为变压器额定视在容量。

将上述关系代入式（3-30）得变压器的效率为

$$\eta=\frac{\beta S_N\cos\varphi_2}{\beta S_N\cos\varphi_2+p_0+\beta^2p_{kN}}\times 100\%$$

对于给定的变压器，$p_0$ 和 $p_{kN}$ 是一定的，当负载功率因数 $\cos\varphi_2$ 一定时，效率只与负载系数 $\beta$ 有关，我们把 $\eta=f(\beta)$ 的关系曲线称为效率特性，如图 3-14 所示。

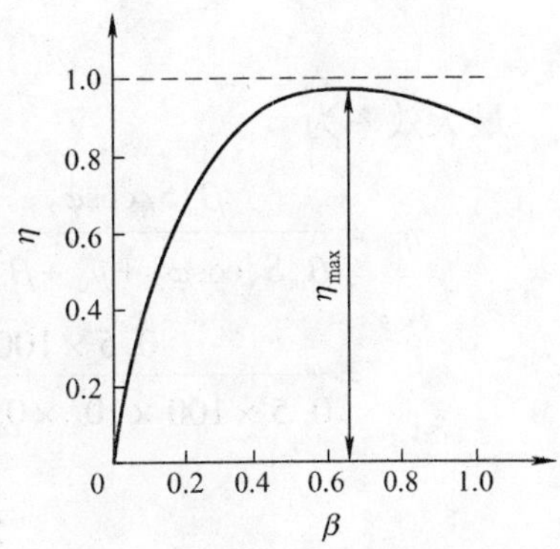

图 3-14 变压器的效率特性

从效率特性上可看出，当负载较小时，效率随负载的增大而快速上升，当负载达到一定值时，负载的增大反而使效率下降，因此，在 $\eta=f(\beta)$ 曲线上有一个最大的效率点 $\eta_{max}$。为了求出在某一负载下的最大效率，可以令 $\frac{d\eta}{d\beta}=0$，从而求得发生最大效率时的 $\beta_m$ 值，即可求得最大效率 $\eta_{max}$。

按上述方法计算的结果表明，当可变损耗与不变损耗相等时，效率达最大值，即

$$p_0=\beta_m^2p_{kN}$$

因此

$$\beta_m=\sqrt{\frac{p_0}{p_{kN}}} \tag{3-33}$$

由于变压器常年接在线路上，总有铁损，而铜损却随负载的变化而变化，同时，变压器

不可能总在满载下运行，因此取铁损小一些对提高全年的效率比较有利。一般取$\frac{p_0}{p_{kN}}=\frac{1}{4}\sim\frac{1}{2}$，故最大效率$\eta_{max}$发生在$\beta_m=0.5\sim0.7$范围内。

【例 3-4】 用例 3-3 中的数据，已知负载功率因数$\cos\varphi_2=0.8$，电流滞后。求：

（1）额定负载时的电压变化率和二次电压；

（2）额定负载时的效率；

（3）变压器的最大效率。

**解：**（1）根据式（3-28）计算额定负载时的电压变化率为

$$\Delta U\%=\beta\frac{I_{1N}r_k\cos\varphi_2+I_{1N}x_k\sin\varphi_2}{U_{1N}}\times100\%$$

$$=1\times\frac{9.63\times8.67\times0.8+9.63\times18.1\times0.6}{6000/\sqrt{3}}\times100\%=4.95\%$$

二次电压 $U_2=(1-\Delta U\%)U_{2N}=(1-0.0495)\times400\text{V}=380.2\text{V}$

（2）计算额定负载时的效率为

$$\eta=\frac{\beta S_N\cos\varphi_2}{\beta S_N\cos\varphi_2+p_0+\beta^2p_{kN}}\times100\%$$

$$=\frac{1\times100\times10^3\times0.8}{1\times100\times10^3\times0.8+600+1^2\times2412}\times100\%=96.4\%$$

（3）最大效率时的负载系数为

$$\beta_m=\sqrt{\frac{p_0}{p_{kN}}}=\sqrt{\frac{600}{2412}}=0.5$$

最大效率为

$$\eta_m=\frac{\beta_mS_N\cos\varphi_2}{\beta_mS_N\cos\varphi_2+p_0+\beta_m^2p_{kN}}\times100\%$$

$$=\frac{0.5\times100\times10^3\times0.8}{0.5\times100\times10^3\times0.8+600+0.5^2\times2412}\times100\%=97.1\%$$

## 第六节 三相变压器

电力系统一般采用三相制供电，因而三相变压器得到了广泛的应用。所以对于三相变压器运行时，可以把三相变压器问题化为单相变压器问题进行研究。

### 一、三相变压器的磁路系统

#### （一）三相变压器组的磁路

三相变压器组是由三台单相变压器组成的，如图 3-15 所示。由于三相磁通各有自己单独的磁路，彼此互不相关。当一次绕组施以对称三相电压时，各相主磁通必然对称，各相空载电流也是对称的。

### (二) 三相心式变压器的磁路

三相心式变压器的铁心是由三台单相变压器的铁心合在一起演变而来的，如图 3-16 所示。这种铁心构成的磁路的特点是三相磁路互相关联，各相磁通要借另外两相磁路闭合。如果把三台单相变压器的铁心按图 3-16a 所示的位置靠拢在一起，在外施对称三相电压时，三相主磁通是对称的，此时中间铁心柱内的磁通为 $\dot{\Phi}_U+\dot{\Phi}_V+\dot{\Phi}_W=0$，因此可以省掉中间铁心柱，如图 3-16b 所示。为了制造方便和节省硅钢片，可将三相铁心柱布置在同一平面内，如图 3-16c 所示，即演变成常用的三相心式变压器的铁心，这种铁心结构由于三相磁路长度不相等，中间 V 相最短，两边的 U、W 相较长，所以三相磁阻不相等。当外施对称三相电压时，三相空载电流便不相等，但由于变压器的空载电流很小，因而三相心式变压器空载电流的不对称对变压器负载运行的影响很小，可不予考虑。

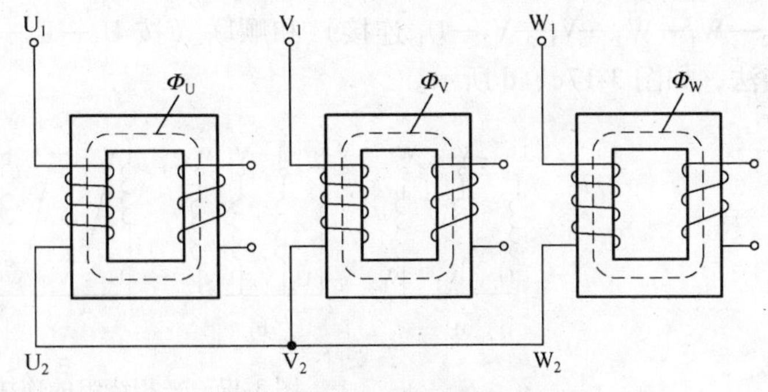


图 3-15　三相变压器组的磁路系统

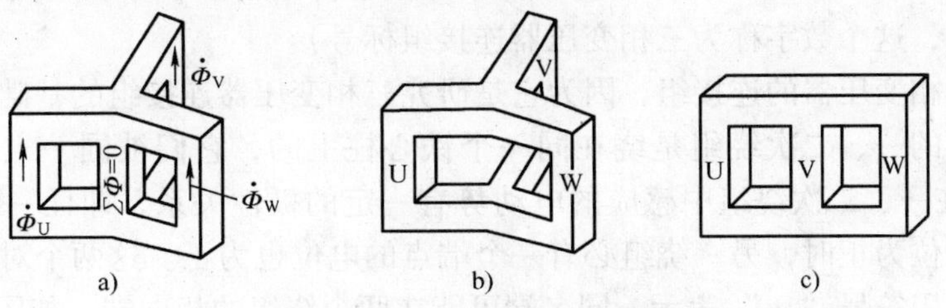


图 3-16　三相心式变压器的磁路系统

a）由三个单相铁心合并　b）省去中间铁心柱　c）三个铁心柱在一个平面上

## 二、三相变压器的电路——绕组连接组

三相变压器的绕组连接组是一个很重要的问题，它关系到变压器电磁量中的谐波问题以及并联运行等一些运行上的问题。

### (一) 连接法

在三相变压器中，绕组的连接主要采用星形和三角形两种方法，为表明连接方法，对绕组的首端和末端标记规定见表 3-2。

表 3-2　绕组首端和末端标记

| 绕组名称 | 单相变压器 | | 三相变压器 | | 中性点 |
|---|---|---|---|---|---|
| | 首端 | 末端 | 首端 | 末端 | |
| 高压绕组 | $U_1$ | $U_2$ | $U_1$、$V_1$、$W_1$ | $U_2$、$V_2$、$W_2$ | N |
| 低压绕组 | $u_1$ | $u_2$ | $u_1$、$v_1$、$w_1$ | $u_2$、$v_2$、$w_2$ | n |

作星形联结时，用 Y（或 y）表示，如果有中性点引出，则用 YN（或 yn）表示，如图 3-17a、b 所示；作三角形联结时，用 D（或 d）表示。三角形联结可分为逆联（按 $U_1$—$U_2$—$W_1$—$W_2$—$V_1$—$V_2$—$U_1$ 连接）和顺联（按 $U_1$—$U_2$—$V_1$—$V_2$—$W_1$—$W_2$—$U_1$ 连接）两种接法，如图 3-17c、d 所示。

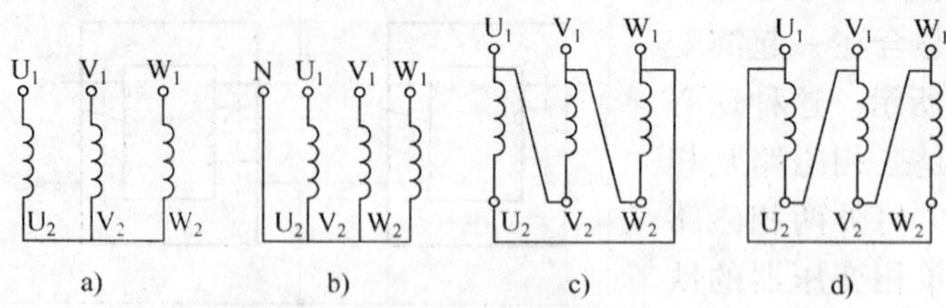


图 3-17　三相绕组的连接

a）星形联结　b）星形联结中性点引出　c）三角形联结（逆）　d）三角形联结（顺）

### （二）连接组

由于三相变压器一、二次绕组中的线电动势具有不同的相位差。因此按一、二次绕组线电动势的相位关系，把三相变压器绕组的连接法分成各种不同的组合，称为绕组的连接组。通常用“时钟表示法”表示。（即把高压侧线电动势的相量作为钟表上的长针，始终指向“12”，而把对应的低压侧线电动势相量作为短针，它所指的数字即表示高低压侧线电动势相量间的相位差，这个数字称为三相变压器连接组标号）。

首先讨论单相变压器的连接组，因为它是研究三相变压器连接组的基础。

单相变压器的一、二次绕组是绕在同一个铁心柱上的，它们被同一主磁通 $\Phi$ 所交链，当 $\Phi$ 交变时，在一、二次绕组中感应的电动势有一定的极性关系，即任一瞬间，一个绕组的某一端点的电位为正时，另一绕组必有一个端点的电位也为正。这两个对应的同极性的端点称为同名端，用符号“·”表示。同名端可能在两个绕组的相同端，如图 3-18a 所示，也可能在绕组的不同端，如图 3-18b 所示，这取决于两个绕组的绕向是否相同。

单相变压器绕组的首端和末端有两种不同的标法，随着标法的不同，所得一、二次绕组电动势之间的相位差也不相同。一种是将一、二次绕组的同名端都标为首端（或末端），如图 3-19a 所示，这时一、二次绕组电动势 $\dot{E}_U$ 与 $\dot{E}_u$ 同相位（感应电动势的正方向均规定从首端指向末端），此时把代表高压侧电动势的分针指向 12 点，则代表低压侧电动势的时针也指向 12 点，用Ⅱ0 表示。其中Ⅱ表示高、低压侧都是单相绕组，0 表示连接组标号。

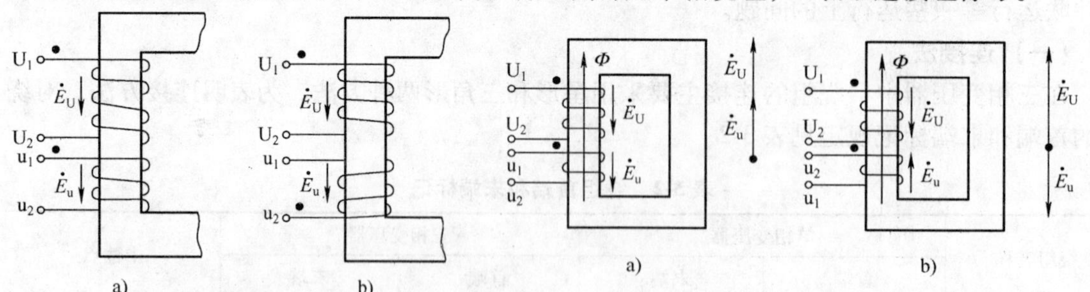


图 3-18　变压器绕组的极性

a）同名端在两个绕组的相同端

b）同名端在两个绕组的不同端

图 3-19　单相变压器的两种不同连接

a）Ⅱ0 连接　b）Ⅱ6 连接

另一种标法是把一、二次绕组的非同名端标为首端（或末端），如图 3-19b 所示。这时 $\dot{E}_U$ 与 $\dot{E}_u$ 方向相差 180°，用Ⅱ6 表示，也就是说其连接组标号为 6。

国家标准规定，单相变压器采用Ⅱ0 作为标准连接组。

由以上分析可知，单相变压器一、二次侧相电动势的相位关系取决于绕组的绕向和首末端的标记。

上面介绍了单相变压器的连接组，下面再来讨论三相变压器的连接组。三相变压器的连接组是用二次侧线电动势与一次侧对应线电动势的相位差来决定的。它不仅与绕组的绕向和首末端的标记有关，而且还与三相绕组的接法有关。

国家标准规定的连接组可归并为 Yy 和 Yd 两大类。

确定三相变压器连接组标号的步骤如下：

1）按规定绕组的出线端标志连接成所规定的连接法，画出连接图，如图 3-20a 所示。

2）作出高压侧电动势的相量图，确定某一线电动势的方向（如 $\dot{E}_{UV}$ 相量），如图 3-20b 所示。

3）确定高、低压绕组对应的相电动势的相位关系（同相位或反相位），作出低压侧的电动势相量图，确定对应的线电动势相量的方向（如 $\dot{E}_{uv}$ 相量）。为方便比较，将高、低压侧的电动势相量图画在一起，取 $U_1$ 与 $u_1$ 点重合。

4）根据高、低压侧对应线电动势的相位关系确定连接组标号。

1. Yy 连接组

图 3-20a 是 Yy 接法时三相变压器绕组的连接图。图中将一、二次绕组的同名端标为首端，这时一、二次侧对应的相电动势同相，同时一、二次侧线电动势 $\dot{E}_{UV}$ 与 $\dot{E}_{uv}$ 也同相位，当 $\dot{E}_{UV}$ 指向时钟面的“0”（也就是“12”）时，$\dot{E}_{uv}$ 也指向“0”点，所以标号为“0”，即为 Yy0 连接组，相量图如图 3-20b 所示。

如将上例中非同名端作为首端，如图 3-21a 所示，这时一、二次侧对应相的相电动势相位相反，则一、二次侧线电动势 $\dot{E}_{UV}$ 与 $\dot{E}_{uv}$ 也相差 180°，如图 3-21b 所示，这就是 Yy6 连接组。

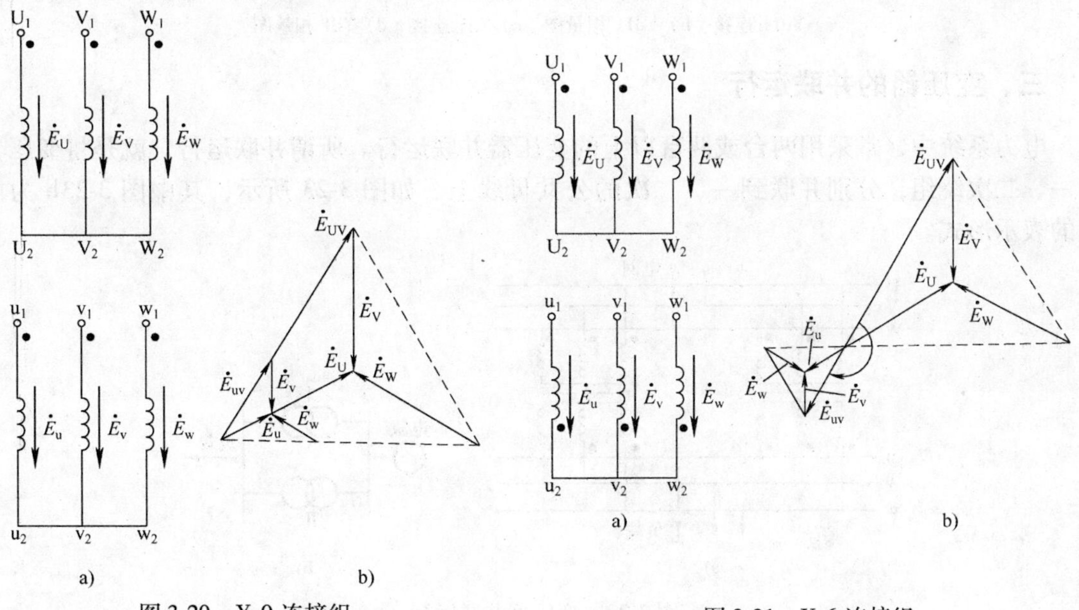


图 3-20　Yy0 连接组
a）连接图　b）相量图

图 3-21　Yy6 连接组
a）连接图　b）相量图

2. Yd 连接组

图 3-22a、c 是 Yd 接法时三相变压器的连接图。将一、二次绕组的同名端标为首端，二次绕组逆序三角形联结，如图 3-22a 所示，这时一、二次侧对应相的相电动势同相位，但一、二次侧线电动势 $\dot{E}_{UV}$ 与 $\dot{E}_{uv}$ 相位差为 $11\times30°=330°$，如图 3-22b 所示。当 $\dot{E}_{UV}$ 指向 12 点时，$\dot{E}_{uv}$ 指向 11 点，即为 Yd11 连接组。

如将上例中二次绕组改成顺序三角形联结，如图 3-22c 所示，这时 $\dot{E}_{UV}$ 与 $\dot{E}_{uv}$ 相位差为 30°，而且 $\dot{E}_{uv}$ 滞后于 $\dot{E}_{UV}$，所以为 Yd1 连接组，其相量图如图 3-22d 所示。

综上所述可以看出，用改变绕组极性或线号标志的方法可以得到不同的连接组。实际上，连接组种类很多。

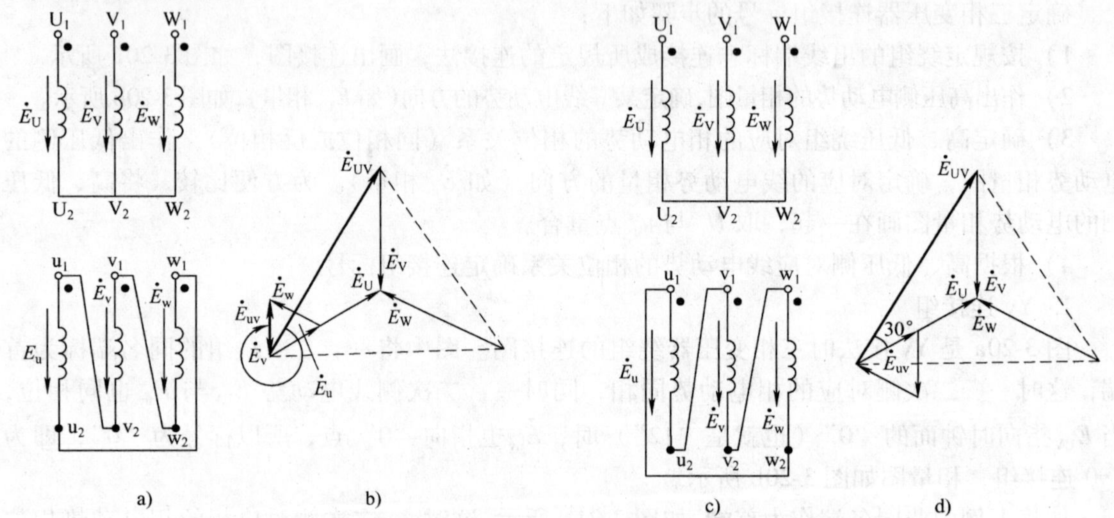


图 3-22　Yd 连接组

a）Yd11 连接　b）Yd11 相量图　c）Yd1 连接　d）Yd1 相量图

## 三、变压器的并联运行

电力系统中，常采用两台或两台以上的变压器并联运行。所谓并联运行，就是将变压器的一、二次绕组，分别并联到一、二次的公共母线上。如图 3-23 所示，其中图 3-23b 为简化的表示形式。

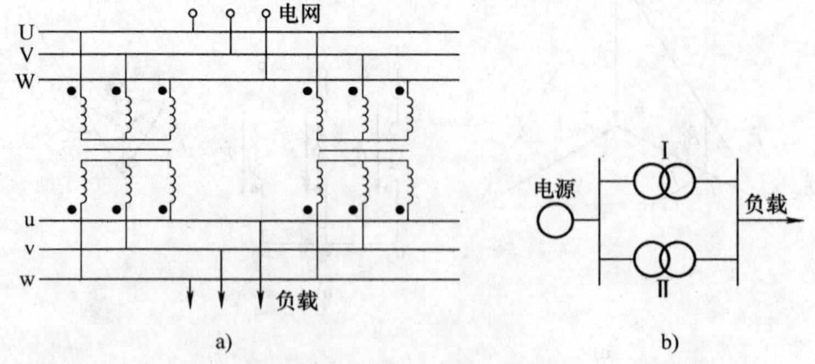


图 3-23　变压器并联运行

a）变压器并联运行接线图　b）简化表示形式

变压器并联运行有很多优点，主要有：①提高供电的可靠性，因为并联以后，如某台变压器发生故障，可以将它从电网上切除并进行检修，而电网仍能继续供电；②提高运行的经济性，当负载有较大的变化时，可以调整并联运行的变压器台数，尽量使运行着的变压器接近满载，提高系统的运行效率和改善系统的功率因数；③可以减少总的备用容量。

当然并联的台数过多，也是不经济的，因为一台大容量的变压器，其造价要比总容量相同的几台小变压器的造价低，占地面积小。

变压器理想并联运行的情况是：空载时并联运行的各台变压器之间无环流，以避免环流铜耗。带上负载后，各变压器能合理分担负载，即负载应按其容量大小成比例地分配。为此并联的变压器需满足下列条件：①各台变压器的一、二次额定电压应相等（即电压比相同）；②各变压器的连接组相同；③各台变压器的阻抗电压相等。

下面分别说明满足这些条件的必要性。

### （一）电压比不等时变压器的并联运行

以两台变压器的并联运行为例。

假设变压器并联运行的其他条件均具备，仅电压比不相等，即 $k_{\mathrm{I}} \neq k_{\mathrm{II}}$，由于并联运行的两台变压器一次绕组接在同一电源上，而 $k_{\mathrm{I}} \neq k_{\mathrm{II}}$，则二次绕组的空载电压不等，即$\frac{U_1}{k_{\mathrm{I}}} \neq \frac{U_1}{k_{\mathrm{II}}}$。因此，在二次绕组并联前，开关 Q 间就存在电位差 $\Delta U_{20} = \frac{U_1}{k_{\mathrm{I}}} - \frac{U_1}{k_{\mathrm{II}}}$，如图 3-24 所示。

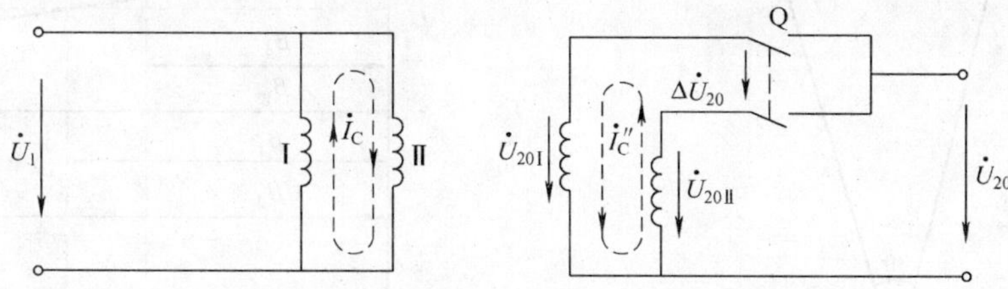


图 3-24 电压比不等的两台变压器并联时的空载环流

由于 $\Delta U_{20} \neq 0$，合上开关 Q 后，在二次绕组的闭合回路内必将产生环流，一次绕组也随之出现对应的环流。空载环流的大小，取决于电位差 $\Delta U_{20}$ 与两台变压器短路阻抗之比。因为变压器的短路阻抗值很小，所以即使电压比差值很小，也可引起较大的环流。环流不是负载电流，但它却占据了变压器的容量，增加了变压器的损耗和温升。

为了保证变压器并联运行时，空载环流不超过额定电流的 10%，通常规定并联运行的变压器，电压比的差值为

$$\Delta k = \frac{k_{\mathrm{I}} - k_{\mathrm{II}}}{\sqrt{k_{\mathrm{I}} k_{\mathrm{II}}}} \times 100\% \leqslant 0.5\%$$

### （二）连接组别不同的并联运行

如果并联运行的两台变压器的电压比和阻抗电压均相等，但是连接组别不同，那造成的后果会十分严重，因为两台变压器二次绕组线电动势的相位不同，至少相差 30°，因此会产生很大的电位差。例如 Yy0 和 Yd11 并联，二次绕组线电压之间的相位差如图 3-25 所示。两台变压器的电位差为

$$\Delta U_{20}=2U_{2N}\sin\frac{30^{\circ}}{2}=0.52U_{2N}$$

由于变压器短路阻抗很小，将产生很大的环流，其数值会超过额定电流很多倍，这是绝对不允许的，所以连接组别不同的变压器严禁并联运行。

**（三）阻抗电压不等的变压器并联运行**

如果并联运行的两台变压器，电压比相等，连接组别相同，那么在图 3-24 中就不会有空载环流产生。但因两台变压器的阻抗电压不等，如 $u_{k\mathrm{I}}>u_{k\mathrm{II}}$，则在额定电流时，第一台变压器的电压降大于第二台的电压降，也就是说，阻抗电压大的变压器外特性较软，如图 3-26 所示。但是并联运行的两台变压器二次绕组接在同一母线上，具有相同的 $U_2$ 值，因而使变压器的负载分配不均，将会出现第一台变压器负载电流还未达到额定值时（如 $\beta_{\mathrm{I}}=0.8$），第二台变压器已过载了（$\beta_{\mathrm{II}}=1.2$）。也就是说，两台变压器并联运行时的负载系数 $\beta$ 与阻抗电压成反比，阻抗电压小的变压器，要负担较大的负载。如图 3-26 所示，为了使第二台变压器不过载，即保持满载运行（$\beta'_{\mathrm{II}}=1$），而第一台变压器的负载系数（$\beta'_{\mathrm{I}}=0.6$）更小了，结果总的负载容量小于总的设备容量，使变压器得不到充分利用。因此，为了使并联运行的变压器不致浪费设备容量，要求并联运行的变压器，其阻抗电压之差不能超过它们平均值的 10%。

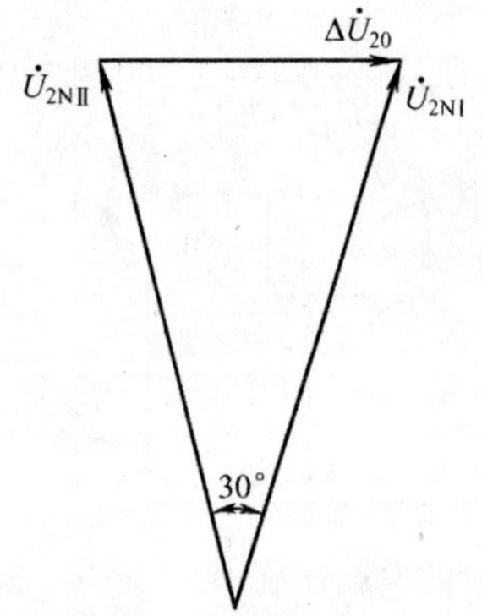


图 3-25　两变压器并联运行的电位差

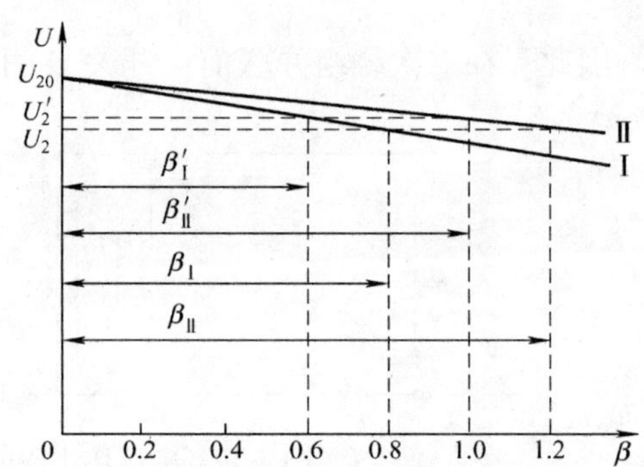


图 3-26　阻抗电压不等时并联运行的负载分配

# 第七节　其他用途的变压器

随着科学技术的不断发展，不仅在电力工业部门中大量采用双线圈的电力变压器，而且也出现了许多种满足用户特殊要求的变压器。在这一节里，将介绍几种应用广泛的特殊变压器的工作原理和特点。

## 一、自耦变压器

**（一）自耦变压器的结构**

普通双绕组变压器的一、二次绕组之间仅有磁的耦合，并无电的联系。而自耦变压器仅有一个绕组，如图 3-27 所示，其绕组一般按同心式放置。一次绕组的一部分兼作二次绕组用（指自耦

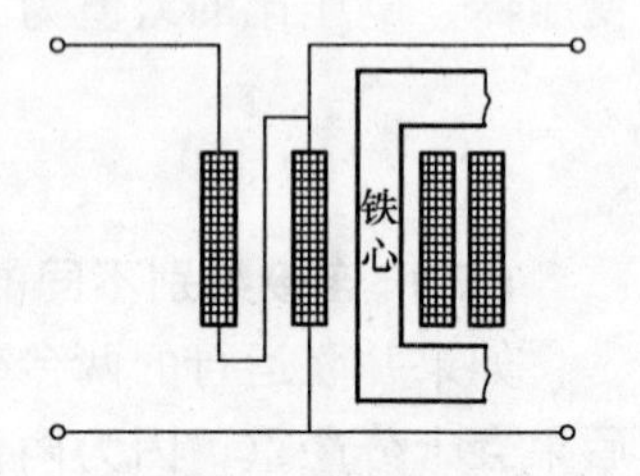


图 3-27　自耦变压器结构示意图

降压变压器)，或二次绕组的一部分兼作一次绕组用（指自耦升压变压器)，所以一、二次绕组之间既有磁的耦合，又有电的联系。

**（二）自耦变压器电压、电流与容量的关系**

以降压用的自耦变压器为例来分析其电压、电流和容量的关系。

当自耦变压器负载运行时，如不考虑绕组漏阻抗压降，则自耦变压器的电压比为

$$k=\frac{U_1}{U_2}=\frac{E_1}{E_2}=\frac{N_1}{N_2}$$

根据磁动势平衡关系，负载时合成磁动势建立的主磁通与空载磁动势建立的主磁通相等，所以有

$$\dot{I}_1N_1+\dot{I}_2N_2=\dot{I}_0N_1$$

由于空载电流 $\dot{I}_0$ 很小，若忽略不计，则

$$\dot{I}_1N_1+\dot{I}_2N_2\approx 0$$

即

$$\dot{I}_1=-\frac{N_2}{N_1}\dot{I}_2=-\frac{\dot{I}_2}{k} \tag{3-34}$$

式（3-34）表明，忽略空载电流时，一、二次电流大小与绕组匝数成反比，相位互差180°。公共绕组中的电流应为

$$\dot{I}=\dot{I}_1+\dot{I}_2=\dot{I}_2\left(1-\frac{1}{k}\right) \tag{3-35}$$

对自耦降压变压器，$I_2>I_1$，且相位互差180°，所以公共绕组中电流的大小为

$$I=I_2-I_1=I_2\left(1-\frac{1}{k}\right) \tag{3-36}$$

由于自耦变压器的电压比一般接近于1，由式（3-36）可知，这时 $I_1$ 和 $I_2$ 的数值相差不大，公共绕组中的电流 $I$ 较小，这表明绕组公共部分的导线截面可以缩小（相对双绕组变压器而言)。

由式（3-36）还可得出，$I_2=I+I_1$，即二次绕组电流 $I_2$ 是绕组的公共部分电流 $I$ 和直接从电源流来的电流 $I_1$ 的代数和。

由此得出，自耦变压器二次绕组的输出功率（视在功率）应为

$$U_2I_2=U_2I+U_2I_1=U_2I_2\left(1-\frac{1}{k}\right)+U_2I_1 \tag{3-37}$$

即

$$S_2=S_2'+S_2'' \tag{3-38}$$

式中的 $S_2'=U_2I$ 称为电磁功率，它是由绕组公共部分通过电磁感应的方式传到二次绕组的一部分功率；$S_2''=U_2I_1$ 称为传导功率，是由变压器一次绕组直接通过电传导的方式传递到二次绕组的一部分功率。传导功率是自耦变压器所特有的。

式（3-38）表明，自耦变压器由于其二次绕组和一次绕组有电的联系，使其功率传递的形式与普通变压器有所不同。它的二次绕组能直接向电源吸取功率，而且这一部分功率并不增加绕组的容量。

### （三）自耦变压器的优缺点

（1）优点　因为变压器的电磁功率是设计变压器主要尺寸和材料消耗的依据，所以称为计算容量（也称为绕组容量或电磁容量）。在自耦变压器中，传导功率是一次绕组电流 $I_1$，通过传导关系直接传递给负载的，不需要增加变压器的计算容量。就是说，自耦变压器的计算容量比额定容量（即总的输出功率）小。所以在同样的额定容量下，自耦变压器的主要尺寸和质量较小，有效材料（铜线和硅钢片）和结构材料（钢材）都相应地少一些，有效材料的减少使得铜耗和铁耗也相应地减少，故自耦变压器的效率较高。通常自耦变压器的电压比一般为1.25～2。

（2）缺点　由于自耦变压器一、二次绕组之间有电的直接联系，当一次侧过电压时，必然导致二次侧严重过电压，存在着高低压窜边的潜在危险。因此一般情况下一、二次侧均装设有避雷器。但是，当自耦变压器用于电力系统时，其过电压保护装置比较复杂。

## 二、仪用互感器

在高电压、大电流的输电设备中，通常不能直接用仪表去测量其电压、电流及功率等，而要借助于特制的仪用变压器将高电压降为低电压，大电流变为小电流后，再进行测量，这种专门用于变换电压和电流的仪用变压器称为互感器。互感器分电流互感器和电压互感器。

使用互感器的好处是：使测量回路与被测回路隔离，保证测量人员和仪表的安全，并可使用普通量程的电压表和电流表测量高电压和大电流，从而扩大仪表的量程。

### （一）电流互感器

电流互感器实质上是一台二次绕组在短路状态下工作的双绕组变压器，它的一次绕组由一匝或几匝截面较大的导线构成，使用时，将其串接在需要测量电流值的电路中。二次绕组的匝数较多，截面较小，它与阻抗很小的负载（电流表、瓦特表等的电流线圈）接成闭路，如图3-28所示。正由于二次负载阻抗很小，所以说电流互感器是一台处于短路工作状态下的单相变压器，因而有

$$I_2 = \frac{N_1}{N_2} I_1 = kI_1 \tag{3-39}$$

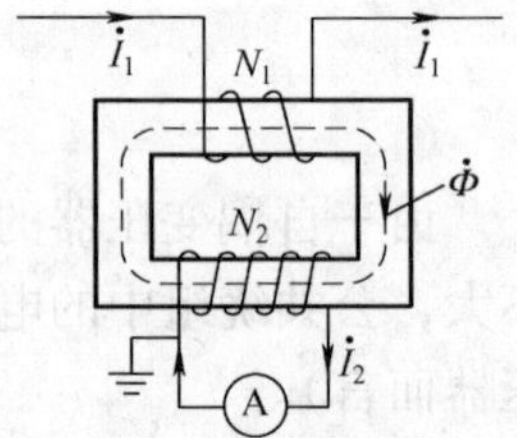

图3-28　电流互感器原理图

由式（3-39）可知，利用一、二次绕组不同的匝数关系，可将被测电路的大电流 $I_1$ 变换成检测仪表上显示出的小电流 $I_2$。

根据检测误差的大小，电流互感器分为0.2、0.5、1.0、3.0和10五个等级。例如0.5级，表示在额定电流时，一、二次电流之比的误差不超过±0.5%。

通常电流互感器的二次侧额定电流均设计为5A，而一次侧额定电流的范围可以为5～2500A，当与测量仪表配套使用时，电流表按一次侧的电流值标出，即从电流表上直接读出被测电流值。

电流互感器工作时，二次绕组绝对不容许开路，因为二次绕组开路时，互感器成为空载运行，$I_2=0$，而 $I_1$ 为恒值，根据 $\dot{I}_1 N_1 + \dot{I}_2 N_2 = \dot{I}_0$ 可知，当 $I_2=0$ 时，一次绕组中的被测大电流就完全成为励磁电流，使铁心内的磁感应强度比正常情况大大增加，磁路严重饱和。这样，一方面铁耗增大，使铁心过热，毁坏绕组绝缘，另一方面二次绕组感应出很高的电压，可能击穿绝缘，危及仪表及操作人员安全。因此，电流互感器二次绕组中绝对不允许装熔断

器；运行中如需要拆下电流表等测量仪表，应先将二次绕组短路。另外，电流互感器的铁心和二次绕组的一端必须可靠接地，以免绝缘损坏时，二次侧出现高压，发生事故。

另外，在实际工作中，为了方便检测带电现场线路中的电流，工程上常采用一种钳形电流表，其外形结构如图 3-29 所示，而工作原理和电流互感器相同。其结构特点是：铁心像一把钳子可以张合，二次绕组与电流表串联组成一个闭合回路。在测量导线中电流时，不必断开被测电路，只要压动手柄，将铁心钳口张开，把被测导线夹于其中即可，此时被测载流导线就充当一次绕组（只有一匝），借助电磁感应作用，由二次绕组所接的电流表直接读出被测导线中电流的大小。一般钳形电流表都有几个量程，使用时应根据被测电流值适当选择量程。

### （二）电压互感器

电压互感器的原理如图 3-30 所示。它的一次绕组匝数很多，直接并联到被测的高压线路上；二次绕组匝数较少，接在高阻抗的电压表或瓦特表的电压线圈上。由于二次绕组接在高阻抗的仪表上，因而二次电流 $I_2$ 很小。如果忽略漏阻抗电压降，则有

$$\frac{U_1}{U_2}=\frac{N_1}{N_2}=k$$

即

$$U_2=\frac{U_1}{k} \tag{3-40}$$

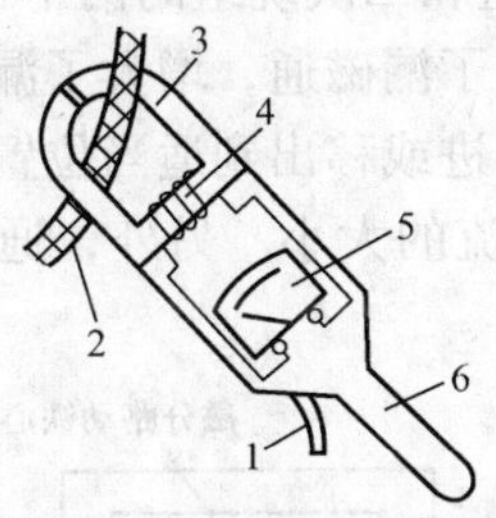


图 3-29 钳形电流表

1—活动手柄 2—被测导线 3—铁心 4—二次绕组 5—表头 6—固定手柄

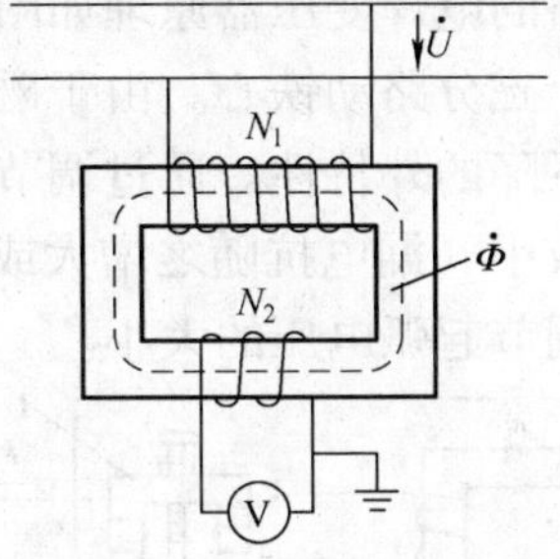


图 3-30 电压互感器原理图

式（3-40）表明：利用一、二次侧不同的匝数比可将线路上的高电压转换成低电压。电压互感器二次侧额定电压通常设计为 100V。

我国目前生产的电力电压互感器按准确度分为 0.5、1.0 和 3.0 等三个等级。电压互感器的二次绕组不允许短路，否则会产生很大的短路电流。因此使用时，二次侧电路中应串接熔断器作短路保护。为了安全起见，电压互感器的二次绕组连同铁心一起，必须可靠接地。另外，电压互感器的二次侧不宜接过多的仪表，以免电流过大引起较大的漏抗电压降，影响互感器的准确度。

## 三、电焊机变压器

电焊机变压器实质上是一台特殊的降压变压器，它的作用原理与普通单相变压器的基本

相同。但为了满足焊接工艺的特殊要求，其结构和性能与普通单相变压器相比，有较大的差别。

一般对电焊变压器的要求是：①空载时应有足够的起弧电压，大约 60 ~ 75V；②起弧后变压器工作在弧光短路的情况下，其电压要求迅速下降，为了维持电弧，在额定负载下，要求有 30V 左右的电压；③在直接短路时，短路电流不应过大；④当电弧长度发生变化时，焊接电流不应产生较大的波动，即要求电流比较稳定，以保证焊接质量。为了适应不同焊件和不同规格的焊条，要求能调节焊接电流的大小。

为了获得上述特性，电焊变压器必须具有较大的电抗，而且可以调节。因此电焊变压器的一、二次绕组一般分装在两个铁心柱上，而不是同心地套装在一起。为了得到迅速下降的外特性，以及焊接电流可调，可采取串联可变电抗器法和磁分路法，由此产生了不同类型的电焊变压器。

**（一）带电抗器的电焊变压器**

带电抗器的电焊变压器原理如图 3-31 所示，它在二次绕组中串联一个可变电抗器，使负载端电压下降很快，以得到迅速下降的外特性，通过螺杆调节可变电抗器的气隙，以改变焊接电流的大小。当可变电抗器的气隙增大时，电抗器的电抗减小，焊接电流增大；反之，当气隙减小时，电抗器的电抗增大，焊接电流减小。另外，通过一次绕组的抽头，可以调节起弧电压的大小。

**（二）磁分路的电焊变压器图**

磁分路的电焊变压器原理如图 3-32 所示，它在一次绕组和二次绕组的两个铁心柱之间，安装了一个磁分路动铁心。由于磁分路动铁心的存在，增加了漏磁通，增大了漏电抗，从而得到迅速下降的外特性。通过调节螺杆可将磁分路动铁心移进或移出到适当位置，使得漏磁通增大或减小（漏电抗随之增大或减小），由此改变焊接电流的大小。另外，通过二次绕组的抽头可调节起弧电压的大小。

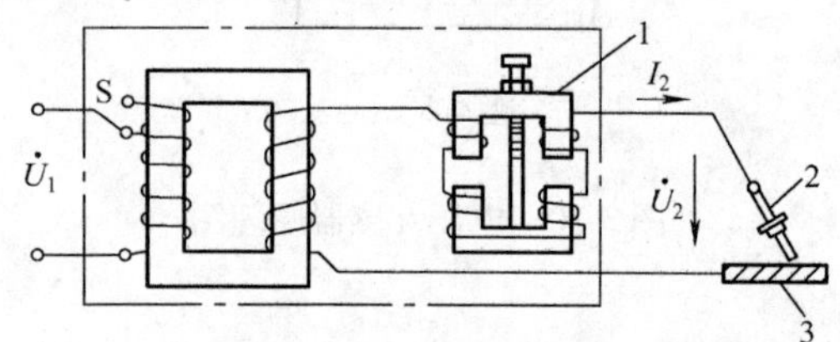


图 3-31　带电抗器的电焊变压器
1—可变电抗器　2—焊条　3—焊件

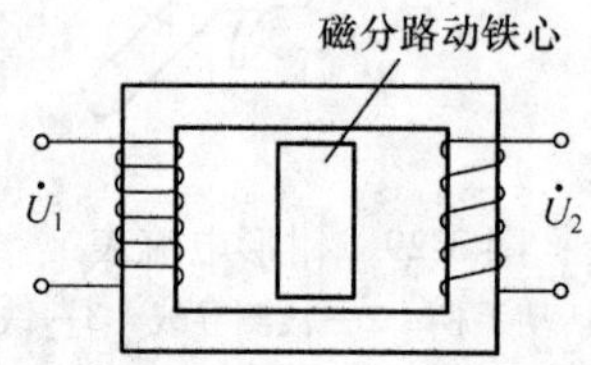


图 3-32　磁分路的电焊变压器

## 思考题与习题

3-1　变压器是根据什么原理进行变压的？它的主要用途有哪些？

3-2　变压器能否改变直流电压？为什么？

3-3　变压器铁心的作用是什么？为什么铁心要用硅钢片叠成？不用铁心行不行？

3-4　变压器中主磁通与漏磁通的性质和作用有何不同？

3-5　变压器的效率与哪些因素有关？在什么情况下效率最高？

3-6　电流互感器和电压互感器的原理和接线有什么不同？使用时的注意事项是什么？

3-7 S-50/10 型变压器，低压侧额定电压为 400V，求高、低压侧额定电流。

3-8 S-16000/110 型变压器，低压侧为 11kV，Yd 接线，求高、低压侧额定相电流。

3-9 有一台 6000/230V 单相变压器，其铁心截面积 $S=150\text{cm}^2$，铁心中的最大磁感应强度 $B_m=1.2\text{T}$，电源频率 $f=50\text{Hz}$，试求高、低压绕组匝数。

3-10 已知 3300/220V 单相降压变压器，$r_1=0.435\Omega$，$x_1=2.96\Omega$，$r_2=0.00194\Omega$，$x_2=0.0137\Omega$。求：

（1）二次侧的 $r_2$、$x_2$ 折算到一次侧的数值，折算到一次侧的短路电阻和感抗的数值；

（2）一次侧的 $r_1$、$x_1$ 折算到二次侧的数值，折算到二次侧的短路电阻和感抗的数值。

3-11 DJN-50/10 型变压器，额定容量为 $S_N=50\text{kV}\cdot\text{A}$，额定电压为 10000/230V，空载损耗 $p_0=340\text{W}$，短路损耗 $p_{kN}=1150\text{W}$，阻抗电压 $u_k=4.2\%$，空载电流 $I_0=8.5\%I_{1N}$。求：

（1）电源加在高压侧的空载电流及励磁阻抗；

（2）折算到高压侧的短路阻抗；

（3）$\cos\varphi_2=0.8$，额定感性负载时的电压变化率和效率。

3-12 变压器铭牌数据如下：$S_N=750\text{kV}\cdot\text{A}$，$U_{1N}/U_{2N}$ 为 10000/400V，Yy 接线。在低压侧做空载试验数据为：$U_{20}=400\text{V}$，$I_{20}=65\text{A}$，$p_0=4.1\text{kW}$。在高压侧做短路实验数据为：$U_{1k}=380\text{V}$，$I_{1k}=30\text{A}$，$p_k=4.6\text{kW}$，求变压器的参数

3-13 三相变压器的额定值 $S_N=5600\text{kV}\cdot\text{A}$，$U_{1N}/U_{2N}$ 为 6000/3300V，Yy 接线，空载损耗 $p_0=18\text{kW}$，短路损耗 $p_{kN}=56\text{kW}$，阻抗电压 $u_k=5.5\%$。求：

（1）当输出电流 $I_2=I_{2N}$、$\cos\varphi_2=0.8$ 时的效率；

（2）求出折算到高压侧的短路参数；

（3）$I_2=I_{2N}$，$\cos\varphi_2=0.8$ 感性负载时的电压变化率。

# 第四章　三相异步电动机

三相异步电动机特别是三相笼型异步电动机具有结构简单、坚固耐用、运行可靠、效率较高、维护简便等优点，因而得到了广泛应用，而且与同等容量、相同转速的直流电动机相比，三相异步电动机的质量约为直流电动机的一半，而价格仅为它的三分之一。但是三相异步电动机也有缺点，例如，它和变压器一样必须从电网吸取感性无功的励磁电流建立气隙磁场，因此它的功率因数总是滞后的，从而使电网的功率因数降低；另外，它的起动性能和调速性能较差，在需要大范围经济、平滑调速的场合，仍需使用调速性能较好的直流电动机。

本章先分析三相交流绕组及其磁动势和电动势，然后介绍三相异步电动机的工作原理和基本结构，最后在分析三相异步电动机运行原理的基础上，介绍其功率与转矩，以及工作特性与参数测定。

## 第一节　三相交流绕组

交流绕组是交流电机实现机电能量转换的核心部件：对发电机而言，定子绕组的作用是产生感应电动势和输出电功率；而对电动机而言，定子绕组的作用是输入电功率建立旋转磁场，该磁场与转子绕组相互作用产生电磁转矩，使电动机旋转，从而输出机械功率。因此，分析交流电机的原理和运行问题，首先要对交流绕组的构成和连接规律有一个基本了解。下面先介绍交流绕组的构成原则、分类和基本概念，然后以三相双层叠绕组为例分析交流绕组的连接规律。

### 一、三相交流绕组的构成原则

三相交流绕组的构成原则如下：

1）三相绕组对称。即各相绕组结构相同、阻抗相等，并且在空间彼此相距 120°电角度，以获得对称的三相感应电动势和磁动势。

2）在导体数一定的情况下，力求获得较大的基波电动势和基波磁动势。

3）绕组的合成电动势和合成磁动势的波形尽可能接近正弦波形。

4）端部连线应尽可能短，以节省用铜量；绕组的绝缘要可靠，机械强度和散热条件要好；工艺要简单，以便于制造、安装和检修。

### 二、三相交流绕组的分类

三相交流绕组的种类很多，可按槽内绕组层数或绕组绕法来分类。按槽内绕组层数可分为单层绕组和双层绕组。按绕组绕法分类，单层绕组可分为同心式绕组、链式绕组和交叉式绕组；双层绕组可分为叠绕组和波绕组。

单层绕组由于感应电动势的波形不好，一般适用于 10kW 以下的小型感应电动机。汽轮发电机和大、中型感应电动机的定子绕组一般采用双层叠绕组，水轮发电机的定子绕组和绕线转子异步电动机的转子绕组常采用双层波绕组。

## 三、三相交流绕组的基本概念

1. 电角度

电机定子内圆一周的几何角度是360°，称为机械角度。从电磁观点来看，若磁场在空间按正弦波分布，导体切割这个磁场，经过一对N、S磁极，导体中感应电动势变化一个周期，即360°电角度，所以一对磁极占有的空间电角度为360°。若电机有$p$对磁极，则电机内圆一周是$p\times360°$电角度，即

$$电角度=p\times机械角度$$

2. 极距$\tau$

相邻两个磁极轴线沿定子铁心内圆之间的距离称为极距$\tau$，即

$$\tau=\pi D/(2p) \tag{4-1}$$

式中，$D$为定子铁心内圆直径；$p$为电机的磁极对数。若用槽数表示，极距为

$$\tau=Z/(2p) \tag{4-2}$$

式中，$Z$为定子总槽数。

3. 线圈与节距

线圈是组成交流绕组的基本单元，线圈有单匝的，也有多匝的，如图4-1所示。每个线圈有两个直线边，称为有效边，分别放置在定子铁心的两个槽内。一个线圈的两个有效边沿定子铁心内圆之间的跨距称为线圈的节距，用$y_1$表示，一般单位为槽数。为使线圈获得较大的感应电动势，节距$y_1$应接近极距$\tau$，$y_1=\tau$的绕组称为整距绕组，$y_1<\tau$的绕组称为短距绕组，$y_1>\tau$的绕组称为长距绕组。采用短距绕组和长距绕组可以改善电动势和磁动势的波形，为节省端部铜材料，通常选用短距绕组。

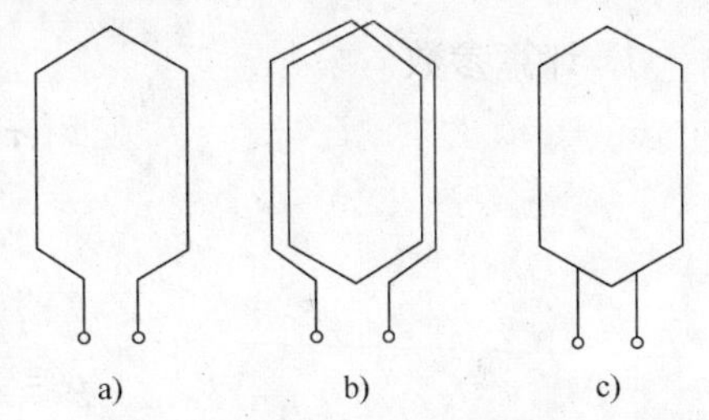


图4-1　线圈

a）单匝线圈　b）多匝线圈

c）多匝线圈简化图

4. 槽距角$\alpha$

沿定子铁心内圆相邻两槽之间的电角度称为槽距角$\alpha$，由于定子槽沿定子圆周是均匀分布的，则

$$\alpha=\frac{p\times360°}{Z} \tag{4-3}$$

5. 每极每相槽数$q$

每相绕组在每个磁极下所占有的槽数称为每极每相槽数$q$，即

$$q=\frac{Z}{2pm} \tag{4-4}$$

式中，$m$为相数。

6. 相带

每相绕组在每个磁极下所占有的电角度$q\alpha$称为一个相带，即

$$q\alpha = \frac{Z}{2pm} \times \frac{p \times 360°}{Z} = \frac{180°}{m}$$

由于每个磁极占有的电角度是 180°，则对三相绕组而言，每相在每个磁极下占有 60°电角度，称为 60°相带，因此每对极下包含六个相带。由于 $U_1$、$V_1$、$W_1$ 三相绕组在空间彼此相距 120°电角度，同一相绕组的两个相带（$U_1$ 与 $U_2$、$V_1$ 与 $V_2$、$W_1$ 与 $W_2$）相距 180°电角度，因此三相绕组相带沿定子内圆的划分依次为 $U_1$、$W_2$、$V_1$、$U_2$、$W_1$、$V_2$，如图 4-2 所示（图中沿逆时针方向分布），这种分相法称为 60°相带分相法。

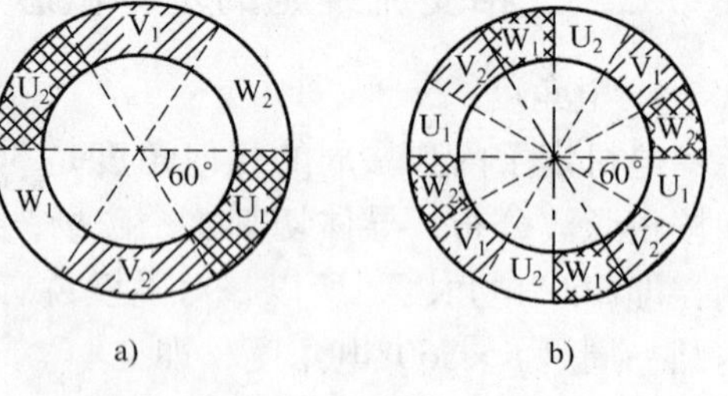


图 4-2　60°相带分相法

a）$2p=2$　b）$2p=4$

7. 线圈组

将每个磁极下属于同一相的 $q$ 个线圈首尾相接依次串联起来就构成了一个线圈组。显然，一个线圈组占有一个相带的宽度。

## 四、三相双层叠绕组

下面以一台极对数为 2、槽数为 36 的三相双层叠绕组交流电机为例，绘制绕组展开图，并说明三相交流绕组的连接规律。已知 $y_1 = \frac{8}{9}\tau$（短距），并联支路数 $a=1$。

1. 计算参数

$$\tau = Z/(2p) = 36/4 = 9$$

$$y_1 = \frac{8}{9}\tau = 8$$

$$\alpha = \frac{p \times 360°}{Z} = \frac{2 \times 360°}{36} = 20°$$

$$q = \frac{Z}{2pm} = \frac{36}{4 \times 3} = 3$$

2. 划分相带

交流电机一般采用 60°相带分相法，每对极下包含六个相带，按 $U_1$、$W_2$、$V_1$、$U_2$、$W_1$、$V_2$ 排列，每个相带分得的槽号见表 4-1。

**表 4-1　三相双层叠绕组的相带排列表**

| 相带 / 槽号 | $U_1$ | $W_2$ | $V_1$ | $U_2$ | $W_1$ | $V_2$ |
|---|---|---|---|---|---|---|
| 第一对极 | 1，2，3 | 4，5，6 | 7，8，9 | 10，11，12 | 13，14，15 | 16，17，18 |
| 第二对极 | 19，20，21 | 22，23，24 | 25，26，27 | 28，29，30 | 31，32，33 | 34，35，36 |

3. 绘制绕组展开图

假设把定子从某一个齿的中间沿轴向切开，可以展开成一平面绕组连接图，如图 4-3 所示。图中，槽内线圈的上层边用实线表示，下层边用虚线表示；线圈和槽自左至右编号，线圈顶部的号码表示线圈号，中间的号码表示槽号。编号的原则是，线圈号与线圈上层边安放的槽号采用相同的编号。例如，1 号线圈的上层边放在 1 号槽中，根据 $y_1=8$，1 号线圈的下层边应放在 9 号槽中；接着 2 号线圈的上层边放在 2 号槽中，其下层边应放在 10 号槽中，以此类推，把相应的线圈边逐个连接成线圈。然后根据 $q=3$，把每极下同一相的 $q$ 个线圈首尾相接依次串联起来，构成线圈组。最后再根据并联支路数 $a=1$，把不同极下同一相的线圈组顺电动势相加的方向串联起来构成相绕组。下面以 U 相为例介绍交流绕组的连接规律。

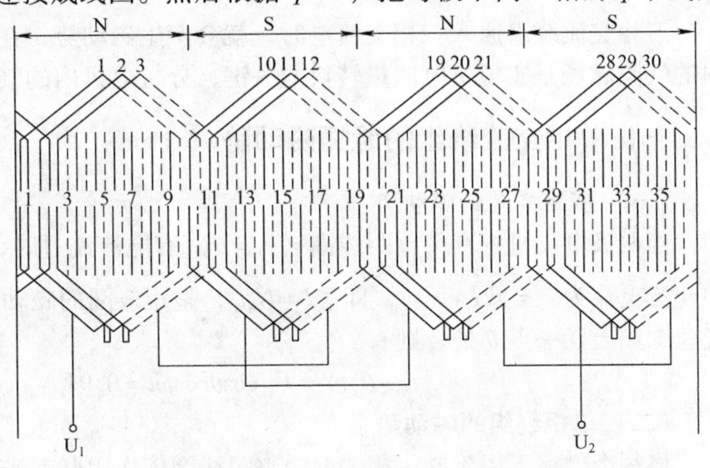

图 4-3　三相双层叠绕组 U 相展开图

由表 4-1 可知，U 相共分得 4 个相带，每个相带占有 3 个槽，一共 12 个槽，分别是 1，2，3；10，11，12；19，20，21 和 28，29，30 槽。首先把 1 号槽的上层边与 9 号槽（1+8=9）的下层边连接起来构成 1 号线圈，2 号槽的上层边与 10 号槽的下层边连接起来构成 2 号线圈，3 号槽的上层边与 11 号槽的下层边连接起来构成 3 号线圈；再把 1，2，3 号线圈首尾相接依次串联起来构成一个线圈组。同理可得到 U 相的其他 3 个线圈组。由于对应于 $U_1$ 相带的线圈组与相邻的对应于 $U_2$ 相带的线圈组电动势方向相反，按照电动势相加的原则，应把 U 相的 4 个线圈组按照“尾接尾，首接首”的连接规律串联起来构成 U 相绕组，如图 4-3 所示。同理可绘出 V 相和 W 相绕组的展开图，就得到了三相绕组完整的展开图，如图 4-4 所示。

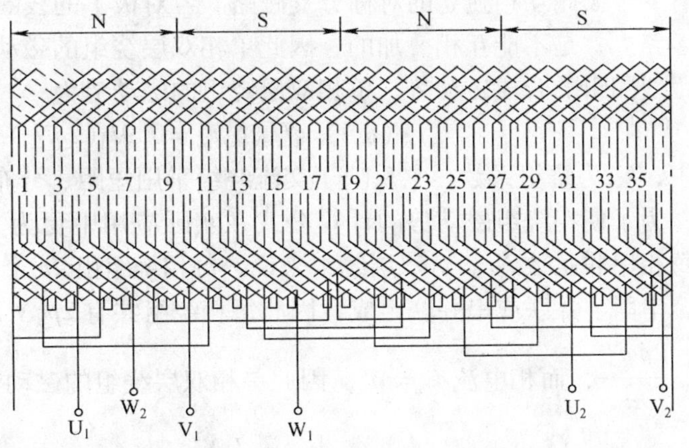

图 4-4　三相双层叠绕组展开图

U 相绕组的 4 个线圈组也可以全部并联（$a=4$）或串、并联混合（$a=2$），按照支路电动势大小相等、相位相同的原则并联起来，每相绕组的最大并联支路数 $a_{max}=2p$。$a=1$，2，4 的三种并联支路如图 4-5 所示。

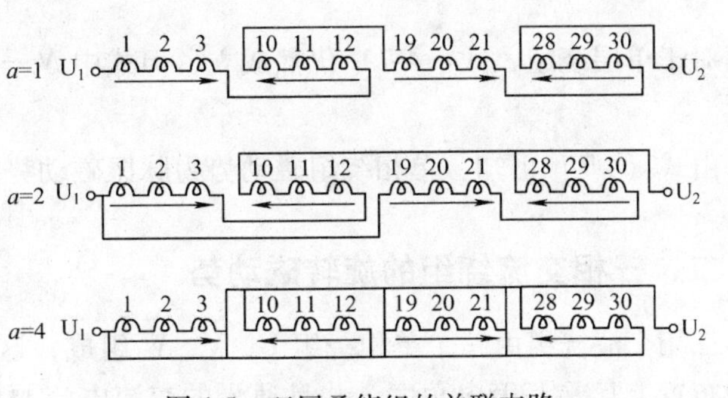

图 4-5　双层叠绕组的并联支路

## 第二节　三相交流绕组的磁动势

三相交流绕组通入三相交流电时，就会产生磁动势，在磁动势的作用下建立磁场。电机内的气隙磁场是实现机电能量转换的关键，分析电机内的气隙磁场首先要分析磁动势。

### 一、单相交流绕组的脉振磁动势

#### （一）整距线圈的磁动势

当两极电动机中一个整距线圈（$y_1=\tau$）有电流流过时，其整距线圈匝数为 $N_c$，线圈中的交流电流为 $i_c=\sqrt{2}I_c\cos\omega t$，即 $\sum I=N_c i_c$，整距线圈的磁动势也随时间按余弦规律变化，在气隙圆周上任一点 $\theta$ 处，则有

$$f_{\tau 1}(\theta,t)=F_{\tau 1}\cos\theta\cos\omega t=0.9I_cN_c\cos\theta\cos\omega t \tag{4-5}$$

#### （二）单相绕组的磁动势

将每个磁极下属于同一相的 $q$ 个整距线圈依次串联起来，就构成了一个整距线圈组。由于每对极下的线圈组磁动势和磁阻都构成一个对称的独立分支磁路，因此电动机有 $p$ 对极，就有 $p$ 个彼此互相独立的对称分支磁路。各对极下的线圈组磁动势分别作用在各自独立的分支磁路上，是不能互相叠加的，因此单相双层绕组的磁动势就是一对极下属于同一相的双层短距线圈组的合成磁动势。单相双层绕组的磁动势为

$$f_{\phi 1}(\theta,t)=f_{y1}(\theta,t)=0.9I_c(2qN_c)k_{w1}\cos\theta\cos\omega t \tag{4-6}$$

式中，$k_{w1}$ 为绕组系数，它反映了交流绕组采用短距、分布绕组后磁动势减小的程度。

为了使相绕组磁动势的计算公式在实际应用中更为方便，一般在公式中引入相电流 $I_1$ 和每相串联匝数 $N_1$。对双层绕组来说，每相绕组由 $2p$ 个线圈组根据每相并联支路数 $a$ 的要求，串联、并联或串并联组成，因此每相绕组共有 $2pqN_c$ 匝，每相每个并联支路的串联匝数 $N_1=\dfrac{2pqN_c}{a}$，而相电流 $I_1=aI_c$，因此单相双层绕组的磁动势为

$$f_{\phi 1}(\theta,t)=0.9\frac{I_1N_1}{p}k_{w1}\cos\theta\cos\omega t=F_{\phi 1}\cos\theta\cos\omega t \tag{4-7}$$

对于单层绕组，式（4-7）仍然成立，但式中 $N_1=\dfrac{pqN_c}{a}$。

由式（4-7）可知，单相绕组磁动势为脉振磁动势，其最大幅值为 $F_{\phi 1}=0.9\dfrac{I_1N_1}{p}k_{w1}$。

### 二、三相交流绕组的旋转磁动势

三相交流绕组由三个单相绕组 U、V、W 组成，这三个单相绕组结构完全相同，只是在空间布置上互差 120°电角度，并且通入的交流电流幅值相等，只是在时间相位上互差 120°电角度。因此每相绕组产生的磁动势均为脉振磁动势，在空间均按余弦规律分布，其最大振幅相等，振幅所在的位置在空间上互差 120°电角度，磁动势达到最大值的时间相位也互差 120°电角度。在任何瞬时把三个单相绕组产生的磁动势逐点叠加，就得到了该瞬时三相绕组

的合成磁动势$f_1(\theta, t)$。

可采用数学分析法求出三相基波合成磁动势的表达式。将空间坐标的纵轴取在 U 相的相轴上，并以顺相序方向作为横坐标 $\theta$ 的正方向，同时把 U 相电流达到最大值的瞬时作为时间 $t$ 的起点，则各相脉振磁动势的表达式为

$$\left.\begin{aligned} f_U(\theta,t) &= F_{\phi1}\cos\theta\cos\omega t \\ f_V(\theta,t) &= F_{\phi1}\cos(\theta-120°)\cos(\omega t-120°) \\ f_W(\theta,t) &= F_{\phi1}\cos(\theta+120°)\cos(\omega t+120°) \end{aligned}\right\} \tag{4-8}$$

利用三角函数公式将式（4-8）进行分解，可得三相基波合成磁动势为

$$\begin{aligned} f_1(\theta,t) &= \frac{3}{2}F_{\phi1}\cos(\omega t-\theta) = F_1\cos(\omega t-\theta) \\ &= 1.35\frac{I_1N_1}{p}k_{w1}\cos(\omega t-\theta) \end{aligned} \tag{4-9}$$

当电流交变一个周期时，三相合成磁动势相应转过 360°电角度，已知电动机内圆一周为 $p\times360°$电角度，因此相当于转过了$\frac{360°}{p\times360°}=\frac{1}{p}$转。电流每分钟交变 $60f_1$ 次，则三相合成磁动势每分钟的转数为 $n_1=\frac{60f_1}{p}$，$n_1$ 称为同步转速。

综合以上分析可知，三相对称绕组通入三相对称交流电流时，将产生一个旋转磁动势，在此旋转磁动势的作用下必然产生一个旋转磁场。旋转磁场的大小和波形与旋转磁动势的大小和波形有关，也与磁通所经磁路的磁阻有关。通常三相异步电动机的气隙是均匀的，因此气隙磁阻是常量，忽略铁心磁阻，则气隙磁通密度的分布波形与磁动势的分布波形相同，也在空间按余弦规律分布，并以同步转速 $n_1$ 旋转。此旋转磁场同时交链定子、转子绕组，从而实现定子、转子之间的机电能量转换。

## 第三节　三相交流绕组的电动势

当三相交流电动机中产生了旋转磁场时，固定在定子槽中的三相交流绕组必定会切割磁场，在绕组中感应电动势。下面讨论在正弦分布磁场下，三相交流绕组感应电动势的频率及大小。

### 一、感应电动势的频率

旋转磁场以同步转速 $n_1$ 旋转时，每转过一对磁极，固定在定子槽中的导体切割磁场感应的电动势就交变一个周期，若电动机有 $p$ 对磁极，则磁场旋转一周，相当于转过 $p$ 对磁极，导体中的感应电动势就交变 $p$ 次。因此，感应电动势的频率为

$$f_1=\frac{pn_1}{60} \tag{4-10}$$

### 二、感应电动势的大小

感应电动势的大小可从分析一根导体的感应电动势入手。

### （一）导体电动势

在正弦分布的磁场下，导体中感应的电动势也随时间按正弦规律变化，即

$$e_{c1}=B_{1m}lv\sin\omega t=E_{c1m}\sin\omega t \quad (4\text{-}11)$$

式中，$l$ 为导体的有效长度；$v$ 为导体切割气隙磁场的线速度；$B_{1m}$ 为正弦波气隙磁感应强度的最大值；$E_{c1m}$ 为导体电动势的最大值，$E_{c1m}=B_{1m}lv$。

当气隙磁感应强度按正弦规律分布时，每极磁通量为 $\Phi_1$，故导体电动势的有效值为

$$E_{c1}=\frac{E_{c1m}}{\sqrt{2}}=2.22f_1\Phi_1 \quad (4\text{-}12)$$

### （二）整距线圈电动势

对于整距线圈（$y_1=\tau$），假定线圈为单匝（$N_c=1$），若某一瞬时线圈的一条有效边位于N极下最大磁感应强度处，则另一条有效边刚好位于S极下最大磁感应强度处，如图4-6a的实线所示，两有效边内感应电动势的瞬时值大小相等而方向相反。若规定导体电动势的正方向为从下到上，则两有效边的电动势在相位上相差 180°，如图 4-6b 所示。

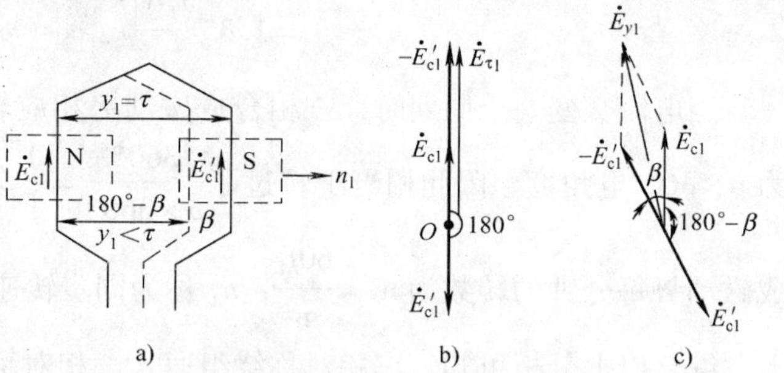

图4-6　单匝线圈及其电动势相量图

a）单匝线圈　b）整距线圈电动势相量图

c）短距线圈电动势相量图

于是单匝整距线圈电动势为

$$\dot{E}_{\tau1(N_c=1)}=2\dot{E}_{c1}$$

其有效值为

$$E_{\tau1(N_c=1)}=2E_{c1}=4.44f_1\Phi_1$$

若线圈有 $N_c$ 匝，因为线圈每一匝都放在相同的两个槽中，各匝的感应电动势大小相等、相位相同，所以整距线圈电动势的有效值为

$$E_{\tau1}=4.44N_cf_1\Phi_1 \quad (4\text{-}13)$$

### （三）短距线圈电动势

短距线圈的节距 $y_1<\tau$，如图4-6a的虚线所示。若单匝线圈的一条有效边位于N极下最大磁感应强度处，则另一条有效边并不位于S极下最大磁感应强度处，而是缩短了一个 $\beta$ 电角度 $\left(\beta=\frac{\tau-y_1}{\tau}\times180°\right)$，使两有效边的电动势在相位上相差 $180°-\beta$，如图 4-6c 所示，则单匝短距线圈电动势的有效值为

$$E_{y1(N_c=1)}=2E_{c1}\cos\frac{\beta}{2}=4.44f_1\Phi_1k_{y1} \quad (4\text{-}14)$$

式中，$k_{y1}=\cos\frac{\beta}{2}=\cos\frac{\tau-y_1}{2\tau}180°=\sin\frac{y_1}{\tau}90°$，为短距系数。若线圈匝数为 $N_c$，则短距线圈电动势的有效值为

$$E_{y1}=4.44f_1\Phi_1N_ck_{y1} \quad (4\text{-}15)$$

## 第四节　三相异步电动机的结构与基本工作原理

交流电动机主要分为同步电动机和异步电动机两大类，它们的工作原理和运行特性有很大差别。同步电动机的转速 $n_1$ 与所接电网的频率 $f_1$ 之间存在着严格不变的关系，即 $n_1=\frac{60f_1}{p}$。当极对数 $p$ 一定且电网频率 $f_1$ 不变时，转速 $n_1$ 为常数，不随负载大小而变。而异步电动机则不然，并无此种关系。当异步电动机的定子绕组接上电源以后，由电源供给励磁电流，建立磁场，依靠电磁感应作用，使转子绕组感生电流，产生电磁转矩，实现机电能量转换。因其转子电流是由电磁感应作用而产生的，因而也称为感应电动机。

异步电动机的种类很多，从不同的角度看，有不同的分类法。

1）按定子相数分为单相异步电动机、两相异步电动机、三相异步电动机。

2）按转子结构分为绕线转子异步电动机、笼型异步电动机。

3）根据电动机定子绕组所加电压大小，又有高压异步电动机、低压异步电动机之分。

4）按机壳的防护形式又有防护式、封闭式、开启式和防爆式等。

### 一、三相异步电动机的结构

与其他旋转电动机一样，三相异步电动机主要由定子和转子两大部分组成，定、转子之间有气隙。图4-7为三相笼型异步电动机的结构。

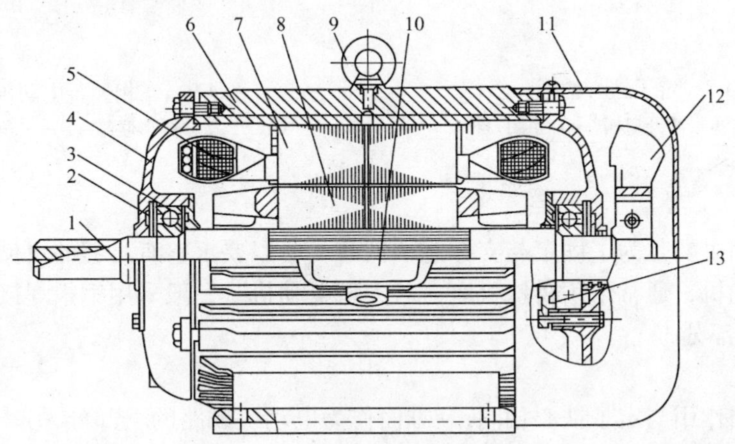


图4-7　三相笼型异步电动机的结构

1—轴　2—弹簧片　3—轴承　4—端盖　5—定子绕组　6—机座　7—定子铁心
8—转子铁心　9—吊环　10—出线盒　11—风罩　12—风扇　13—轴承端盖

#### （一）定子部分

1. 定子铁心

定子铁心是异步电动机主磁路的一部分。为了减少旋转磁场在铁心中引起的涡流损耗和磁滞损耗，定子铁心由导磁性能较好、厚度为0.5mm且冲有一定槽形的硅钢片叠压而成。对于容量较大（10kW以上）的电动机，在硅钢片两面涂以绝缘漆，作为片间绝缘。

在定子铁心内圆开有均匀分布的槽，槽内放置定子绕组。图 4-8 所示为定子槽，其中图 4-8a 是开口槽，用于大中型容量的高压异步电动机中；图 4-8b 是半开口槽，用于中型 500V 以下的异步电动机中；图 4-8c 是半闭口槽，用于低压小型的电动机中。

2. 定子绕组

定子绕组是异步电动机定子的电路部分，它由许多线圈按一定的规律连接而成。能分散嵌入半闭口槽的线圈由高强度漆包圆铜线或圆铝线绕成；放入半开口槽的成形线圈用高强度漆包扁铝线或扁铜线，或用玻璃丝包扁铜线绕成。开口槽亦放入成形线圈，其绝缘通常用云母带。放置线圈槽壁之间必须隔有槽绝缘，以免电动机在运行时绕组出现击穿或短路故障。

三相异步电动机的定子绕组是一个三相对称绕组，它由三个完全相同的绕组所组成，每个绕组即一相，三个绕组在空间相差 120°电角度，每相绕组的两端分别用 $U_1$-$U_2$、$V_1$-$V_2$、$W_1$-$W_2$ 表示，可以根据需要接成星形或三角形，如图 4-9 所示。

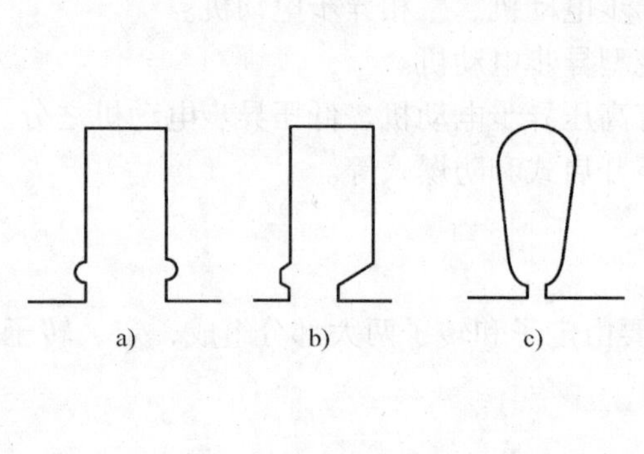


图 4-8　定子铁心槽形

a）开口槽　b）半开口槽　c）半闭口槽

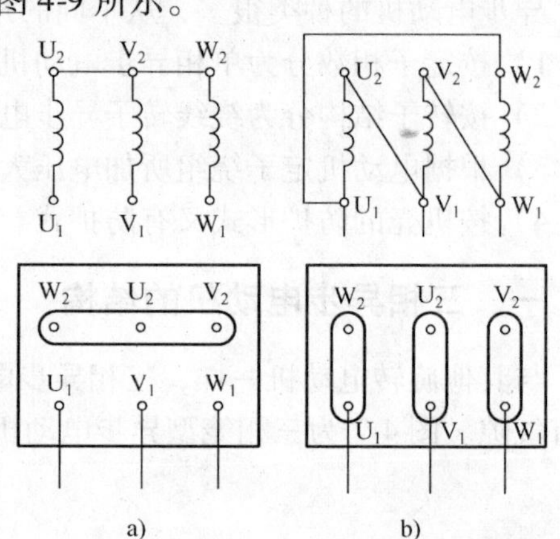


图 4-9　三相异步电动机定子接线

a）星形联结　b）三角形联结

3. 机座

机座的作用主要是为了固定与支撑定子铁心，所以要求它有足够的机械强度和刚度。对中小型异步电动机，通常采用铸铁机座；对大型电动机，一般采用钢板焊接的机座。

**（二）转子部分**

1. 转子铁心

转子铁心的作用与定子铁心相同，一方面作为电动机磁路的一部分，另一方面用来安放转子绕组。它用厚 0.5mm 且冲有转子槽形的硅钢片叠压而成，中小型电动机的转子铁心一般都直接固定在转轴上，而大型异步电动机的转子则套在转子支架上，然后让支架固定在转轴上。

2. 转子绕组

转子绕组的作用是产生感应电动势，流过电流并产生电磁转矩。按其结构形式分为笼型和绕线型两种。下面分别说明这两种绕组特点。

（1）笼型转子绕组　在转子铁心的每一个槽内插入一铜条，在铜条两端各用一铜环把所有的导条连接起来，这称为铜排转子，如图 4-10a 所示，也可用铸铝的方法，将导条、端环和风扇叶片一次铸成，称为铸铝转子，如图 4-10b 所示，100kW 以下的异步电动机，一般采用铸铝转子。笼型转子结构简单，制造方便，成本低，运行可靠，从而得到广泛运用。

（2）绕线转子绕组　与定子绕组一样，绕线型转子绕组也是一个对称三相绕组，一般接成星形，三根引出线分别接到转轴上的三个与转轴绝缘的集电环上，通过电刷装置与外电路相接。如图 4-11 所示，它可以把外接电阻串联到转子绕组回路中去，以便改善异步电动机的起动及调速性能。为了减少电刷引起的损耗，中等容量以上的电动机还装有一种提刷短路装置。

### （三）其他部分及气隙

除了定子、转子外，还有端盖、风扇等。端盖除了起防护作用外，还装有轴承，用以支撑转子轴。风扇则用来通风冷却。

异步电动机的定子与转子之间的气隙，比同容量直流电动机的气隙小得多，一般为 0.2 ~2mm，气隙的大小对电动机的运行性能影响很大。气隙越大，由电网供给的励磁电流也越大，则功率因数 $\cos\varphi$ 越低，要提高功率因数，气隙应尽可能地减小。但由于装配上的要求及其他原因，气隙又不能过小。部分机座号的最小气隙见表 4-2。

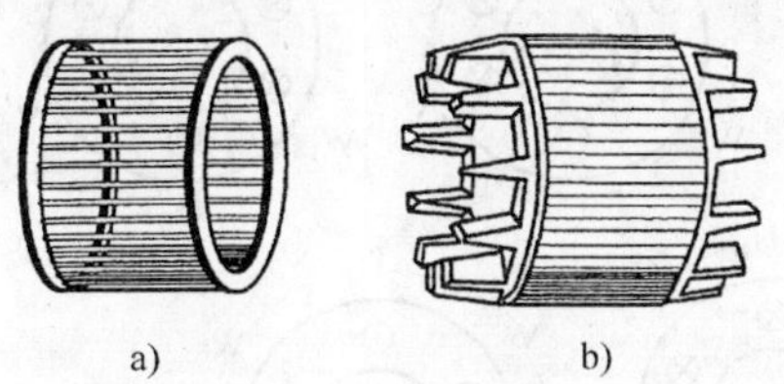


图 4-10　笼型转子绕组
a）铜排转子　b）铸铝转子

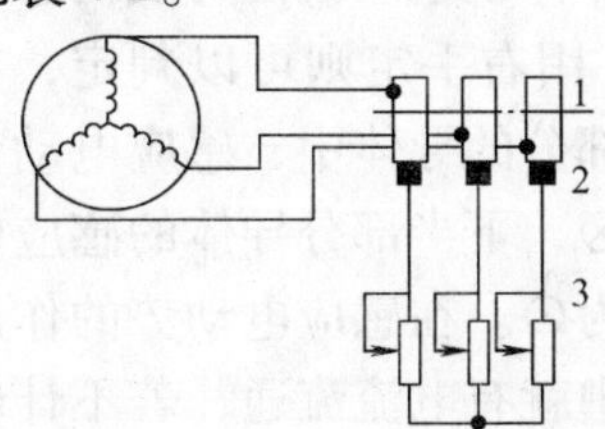


图 4-11　绕线型转子绕组与外加变阻器的连接
1—集电环　2—电刷　3—变阻器

表 4-2　部分机座号的最小气隙

| 极数 | 机座号 | | | | | | |
|---|---|---|---|---|---|---|---|
| | 3 | 4 | 5 | 6 | 7 | 8 | 9 |
| | 气隙值/mm | | | | | | |
| 2 | 0.3 | 0.5 | 0.6 | 0.7 | 0.8 | 1.1 | 1.6 |
| 4 | 0.28 | 0.3 | 0.4 | 0.5 | 0.6 | 0.7 | 1.9 |
| 6 | | 0.3 | 0.4 | 0.5 | 0.5 | 0.6 | 0.65 |
| 8 | | 0.3 | 0.4 | 0.45 | 0.5 | 0.6 | 0.65 |

## 二、三相异步电动机的基本工作原理

### （一）三相交流电动机的旋转磁场

三相异步电动机转子之所以会旋转，实现能量转换，是因为转子气隙内有一个旋转磁场。下面来讨论旋转磁场的产生。

如图 4-12 所示，$U_1U_2$、$V_1V_2$、$W_1W_2$ 为三相定子绕组，在空间彼此相隔 120°，接成星形。三相绕组的首端 $U_1$、$V_1$、$W_1$ 接在三相对称电源上，有三相对称电流通过三相绕组。设电源的相序为 U、V、W，U 相初相角为零，如图 4-12 波形所示。

为了分析方便，假设电流为正值时，在绕组中从始端流向末端；电流为负值时，在绕组中从末端流向首端。

根据右手螺旋定则，三相电流所产生的磁场叠加的结果，便形成一个合成磁场，图中所示分别为0°、90°、180°、270°、360°几个特殊位置的合成磁场情况，可见此时的合成磁场是一个以顺时针方向旋转的磁场。

### （二）三相电动机的转动原理

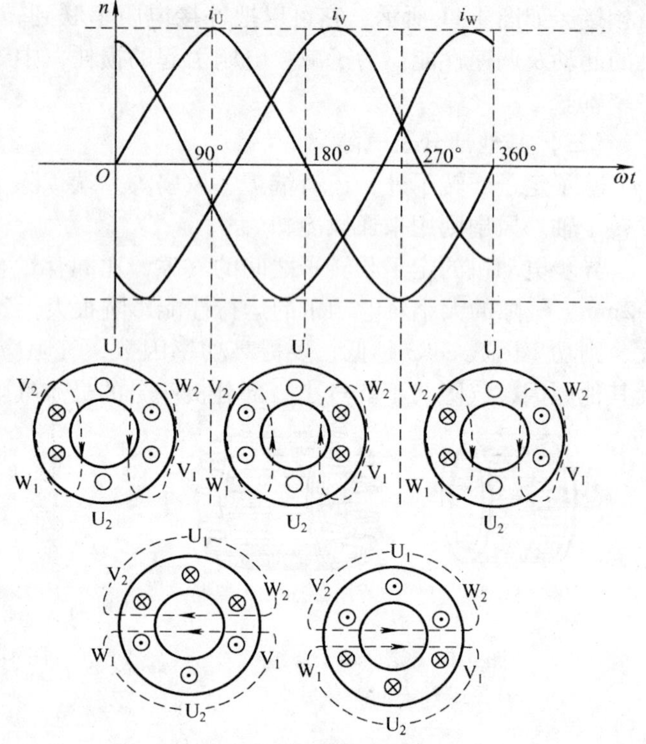

图4-12　旋转磁场波形示意图

图4-13为三相异步电动机工作原理示意图。其中N、S是一对磁极，在两个磁极中间装有一个能够转动的圆柱形铁心，在铁心外圆槽内嵌放有导体，导体两端各用一圆环把它们连在一起。如使磁极以 $n_1$ 的速度逆时针方向旋转，形成一个旋转磁场，转子导体就会切割磁力线而感应电动势 $e$。用右手定则可以判定，在转子上半部分的导体中，感应电动势的方向为⊗，下半部分导体的感应电动势方向为⊙。在感应电动势的作用下，导体中就有电流流通，若不计电动势与电流的相位差，则电流 $i$ 与电动势 $e$ 同方向。载流导体在磁场中将受到电磁力的作用，由左手定则可以判定电磁力 $F$ 的方向，由 $F$ 形成电磁转矩 $T$，该转矩使转子以速度 $n$ 旋转，旋转方向与磁场的旋转方向相同，这就是异步电动机的基本工作原理。旋转磁场的旋转速度 $n_1$ 称为同步转速。转子转动的方向与磁场的旋转方向是一致的，如果 $n=n_1$，则磁场与转子之间就没有相对运动，它们之间就不存在电磁感应关系，也就不能在转子导体中感应电动势、产生电流和形成电磁转矩。所以，异步电动机的转速不可能等于旋转磁场的同步转速。

转子转速 $n$ 与旋转磁场转速 $n_1$ 之差称为转差 $\Delta n$，转差 $\Delta n$ 与同步转速 $n_1$ 之比，称为转差率 $s$，即

$$s=\frac{n_1-n}{n_1} \tag{4-16}$$

转差率 $s$ 是异步电动机的一个重要参数。它对电动机的运行有着极大的影响，它的大小同样也能反映转子的转速，即

$$n=n_1(1-s) \tag{4-17}$$

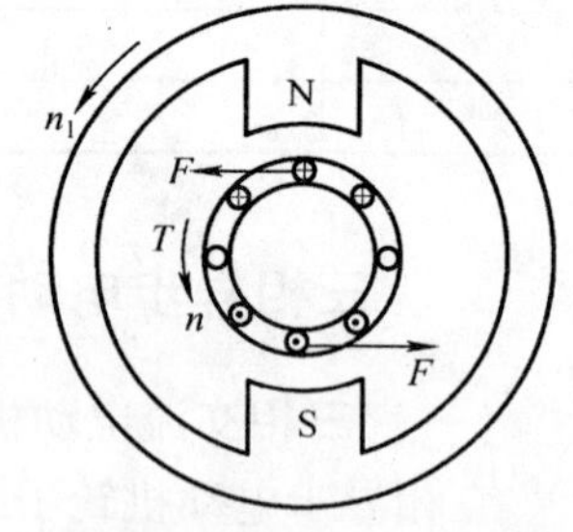

图4-13　三相异步电动机工作原理示意图

由于异步电机工作在电动状态时，其转速 $n$ 与同步转速方向一致，但是低于同步转速。如果以同步转速 $n_1$ 的方向作为正方向，则 $0<n<n_1$，可得转差率的范围为 $0<s<1$。在特殊情况下，异步电动机也可能工作在 $n>n_1$（$s<0$）和 $n<0$（$s>1$）的情况下，它们分别是回馈制动状态和反接制动状态。

对于普通异步电动机，为了使其在运行时效率较高，通常使它的额定转速略低于同步转速。故额定转差率 $s_N$ 很小，一般为2%～5%。

**注意：**

1）三相异步电动机工作原理的要点：定子上有三相对称的绕组，加入三相对称交流电时，将在电动机气隙间产生旋转磁场。闭合的转子导体处于这个旋转磁场中，因转子导体切割磁力线，而产生感应电动势和感应电流（方向用右手定则判定）。通电的转子导体在旋转磁场中受到力的作用（方向用左手定则判定），作用力在转子上形成转矩使得转子转动。

2）根据以上电磁感应原理，异步电动机也叫感应电动机。

3）为什么叫异步电动机？切割磁力线是产生转子感应电流和电磁转矩的必要条件，转子必须与旋转磁场保持一定的速度差，才可能切割磁力线。旋转磁场的转速用 $n_1$ 表示，称为同步转速；转子的实际转速用 $n$ 表示，转速差 $\Delta n = n_1 - n$，则 $s = \dfrac{n_1 - n}{n_1}$。

4）转差率的作用：转差率是异步电动机的一个基本变量，在分析异步电动机运行时有着重要的地位。起动瞬间，$n = 0$，$s = 1$；理想空载运行时，$n = n_1$，$s = 0$。作为电动机运行时，$s$ 的范围在 0 ~ 1 之间；转差率一般很小，如 $s = 0.03$。制动运行时，电磁转矩方向与转速方向相反，即 $n_1$ 与 $n$ 反向，$s > 1$。作为发电运行时，$n$ 高于同步转速 $n_1$，$s < 0$，根据转差率可以区分异步电动机运行状态。

**【例 4-1】** 某三相 50Hz 异步电动机的额定转速 $n_N = 720\text{r/min}$。试求该电动机的额定转差率及极对数。

**解：** 同步转速为

$$n_1 = \frac{60f_1}{p}$$

当极对数 $p = 1$ 时，$n_1 = 3000\text{r/min}$；当 $p = 2$ 时，$n_1 = 1500\text{r/min}$；当 $p = 3$ 时，$n_1 = 1000\text{r/min}$；当 $p = 4$ 时，$n_1 = 750\text{r/min}$；当 $p = 5$ 时，$n_1 = 600\text{r/min}$；……。

因为额定转速略低于同步转速，所以同步转速应比 $n_N = 720\text{r/min}$ 略高，即 $n_1 = 750\text{r/min}$，则根据 $n_1 = \dfrac{60f_1}{p}$，其极对数 $p = 4$。

其额定转差率为

$$s_N = \frac{n_1 - n_N}{n_1} = 0.04$$

## 三、三相异步电动机的铭牌数据及主要系列

### （一）三相异步电动机的铭牌数据

异步电动机在铭牌上表明的额定值主要有以下几项。

（1）额定功率 $P_N$ 是指电动机在额定运行时转轴上输出的机械功率，单位是 kW。

（2）额定电压 $U_N$ 是指额定运行时加在定子绕组上的线电压，单位是 V 或 kV。

（3）额定电流 $I_N$ 是指电动机在额定电压下、输出额定功率时，定子绕组中的线电流，单位是 A。

三相异步电动机的额定功率与其他额定数据之间有如下关系式：

$$P_N = \sqrt{3} U_N I_N \cos\varphi_N \eta_N$$

式中，$\cos\varphi_N$ 为额定功率因数；$\eta_N$ 为额定效率。

（4）额定转速 $n_N$　是指额定运行时电动机的转速，单位 r/min。

（5）额定频率 $f_N$　是指电动机所接电源的频率，单位是 Hz。我国的工频频率为 50Hz。

（6）绝缘等级　绝缘等级决定了电动机的允许温升，有时也不标明绝缘等级而直接标明允许温升。

（7）接法　用 Y 或 D 表示。表示在额定运行时，定子绕组采用的连接方式。

（8）转子绕组的开路电压　是指定子加额定电压、转子绕组开路时的转子线电压，单位是 V。

（9）转子绕组的额定电流　是指定子加额定电压、转子绕组开路时的转子线电流，单位是 A。

转子绕组的开路电压和额定电流主要用来作为配备起动电阻时的依据。

铭牌上除了上述的额定数据外，还标明了电动机的型号。型号一般用来表示电动机的种类和几何尺寸等。如新系列的异步电动机用字母 Y 表示，并用中心高表示电动机的直径大小；铁心长度则分别用 S、M、L 表示，S 最短，L 最长；电动机的防护形式由字母 IP 和两个数字表示，I 是 International（国际）的第一个字母，P 为 Protection（防护）的第一个字母，IP 后面的第一个数字代表第一种防护形式（防尘）的等级，第二个数字代表第二种防护形式（防水）的等级，数字越大，表示防护的能力越强。

对于系列电动机，铭牌上有时也不标明防护形式。

**（二）三相异步电动机的主要系列简介**

（1）Y 系列　该系列是一般用途的小型笼型电动机系列，取代了原先的 JO2 系列。额定电压为 380V，额定频率为 50Hz，容量为 0.55 ~ 90kW，同步转速为 750 ~ 3000r/min，外壳防护形式为 IP44 和 IP23 两种，B 级绝缘。Y 系列的技术条件已符合国际电工委员会（IEC）的有关标准。

（2）JDO2 系列　该系列是小型三相多速异步电动机系列。它主要用于各式机床以及起重传动设备等需要多种速度的传动装置。

（3）JR 系列　该系列是中型防护式三相绕线转子异步电动机系列，容量为 45 ~ 410kW。

（4）YR 系列　该系列是一种大型三相绕线转子异步电动机系列，容量为 250 ~ 2500kW，主要用于冶金工业和矿山中。

（5）YCT 系列　该系列是电磁调速异步电动机，主要用于纺织、印染、化工、造纸及要求变速的机械上。

## 第五节　三相异步电动机的空载运行

三相异步电动机的工作原理和变压器相似，即通过电磁感应而工作，定子和转子电路之间没有直接的电的关系。它的定子绕组相当于变压器的一次绕组，转子绕组相当于变压器的二次绕组，因此对三相异步电动机的运行分析，可以参照变压器的分析方法进行。

### 一、空载电流和空载磁动势

当电动机空载，定子三相绕组接到对称的三相电源时，在定子绕组中流过的电流称为空载

电流 $I_0$,大小约为额定电流的20% ~50%。异步电动机的空载电流比变压器的空载励磁电流大,这是因为异步电动机的磁路中有气隙存在。三相空载电流所产生的合成磁动势幅值为 $F_0 = 1.35\,\frac{I_0 N_1}{p} k_{w1}$。若不计谐波磁动势,则 $F_0$ 即为定子空载磁动势的幅值,它以同步转速 $n_1$ 旋转。

因为电动机空载，电动机轴上没有任何机械负载，所以电动机的空载转速将非常接近于同步转速 $n_1$，在理想空载的情况下，可以认为 $n=n_1$，即转差率 $s=0$，因而转子导体中的电动势 $E_2=0$，转子导体中的电流 $I_2=0$。所以空载时电动机气隙磁场完全由定子空载磁动势 $F_0$ 所产生。空载时的定子磁动势 $F_0$ 即为励磁磁动势，空载时的定子电流 $I_0$ 即为励磁电流。

空载电流 $\dot{I}_0$ 的有功分量 $\dot{I}_{0P}$用来供给空载损耗，包括空载时的定子铜损耗、定子铁心损耗和机械损耗。无功分量 $\dot{I}_{0Q}$用来产生气隙磁场，也称为磁化电流，它是空载电流中的主要部分，这样空载电流 $\dot{I}_0$ 可写成

$$\dot{I}_0 = \dot{I}_{0P} + \dot{I}_{0Q} \tag{4-18}$$

励磁磁动势产生的磁通绝大部分同时与定、转子绕组相交链，这称为主磁通，用 $\Phi_m$ 表示，主磁通参与能量转换，在电动机中产生有用的电磁转矩。主磁通的磁路由定转子铁心和气隙组成，它受磁路饱和的影响，为一非线性磁路。此外还有一小部分磁通仅与定子绕组相交链，称为定子漏磁通。漏磁通不参与能量转换，并且主要通过空气闭合，受磁路饱和的影响较小，在一定条件下，漏磁通的磁路可以看做是线性磁路。

## 二、空载时定子电压平衡关系

设定子绕组上每相所加的端电压为 $\dot{U}_1$，相电流为 $\dot{I}_0$，主磁通在定子绕组中感应的每相电动势为 $\dot{E}_1$，定子漏磁通在每相绕组中感应的电动势为 $\dot{E}_{\sigma1}$，定子绕组的每相电阻为 $r_1$，类似于变压器空载时的一次侧，根据基尔霍夫定律，可以列出电动机空载时每相的定子电压平衡方程式为

$$\dot{U}_1 = -\dot{E}_1 - \dot{E}_{\sigma0} + \dot{I}_0 r_1 \tag{4-19}$$

与变压器的分析方法相似，可写出、

$$\dot{E}_1 = -\dot{I}_0(r_m + jx_m) = -\dot{I}_0 Z_m \tag{4-20}$$

$$\dot{E}_{\sigma1} = -j\dot{I}_0 x_1 \tag{4-21}$$

式中，$Z_m$ 为励磁阻抗，$Z_m = r_m + jx_m$；$r_m$ 为励磁电阻，反映铁耗的等效电阻；$x_m$ 为励磁电抗，与主磁通 $\Phi_m$ 相对应；$x_1$ 为定子漏电抗，与漏磁通 $\Phi_{\sigma1}$ 相对应。

将式（4-21）代入式（4-19）中，于是电压平衡方程式为

$$\dot{U}_1 = -\dot{E}_1 + \dot{I}_0(r_1 + jx_1) = -\dot{E}_1 + \dot{I}_0 Z_1 \tag{4-22}$$

式中，$Z_1$ 为定子漏阻抗，$Z_1 = r_1 + jx_1$。

因为 $E_1 >> I_0 Z_1$，可近似认为

$$\dot{U}_1 \approx -\dot{E}_1 \text{ 或 } U_1 \approx E_1 \tag{4-23}$$

由式（4-22）可画出异步电动机空载时的等效电路，如图 4-14 所示。

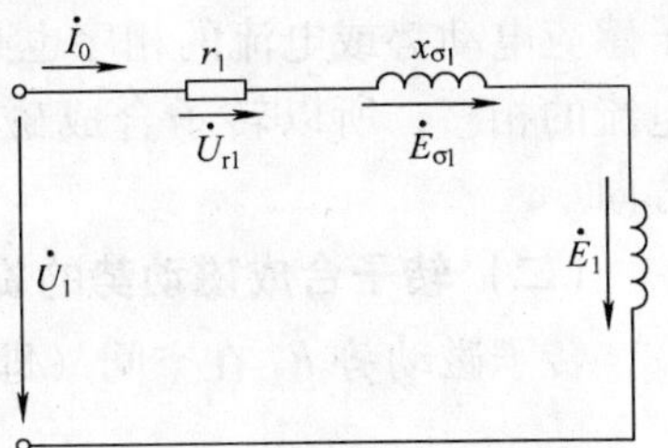


图 4-14　异步电动机空载时的等效电路

## 第六节　三相异步电动机的负载运行

负载运行时，电动机将以低于同步转速 $n_1$ 的速度 $n$ 旋转，其转向仍与气隙旋转磁场的转向相同。因此，气隙磁场与转子的相对转速为 $\Delta n = n_1 - n = sn_1$，$\Delta n$ 也就是气隙旋转磁场切割转子绕组的速度，于是在转子绕组中感应出电动势，产生电流，其频率为

$$f_2 = \frac{p\Delta n}{60} = s\frac{pn_1}{60} = sf_1 \tag{4-24}$$

对异步电动机，一般 $s = 0.02 \sim 0.06$，当 $f_1 = 50\text{Hz}$ 时，$f_2$ 仅为 $1 \sim 3\text{Hz}$。

负载运行时，除了定子电流 $\dot{I}_1$ 产生一个定子磁动势 $F_1$ 外，转子电流 $\dot{I}_2$ 还产生一个转子磁动势 $F_2$，而总的气隙磁动势则是 $F_1$ 和 $F_2$ 的合成。下面对转子磁动势 $F_2$ 加以说明。

### 一、转子磁动势的分析

不论是绕线转子异步电动机还是笼型异步电动机，其转子绕组都是对称的。

对于绕线转子异步电动机而言，转子的极对数可以通过转子绕组的连接法做到与定子一样；而笼型异步电动机，转子导条中的电动势和电流由气隙磁场感应而产生，因此转子导条中电流分布所形成的磁极数必然等于气隙磁场的极数。由于气隙磁场的极数决定于定子绕组的极数，所以笼型异步电动机转子的极数与定子绕组的极数相等，而与转子导条的数目无关，实际上，任何电动机的定子、转子极数相等是产生恒定平均电磁转矩的条件。

因为转子绕组是对称的多相绕组，转子绕组中的电流也是一个对称的多相电流，那么由此而产生的转子合成磁动势 $F_2$ 也必然是一个旋转磁动势，若不计谐波磁动势，则转子磁动势的幅值为

$$F_2 = 0.45\frac{m_2 N_2 k_{w2}}{p} I_2 \tag{4-25}$$

式中，$m_2$ 为转子绕组的相数；$N_2$ 为转子绕组的每相串联线圈的匝数；$k_{w2}$ 为转子绕组的基波绕组系数。

#### （一）转子合成磁动势的旋转方向

因为转子电流的频率为 $sf_1$，转子绕组的极对数为 $p_2 = p_1$，转子合成磁动势相对转子的旋转速度 $n_2 = \dfrac{60f_2}{p_2} = s\dfrac{60f_1}{p_1} = sn_1$。若定子旋转磁场的转向为顺时针方向，因为 $n < n_1$，因此转子感应电动势或电流的相序也必然按顺时针方向排列。由于合成磁动势的转向决定于绕组中电流的相序，所以转子合成磁动势 $\dot{F}_2$ 的转向与定子磁动势 $\dot{F}_1$ 的转向相同，也为顺时针方向。

#### （二）转子合成磁动势的旋转速度

转子磁动势 $\dot{F}_2$ 在空间（即相对于定子）的旋转速度为

$$n_2 + n = sn_1 + n = n_1 \tag{4-26}$$

即转子合成磁动势 $\dot{F}_2$ 的旋转速度等于定子磁动势 $\dot{F}_1$ 在空间的旋转速度。

式（4-26）是在任意转速下得出的，这说明无论异步电动机的转速如何变化，定子磁动

势 $\dot{F}_1$ 和转子磁动势 $\dot{F}_2$ 总是相对静止的，而定、转子磁动势相对静止是一切旋转电机能够正常运行的必要条件，因为只有这样，才能产生恒定的平均电磁转矩，从而实现机电能量的转换。

## 二、磁动势平衡方程式

由于定子磁动势 $\dot{F}_1$ 和转子磁动势 $\dot{F}_2$ 在空间相对静止，因此可以合并为一个合成磁动势 $\dot{F}_m$。所以，异步电动机负载时在气隙内产生旋转磁场的是定、转子的合成磁动势，即

$$\dot{F}_1+\dot{F}_2=\dot{F}_m \tag{4-27}$$

式中，$\dot{F}_m$ 为励磁磁动势，它产生负载时气隙中的旋转磁场。式（4-27）就称为异步电动机的磁动势平衡方程式。

在定子电动势平衡方程式中，定子绕组中的感应电动势 $\dot{E}_1$ 与电源电压 $\dot{U}_1$ 之间相差一个漏阻抗电压降。当异步电动机从空载到额定负载范围内运行时，定子漏阻抗电压降所占的比重很小，在 $\dot{U}_1$ 不变的情况下，电动势 $\dot{E}_1$ 的变化很小，可以认为是一个近似不变的数值。对于电动机来说，当频率一定时，电动势 $\dot{E}_1$ 与主磁通 $\dot{\Phi}_m$ 成正比。当 $\dot{E}_1$ 近似不变时，$\dot{\Phi}_m$ 也近似不变，因此励磁磁动势也应不变。由此可见，在转子绕组中通过电流产生磁动势 $\dot{F}_2$ 的同时，定子绕组中就必然要增加一个电流分量，使这一电流分量产生磁动势 $-\dot{F}_2$ 抵消转子电流产生的磁动势 $\dot{F}_2$，从而保持总磁动势 $\dot{F}_m$ 近似不变。

## 三、电动势平衡方程式

负载时，定子电流为 $\dot{I}_1$，根据对式（4-19）的分析，可列出负载时定子的电动势平衡方程式为

$$\dot{U}_1=-\dot{E}_1+\dot{I}_1(r_1+\mathrm{j}x_1)=-\dot{E}_1+\dot{I}_1Z_1 \tag{4-28}$$

$$E_1=4.44f_1N_1k_{w1}\Phi_m \tag{4-29}$$

负载时转子电动势 $\dot{E}_{2s}$的频率为 $f_2=sf_1$，大小为

$$E_{2s}=4.44f_2N_2k_{w2}\Phi_m \tag{4-30}$$

因为异步电动机的转子电路自成闭合回路，端电压 $U_2=0$，所以转子的电动势平衡方程式为

$$\dot{E}_{2s}-\dot{E}_2(r_2+\mathrm{j}x_{2s})=0$$

即

$$\dot{E}_{2s}-\dot{I}_2Z_2=0 \tag{4-31}$$

式中，$I_2$ 为转子每相电流；$r_2$ 为转子每相电阻，对绕线式转子包括外加电阻；$x_{2s}$为转子每相漏电抗，$x_{2s}=2\pi f_2L_2$，其中 $L_2$ 为转子每相漏电感；$Z_2$ 为转子每相漏阻抗。

转子电流的有效值为

$$I_2=\frac{E_{2s}}{\sqrt{r_2^2+x_{2s}^2}} \tag{4-32}$$

异步电动机的定子、转子等效电路如图 4-15 所示。

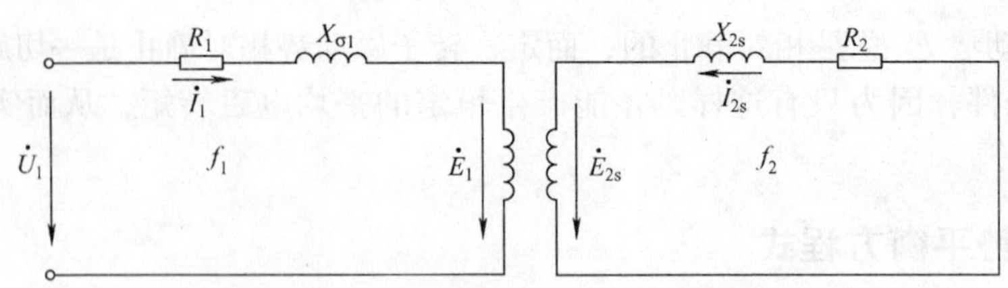


图 4-15　异步电动机的定子、转子等效电路

## 第七节　三相异步电动机的功率和电磁转矩

异步电动机的机电能量转换过程与直流电动机相似。但直流电动机的气隙磁场是随负载而变化的，由此产生了所谓电枢反应的问题；而异步电动机的气隙磁场基本上与负荷无关，故无电枢反应可言。尽管如此，异步电动机由定子绕组输入电功率，从转子轴输出机械功率的总过程和直流电动机还是一样的，不过在异步电动机中的电磁功率却在定子绕组中发生，然后经由气隙送给转子，扣除一些损耗以后，在轴上输出。在机电能量转换过程中，不可避免地要产生一些损耗，其种类和性质也和直流电动机相似。

### 一、功率转换过程和功率转换方程式

异步电动机负载运行时，由电源供给的、从定子绕组输入电动机的功率为 $P_1$，其中有一部分消耗在定子绕组电阻 $r_1$、$r_m$ 上，称为定子铜耗 $p_{Cu1}$ 和定子铁耗 $p_{Fe1}$。因为异步电动机正常运行时，转子额定频率很低，$f_2$ 仅为 1～3Hz，转子铁耗很小，所以定子铁耗实际上也就是整个电动机的铁损，$p_{Fe1}=p_{Fe}$。输入的电功率扣除了这部分损耗后，余下的功率便由气隙旋转磁场通过电磁感应传递到转子，这部分功率称为电磁功率 $P_M$，即有

$$P_1=P_M+p_{Cu1}+p_{Fe} \tag{4-33}$$

电磁功率减去转子绕组的铜耗 $p_{Cu2}$ 之后，得总机械功率 $P_\Omega$，即有

$$P_M=P_\Omega+p_{Cu2} \tag{4-34}$$

总机械功率减去机械损耗 $p_\Omega$ 和附加损耗 $p_s$ 后，才是转子轴上端输出的机械功率 $P_2$，即有

$$P_\Omega=P_2+p_\Omega+p_s \tag{4-35}$$

上式（4-33）、式（4-34）及式（4-35）便是异步电动机的功率平衡方程式。

异步电动机功率和能量转换的关系可形象地用功率流程图来表示，如图 4-16 所示。

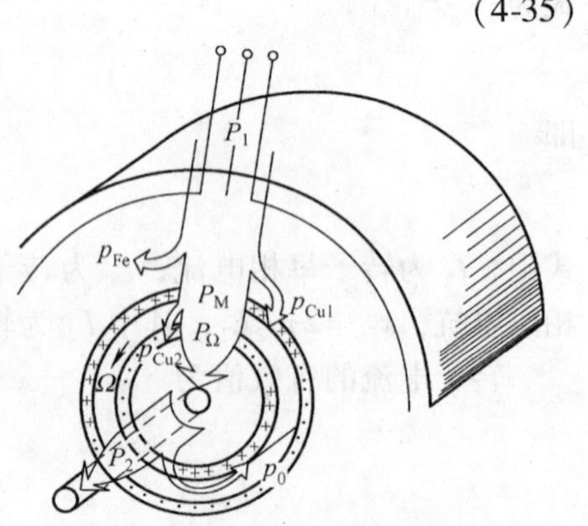


图 4-16　异步电动机的能量流程图

为了进一步对上述功率和损耗进行分析，可以利用等效电路，将这些功率和损耗用异步电动机的参数来表示。经过一系列推导得到下列式子：

$$p_{Cu2}=sP_M \tag{4-36}$$

$$P_\Omega=(1-s)P_M \tag{4-37}$$

这是在分析异步电动机特性时两个很重要的公式。

它说明转差率 $s$ 越大，消耗在转子铜耗中的比重就越大，电动机效率就越低，所以异步电动机一般都运行在 $s=0.02\sim0.06$ 的范围内。

## 二、转矩平衡方程式

当电动机稳定运行时，电磁转矩等于整个阻转矩。阻转矩又包括空载制动转矩 $T_0$ 和负载的反作用转矩 $T_2$，即

$$T=T_2+T_0 \tag{4-38}$$

式（4-38）就是稳态运行时，电动机的转矩平衡方程式。此式也可从式（4-35）求得，只要在等式两边各除以转子的机械角速度 $\Omega$ 即可，则有：

电磁转矩为

$$T=\frac{P_\Omega}{\Omega} \tag{4-39}$$

负载转矩为

$$T_2=\frac{P_2}{\Omega} \tag{4-40}$$

空载转矩为

$$T_0=\frac{p_\Omega+p_s}{\Omega} \tag{4-41}$$

将式（4-37）代入式（4-39），得

$$T=\frac{P_\Omega}{\Omega}=\frac{(1-s)P_M}{\Omega}=\frac{P_M}{\dfrac{\Omega}{1-s}}=\frac{P_M}{\Omega_1} \tag{4-42}$$

式中，$\Omega_1$ 为旋转磁场的角速度，即同步角速度。

**【例 4-2】**　一台笼型异步电动机，$P_N=7.5\text{kW}$，$U_N=380\text{V}$，定子星形联结，$f_1=50\text{Hz}$，$n_N=960\text{r/min}$。额定运行时，$\cos\varphi_1=0.824$，$p_{Cu1}=474\text{W}$，$p_{Fe}=231\text{W}$，$p_\Omega+p_s=82.5\text{W}$。当电动机额定运行时，试求：（1）额定转差率 $s_N$；（2）转子电流频率 $f_2$；（3）总机械功率 $P_\Omega$；（4）转子铜损耗 $p_{Cu2}$；（5）输入功率 $P_1$；（6）额定效率 $\eta_N$；（7）定子额定电流 $I_{1N}$；（8）额定输出转矩 $T_{2N}$；（9）空载转矩 $T_0$；（10）电磁转矩 $T$。

**解：**（1）额定转差率 $s_N$

根据转速 $n_N=960\text{r/min}$ 可以判断出同步转速为 1000r/min，因此有

$$s_N=\frac{1000-960}{1000}=0.04$$

（2）转子电流频率 $f_2$

$$f_2=s_Nf_1=0.04\times50\text{Hz}=2\text{Hz}$$

（3）总机械功率 $P_\Omega$

$$P_\Omega=P_N+p_\Omega+p_s=7500\text{W}+82.5\text{W}=7582.5\text{W}$$

（4）转子铜损耗 $p_{Cu2}$

$$p_{Cu2}=\frac{s_N}{1-s_N}P_\Omega=\frac{0.04}{1-0.04}\times7582.5\text{W}=315.94\text{W}$$

（5）输入功率 $P_1$

$$P_1 = P_\Omega + p_{Cu1} + p_{Fe} + p_{Cu2} = (7582.5 + 474 + 231 + 315.94)\text{W} = 8603.44\text{W}$$

（6）额定效率 $\eta_N$

$$\eta_N = \frac{P_N}{P_1} = \frac{7500}{8603.44} = 0.872$$

（7）定子额定电流 $I_{1N}$

$$I_{1N} = \frac{P_1}{\sqrt{3}U_N\cos\varphi_N} = \frac{8603.44}{\sqrt{3}\times 380\times 0.824}\text{A} = 15.86\text{A}$$

（8）输出转矩 $T_{2N}$

$$T_{2N} = 9550\frac{P_N}{n_N} = 9550\times\frac{7.5}{960}\text{N}\cdot\text{m} = 74.61\text{N}\cdot\text{m}$$

（9）空载转矩 $T_0$

$$T_0 = 9550\frac{p_\Omega + p_s}{n_N} = 9550\times\frac{0.0825}{960}\text{N}\cdot\text{m} = 0.82\text{N}\cdot\text{m}$$

（10）电磁转矩

$$T = T_{2N} + T_0 = (74.61 + 0.82)\text{N}\cdot\text{m} = 75.43\text{N}\cdot\text{m}$$

## 第八节　三相异步电动机的等效电路

### 一、折算

异步电动机定子、转子之间没有电路上的联系，只有磁路上的联系，不便于实际工作的计算，为了能将转子电路与定子电路作直接的电的连接，要进行电路等效，等效要在不改变定子绕组的物理量（定子的电动势、电流及功率因数等），而且转子对定子的影响不变的原则下进行，即将转子电路折算到定子侧，同时要保持折算前后 $\dot{F}_2$ 不变，以保证磁动势平衡不变和折算前后各功率不变。为了找到异步电动机的等效电路，除了进行转子绕组的折算外，还需要进行转子频率的折算。

### 二、频率折算

将频率为 $f_2$ 的旋转转子电路折算为与定子频率 $f_1$ 相同的等效静止转子电路，称为频率折算。转子静止不动时 $s=1$，$f_2=f_1$。因此，只要将实际上转动的转子电路折算为静止不动的等效转子电路，便可达到频率折算的目的。实际运行时的转子电流为

$$\dot{I}_{2s} = \frac{\dot{E}_{2s}}{r_2 + \text{j}x_{2s}} = \frac{s\dot{E}_2}{r_2 + \text{j}sx_2} \tag{4-43}$$

将上式分子分母同除以转差率 $s$ 得

$$\dot{I}_2 = \frac{\dot{E}_2}{\frac{r_2}{s} + \text{j}x_2} = \frac{E_2}{\left(r_2 + \frac{1-s}{s}r_2\right) + \text{j}x_2} \tag{4-44}$$

以上两式的电流数值仍是相等的，但是两式的物理意义不同。式（4-43）中实际转子电流的频率为$f_2$，式（4-44）中为等效静止的转子所具有的电流，其频率为$f_1$。前者为转子转动时的实际情况，后者为转子静止不动时的等效情况。由于频率折算前后转子电流的数值未变，所以磁动势的大小不变。同时磁动势的转速是同步转速，与转子转速无关，所以式（4-44）的频率折算保证了电磁效应的不变。

由式（4-44）可看出，频率折算前后转子的电磁效应不变，即转子电流的大小、相位不变，除了改变与频率有关的参数以外，只要用等效转子的电阻 $r_2+\mathrm{j}x_{2s}$代替实际转子中的电阻 $r_2$ 即可。

式（4-44）中的$\dfrac{1-s}{s}r_2$ 为异步电动机的等效负载电阻，等效负载电阻上消耗的电功率为$I_2^2r_2\dfrac{1-s}{s}$，这部分损耗在实际电路中并不存在，实质上是表征了异步电动机输出的机械功率。频率折算后的电路如图 4-17 所示。

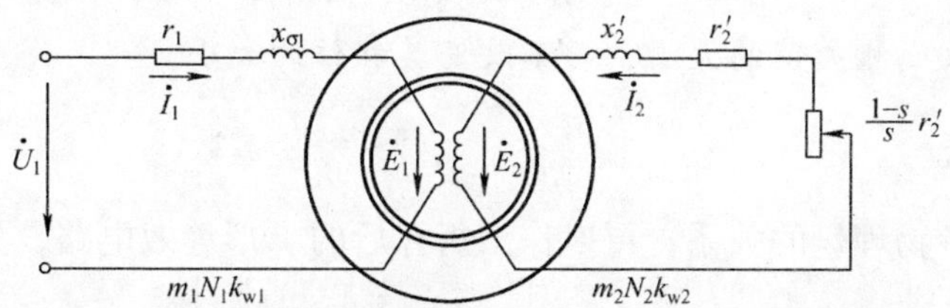


图 4-17　转子绕组频率折算后的异步电动机的定子、转子电路

## 三、绕组折算

进行频率折算以后，就将转动的转子电路等效为静止的转子电路。但还不能把定子、转子电路连接起来，因为两个电路的电动势还不相等。

与变压器的绕组折算方法相同，将静止的转子参数 $m_2$、$N_2$ 用定子参数 $m_1$、$N_1$ 来替代，但仍然要保证折算前后转子对定子的电磁效应不变，即转子的磁动势、转子总的视在功率、铜耗及转子漏磁场储能均保持不变。转子折算值上均加“′”表示。

1. 电流的折算

根据保持转子磁通势不变（$F_2'=F_2$）的原则，即

$$0.9\frac{m_1}{2p}N_1k_{w1}I_2'=0.9\frac{m_2}{2p}N_2k_{w2}I_2 \tag{4-45}$$

折算后的转子电流有效值为

$$I_2'=\frac{m_2N_2k_{w2}}{m_1N_1k_{w1}}I_2=\frac{1}{k_i}I_2 \tag{4-46}$$

式中，$k_i=\dfrac{m_1N_1k_{w1}}{m_2N_2k_{w2}}$，称为电流比。

2. 电动势的折算

由于定子、转子磁动势在绕组折算前后都不变，故气隙中的主磁通也不变，绕组折算前后的转子电动势分别为

$$E_2 = 4.44 f_1 N_2 k_{w2} \Phi_m \tag{4-47}$$

$$E_2' = 4.44 f_1 N_1 k_{w1} \Phi_m \tag{4-48}$$

比较上两式得

$$E_2' = \frac{N_1 k_{w1}}{N_2 k_{w2}} E_2 = k_e E_2 = E_1 \tag{4-49}$$

式中，$k_e = \dfrac{N_1 k_{w1}}{N_2 k_{w2}}$，称为电压比。

3. 阻抗的折算

根据折算前后转子铜耗不变的原则，有

$$r_2' = \frac{m_2}{m_1}\left(\frac{I_2}{I_2'}\right)^2 r_2 = \frac{m_2}{m_1}\left(\frac{m_1 N_1 k_{w1}}{m_2 N_2 k_{w2}}\right)^2 r_2 = k_e k_i r_2 \tag{4-50}$$

同理，由绕组折算前后转子电路的无功功率不变可导出

$$x_2' = k_e k_i x_2 \tag{4-51}$$

$$Z_2' = k_e k_i Z_2 \tag{4-52}$$

**注意**：折算只改变相关值的大小，而不改变其相位的大小。

## 四、等效电路

根据折算前后各物理量的关系，可以作出折算后的 T 形等效电路，如图 4-18 所示。

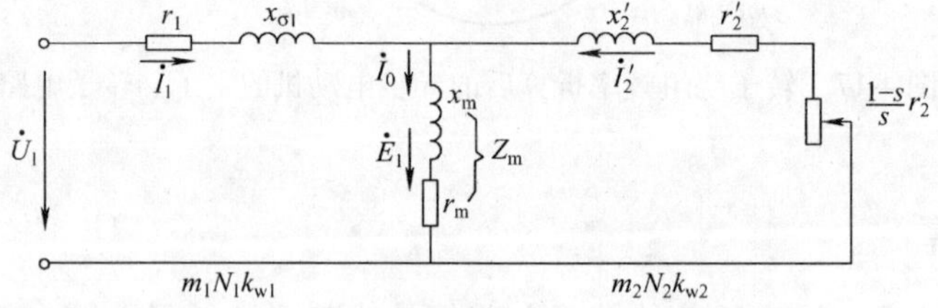


图 4-18　三相异步电动机的 T 形等效电路

由 T 形等效电路可得异步电动机负载时的基本方程式为

$$\begin{aligned} \dot{U}_1 &= -\dot{E}_1 + \dot{I}_1 (r_1 + jx_{\sigma1}) \\ -\dot{E}_1 &= \dot{I}_0 (r_m + jx_m) \\ \dot{E}_1 &= \dot{E}_2' \\ \dot{I}_1 + \dot{I}_2' &= \dot{I}_0 \\ \dot{E}_2' &= \dot{I}_2' \left(\frac{r_2'}{s} + jx_2'\right) \end{aligned} \tag{4-53}$$

1）当空载运行时，$n=0$，$s=1$，$\dfrac{1-s}{s}r_2'=0$，由图可见相当于转子开路。

2）转子堵转（接上电源，转子被堵住转不动）时，相当于变压器二次侧短路情况。因此在异步电动机起动初始接上电源时，就相当于短路状态，会使电动机电流很大，这在电动机实验及使用电动机时应多加注意。

## 第九节　三相异步电动机的工作特性

异步电动机的工作特性是指在额定电压、额定频率下，电动机的转速 $n$、定子电流 $I_1$、功率因数 $\cos\varphi$、电磁转矩 $T$、效率 $\eta$ 与输出功率 $P_2$ 的关系曲线，即（$n$、$I_1$、$\cos\varphi$、$T$、$\eta$）$=f(P_2)$。

### 一、转速特性

三相异步电动机的转速 $n$ 与输出功率 $P_2$ 的关系曲线 $n=f(P_2)$ 称为三相异步电动机的转速特性。因为

$$p_{\mathrm{Cu2}}=sP_{\mathrm{M}}$$

所以

$$s=\frac{p_{\mathrm{Cu2}}}{P_{\mathrm{M}}}=\frac{m_1 I'^2_2 r'^2_2}{m_1 E'_2 I'_2 \cos\varphi_2}$$

理想空载时，$I_2=0$，$s=0$，故 $n=n_1$。随着负载的增加，转子电流 $I_2$ 增大，$p_{\mathrm{Cu2}}$ 和 $P_{\mathrm{M}}$ 也随之增大，因为 $p_{\mathrm{Cu2}}$ 与 $I'_2$ 的二次方成正比。而 $P_{\mathrm{M}}$ 则近似地与 $I'_2$ 成正比，因此，随着负载的增大，$s$ 也增大，转速 $n$ 就降低。为了保证电动机有较高的效率，一般在额定负载时的转差率 $s_{\mathrm{N}}=0.02\sim0.06$，相应的额定负载时的转速 $n_{\mathrm{N}}=(1-s_{\mathrm{N}})n_1=(0.98\sim0.94)n_1$，与同步转速十分接近，由此可见，异步电动机的转速特性 $n=f(P_2)$ 是一条对横轴稍微下降的曲线，与并励直流电动机的转速特性相似。

### 二、定子电流特性

三相异步电动机的定子电流 $I_1$ 与输出功率 $P_2$ 的关系曲线 $I_1=f(P_2)$ 称为三相异步电动机的定子电流特性。

由磁动势平衡方程式 $\dot{I}_1=\dot{I}_0+(-\dot{I}'_2)$，理想空载时，$\dot{I}'_2=0$，所以 $\dot{I}_1=\dot{I}_0$。随着负载的增加，转子转速下降，转子电流增大，于是定子电流及磁动势也跟着增大，抵消转子电流产生的磁动势，以保持磁动势的平衡。所以 $I_1$ 随 $P_2$ 的增大而增大。

### 三、功率因数特性

三相异步电动机的功率因数 $\cos\varphi_1$ 与输出功率 $P_2$ 的关系曲线 $\cos\varphi_1=f(P_2)$ 称为三相异步电动机的功率因数特性。

三相异步电动机是从电网吸取滞后的无功电流进行励磁的。空载时，定子电流基本上是励磁电流，功率因数很低，仅为 0.1～0.2；随着负载的增加，定子电流的有功分量增加，功率因数逐渐上升，在额定负载附近，功率因数达最大值；超过额定负载后，由于转速降低，转差率增大，转子功率因数下降较多，使定子电流中与之平衡的无功分量也增大，功率因数反而有所下降。对于小型三相异步电动机，额定功率因数为 0.76～0.90。因此电动机长期处于轻载或空载运行，是很不经济的。

## 四、转矩特性

三相异步电动机的电磁转矩 $T$ 与输出功率 $P_2$ 的关系曲线 $T=f(P_2)$ 称为三相异步电动机的转矩特性。

因负载转矩 $T_2=\dfrac{P_2}{\Omega}$，考虑到异步电动机从空载到满载，转速 $\Omega$ 变化不大，可以认为 $T_2$ 与 $P_2$ 成正比，所以 $T_2=f(P_2)$ 近似为一直线。而 $T=T_2+T_0$，因为 $T_0$ 近似不变，所以 $T=f(P_2)$ 也近似为一直线，且斜率为$\dfrac{1}{\Omega}$。

## 五、效率特性

三相异步电动机的效率 $\eta$ 与输出功率 $P_2$ 的关系曲线 $\eta=f(P_2)$ 称为三相异步电动机的效率特性。根据效率的定义知，异步电动机的效率为

$$\eta=\frac{P_2}{P_1}=\frac{P_1-\sum p}{P_1}=\frac{P_2}{P_2+\sum p}$$

与直流电动机相似，异步电动机中的损耗也可分为不变损耗 $p_{Fe}$、$p_{\Omega}$ 和可变损耗 $p_{Cu1}$、$p_{Cu2}$、$p_s$ 两部分。当输出功率 $P_2$ 增加时，可变损耗增加较慢，所以效率上升很快，当可变损耗等于不变损耗时，异步电动机的效率达到最大值。随着负载继续增加，可变损耗增加很快，效率则随着降低。对于中小型异步电动机，最大效率大约出现在额定负载的四分之三时，同时电动机容量越大，效率就越高。各种特性如图 4-19 所示。

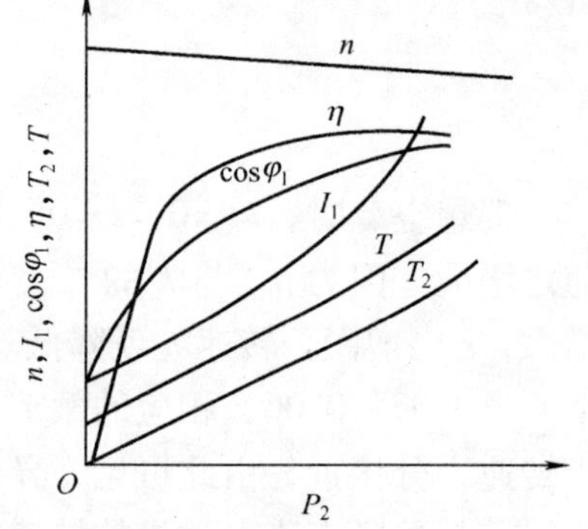

图 4-19　异步电动机的工作特性

# 第十节　三相异步电动机的参数测定

异步电动机有两种参数，一种是表示空载状态的励磁参数，即 $r_m$、$x_m$；另一种是表示短路状态的短路参数，即 $r_1$、$r_1'$、$x_1$、$x_1'$。前者决定于电动机主磁路的饱和程度，所以是一种非线性参数；后者基本上与电动机的饱和程度无关，是一种线性参数。励磁参数、短路参数可分别通过空载试验和短路试验测定。

## 一、空载试验与励磁参数的确定

### （一）空载试验

异步电动机空载运行是指在额定电压和额定频率下，轴上不带任何负载时的运行。试验在电动机空载时进行，定子绕组上施加频率为额定值的对称三相电压，将电动机运转一段时间（30min），使其机械损耗达到稳定值，然后调节电源电压从（1.10～1.30）倍额定电压值开始，逐渐降低到可能达到的最低电压值（转速随之发生明显变化时为止）。测量 7～9 点，每次记录端电压 $U_1$、空载电流 $I_0$、空载功率 $p_0$ 和转速 $n$。根据记录数据，绘制电动机

的空载曲线 $I_0=f(U_1)$ 和 $p_0=f(U_1)$，如图 4-20 所示。

### （二）励磁参数 $r_m$、$x_m$ 与铁耗及机械损耗的确定

由异步电动机的空载特性可确定等效电路中的励磁参数、铁耗和机械损耗。

1. 机械损耗和铁耗的分离

异步电动机空载时，$s\approx0$，$I_2\approx0$，此时输入电动机的功率用来补偿定子铜耗 $p_{Cu1}$、铁耗 $p_{Fe}$ 和机械损耗 $p_\Omega$，即

$$p_{10}\approx p_{Cu1}+p_{Fe}+p_\Omega=m_1I_0^2r_1+p_{Fe}+p_\Omega \tag{4-54}$$

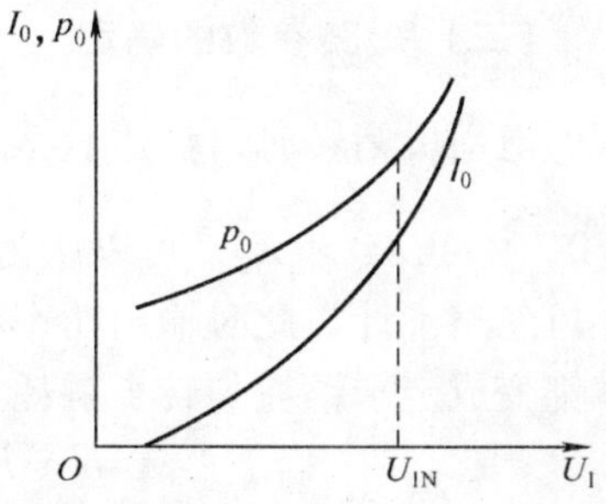


图 4-20 异步电动机空载特性

在空载损耗中，定子铜耗和铁耗与电压大小有关，而机械损耗仅与转速有关。从空载功率中，扣除定子铜耗以后可得铁耗与机械损耗之和，即

$$p_{10}-m_1I_0^2r_1\approx p_{Fe}+p_\Omega=p_0' \tag{4-55}$$

由于铁耗可认为与磁磁感应强度的二次方成正比，即与端电压二次方成正比，故需绘制铁耗与机械损耗之和与端电压二次方值的曲线 $p_0'=f(U_1^2)$，如图 4-21 所示，并将曲线延长相交于横轴 $U_1=0$ 处，得交点 $O'$，过 $O'$ 作一水平点画线将曲线的纵坐标分为两部分，由于机械损耗仅与电动机的转速有关，而在空载状态下，电动机的转速 $n\approx n_1$，则机械损耗可认为是常数。所以点画线下部纵坐标表示与电压大小无关的机械损耗，点画线上部纵坐标表示对应于 $U_1$ 的铁耗。

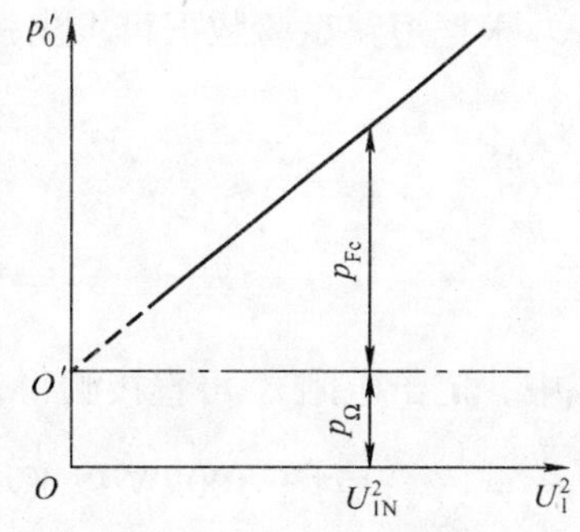


图 4-21 机械损耗的分离

2. 励磁参数的确定

空载时，转差率 $s\approx0$，则 T 形等效电路中的附加电阻 $\frac{1-s}{s}r_2'\approx\infty$，则等效电路呈开路状态。根据电路计算，可得励磁参数如下：

$$x_m+x_1=x_0\approx\frac{U_1}{I_0} \tag{4-56}$$

式中，$U_1$ 为相电压；$I_0$ 为相电流；$x_1$ 可由下面短路试验确定。

$$r_m=\frac{p_{Fe}}{m_1I_0^2} \tag{4-57}$$

$$Z_m=\sqrt{r_m^2+x_m^2} \tag{4-58}$$

## 二、短路试验与短路参数的确定

### （一）短路试验

就异步电动机而言，短路是指 T 形等效电路中的附加电阻 $\frac{1-s}{s}r_2'=0$ 的状态。在这种情况下，$s=1$，$n=0$，即电动机在外施电压下处于静止状态。因此短路试验必须在电动机堵转情况下进行，故短路试验亦称堵转试验。为了使短路试验时电动机的短路电流不致过大，可降低电源电压进行，一般从 $U_1=0.4U_N$ 开始，然后逐渐降低电压。为了避免定子绕组过热，

试验应尽快进行。测量 5～7 点，每次记录端电压、定子短路电流和短路功率，并测量定子绕组的电阻。根据记录数据，绘制电动机的短路特性 $I_k=f(U_1)$ 和 $p_k=f(U_1)$，如图 4-22 所示。

### （二）短路参数的确定

电动机堵转时，$s=1$ 代表总机械功率的附加电阻 $\frac{1-s}{s}r_0'=0$，由于 $Z_m>>Z_2$，可以认为励磁支路开路，则 $I_m\approx0$，铁耗可忽略不计。此时输出功率和机械损耗为零，全部输入功率都变成定子铜耗与转子铜耗。因为 $I_m\approx0$，则可认为

$$I_2'\approx I_1=I_k$$

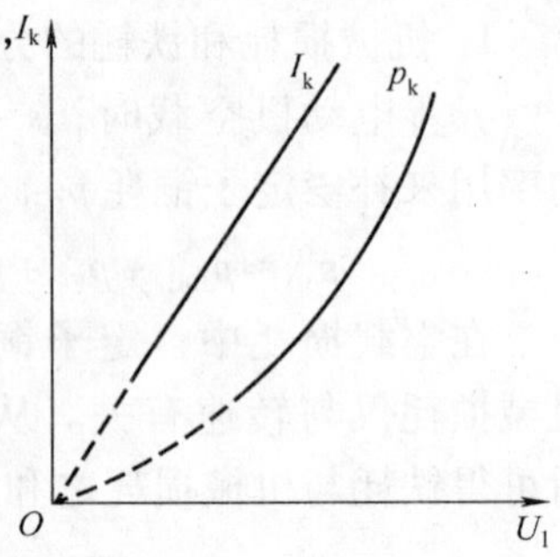

所以

$$p_k\approx m_1I_1^2r_1+m_2I_2'^2r_2'=m_1I_k^2(r_1+r_2')=m_1I_k^2r_k \quad (4\text{-}59)$$



图 4-22 异步电动机短路特性

根据短路试验数据可求出短路阻抗 $Z_k$、短路电阻 $r_k$ 和短路电抗 $x_k$，即分别为以下值：

$$Z_k=\frac{U_k}{I_k}$$

$$r_k=r_1+r_2' \quad (4\text{-}60)$$

$$x_k=x_2'+x_1=\sqrt{Z_k^2-r_k^2}$$

式中，定子电阻 $r_1$ 可直接测得，将 $r_k$ 减去 $r_1$ 即得 $r_2'$。对于大、中型异步电动机，可认为 $x_2'=x_1=\frac{1}{2}x_k$；对于 100kW 以下小型异步电动机，则有：

$2p\leqslant6$ 时 $\qquad x_2'=0.67x_k$

$2p\geqslant8$ 时 $\qquad x_2'=0.57x_k \quad (4\text{-}61)$

必须指出，短路参数受磁路饱和的影响，它的数值是随电流数值的不同而不同的，因此，根据计算目的的不同，应该选取不同的短路电流进行计算，如求最大转矩时，应取 $I_k=(2\sim3)I_N$ 时的短路参数进行计算。

## 思考题与习题

4-1 试述交流异步电动机的工作原理，并说明“异步”的含义。

4-2 什么是同步转速？它与哪些因素有关？一台三相 4 极交流异步电动机，当电源频率 $f=50$Hz 与 $f=60$Hz 时，同步转速各为多少？

4-3 一台三相交流异步电动机，当电源频率 $f=50$Hz 时，分别写出极数 $2p=2$、4、6、8、10 时的同步转速。

4-4 何为转差率 $s$？通常交流异步电动机的 $s$ 值是多少？

4-5 一台三相 4 极交流异步电动机，已知电源频率 $f=50$Hz 时，额定转速 $n_N=1450$r/min，求转差率 $s$。

4-6 有一个三相单层绕组，极数 $2p=4$，定子槽数 $Z_1=24$，支路数 $2a=2$，试画出绕组展开图，并计算基波绕组系数。

4-7 上题中，将定子槽数改为 $Z_1=36$，试画出绕组展开图，并计算基波绕组系数。

4-8 单相绕组通以交流电流产生什么样的磁动势？其主要性质是什么？基波的最大值是多少？

4-9 三相对称绕组通以三相平衡电流产生什么样的合成磁动势？其主要性质是什么？

4-10　一台三相异步电动机接于电压为380V、频率为50Hz的电网上工作时，定子三角形联结，每相电动势为额定电压的92%，定子绕组的每相串联匝数为$N_1=312$匝，绕组系数$k_{w1}=0.96$，试求每极磁通$\Phi_1$。

4-11　异步电动机理想空载时，空载电流等于零吗？为什么？

4-12　说明异步电动机的能量传递过程，负载增加时，定子电流和输入功率为什么会自动增加？从空载到额定负载，电动机的主磁通有无变化？为什么？

4-13　为了推导异步电动机的等效电路，旋转的电动机需进行哪些折算？其方法如何？

4-14　将变压器的分析方法用于交流异步电动机中，二者有哪些异同？

4-15　一台三相异步电动机的输入功率为8.6kW，定子铜耗为425W，铁耗为210W，转差率$s=0.034$，求电动机的电磁功率、转子铜耗及机械功率。

4-16　一台三相异步电动机，额定参数如下：$U_N=380V$，$f_N=50Hz$，$P_N=7.5kW$，$n_N=960r/min$，三角形联结。已知$\cos\varphi_N=0.872$，$p_{Cu1}=470W$，$p_{Fe}=234W$，$p_\Omega=45W$，$p_s=80W$。求：（1）电动机的极数；（2）额定负载时的转差率和转子频率；（3）转子铜耗；（4）效率。

# 第五章　三相异步电动机的电力拖动

本章将分析由三相异步电动机和生产机械组成的电力拖动系统的运行性能，重点介绍三相异步电动机的机械特性及起动、制动和调速等各种运行状态。

## 第一节　三相异步电动机的电磁转矩

电磁转矩对三相异步电动机的拖动性能起着极其重要的作用，直接影响着电动机的起动、调速、制动等性能，其常用表达式有以下三种形式。

### 一、电磁转矩的物理表达式

异步电动机的电磁转矩是由转子电流与主磁通相互作用产生的。它的大小和电磁场传递的电磁功率成正比，即与磁通及转子电流的有功分量的乘积成正比。电磁转矩的物理表达式

$$T = C_T \Phi_m I_2' \cos\varphi_2 \tag{5-1}$$

式中，$T$ 为电磁转矩，单位是 N · m；$\Phi_m$ 为每极磁通，单位是 Wb；$I_2'$为转子每相电流的折算值，单位是 A；$C_T$ 为转矩常数，$C_T = \dfrac{3pN_1k_{N1}}{\sqrt{2}}$；$\cos\varphi_2$ 为转子电路的功率因数

上式虽然不显含转差率 $s$，但式中的 $\Phi_m$、$I_2'$、$\cos\varphi_2$ 都是 $s$ 的函数。上述电磁转矩表达式很简洁，物理概念清晰，虽然可用于定性分析异步电动机电磁转矩 $T$ 与 $\Phi_m$ 和 $I_2'\cos\varphi_2$ 之间的关系，但没有直接反映出电磁转矩与电动机参数之间的关系，更没有明显地表示电磁转矩与转速之间的关系。因此，分析和计算异步电动机的机械特性时，一般不采用物理表达式。

### 二、电磁转矩的参数表达式

电磁转矩 $T$ 还可表示为

$$T = \frac{P_\Omega}{\Omega} = \frac{(1-s)P_M}{\Omega} = \frac{1-s}{\dfrac{2\pi n}{60}}P_M$$

其中

$$n = (1-s)n_1 \quad n_1 = \frac{60f_1}{p} \quad P_M = 3I'^2_2\,\frac{r_2'}{s}$$

式中，$p$ 为极对数；$P_M$ 为电磁功率，单位是 kW。

根据简化等效电路，得电磁转矩的参数表达式为

$$T=\frac{3p}{2\pi f_1}U_1^2\frac{\frac{r_2'}{s}}{\left(r_1+\frac{r_2'}{s}\right)^2+(x_1+x_2')^2}$$

$$\approx\frac{3p}{2\pi f_1}U_1^2\frac{\frac{r_2'}{s}}{\left(\frac{r_2'}{s}\right)^2+(x_1+x_2')^2}\propto U_1^2\text{ 或}\propto\left(\frac{U_1}{f}\right)^2 \tag{5-2}$$

由式（5-2）可见，当外施电压 $U_1$ 不变，频率 $f_1$ 不变，电动机参数 $r_1$、$r_2$、$x_1$、$x_2'$为常值时，电磁转矩 $T$ 是转差率 $s$ 的函数。

因式（5-2）为一个二次方程，当 $s$ 为某一个值时，电磁转矩有一最大值 $T_{\max}$。令 $\frac{\mathrm{d}T}{\mathrm{d}s}=0$，即可求得产生最大电磁转矩 $T_{\max}$ 时的临界转差率 $s_{\mathrm{m}}$，即

$$s_{\mathrm{m}}=\frac{r_2'}{\sqrt{r_1^2+(x_1+x_2')^2}}\approx\frac{r_2'}{(x_1+x_2')^2}\propto r_2' \tag{5-3}$$

将式（5-3）代入式（5-2），可求得对应 $s_{\mathrm{m}}$ 的最大电磁转矩 $T_{\max}$，即

$$T_{\max}=\frac{3p}{4\pi f_1}U_1^2\frac{1}{r_1+\sqrt{r_1^2+(x_1+x_2')^2}}$$

$$\approx\frac{3p}{4\pi f_1}U_1^2\frac{1}{(x_1+x_2')}\propto U_1^2\text{ 或}\propto\left(\frac{U_1}{f}\right)^2 \tag{5-4}$$

由式（5-3）和式（5-4）可见：

1）当电源的频率及电动机的参数不变时，最大转矩与电压的二次方成正比。

2）最大转矩和临界转差率都与定子电阻 $r_1$ 及定子和转子漏电抗 $x_1$、$x_2'$有关。

3）最大转矩与转子回路中的电阻 $r_2'$无关，而临界转差率则与 $r_2'$成正比，调节转子回路的电阻，可使最大转矩在任意 $s$ 时出现。

转矩的参数表达式常用来分析电动机的电压、频率以及结构参数对电动机机械特性的影响。

## 三、电磁转矩的实用表达式

### （一）实用表达式概述

在工程计算上，由于得到电动机的绕组参数不易，固参数表达式比较繁琐。为了使用方便，希望通过电动机产品目录或手册中所给的一些技术数据求得机械特性，需导出电磁转矩的实用表达式。经过一系列化简得到

$$\frac{T}{T_{\max}}=\frac{2}{\frac{s_{\mathrm{m}}}{s}+\frac{s}{s_{\mathrm{m}}}}\approx 2\frac{s}{s_{\mathrm{m}}} \tag{5-5}$$

上式即为电磁转矩实用表达式，式中的最大转矩 $T_{\max}$ 可以用电动机的额定转矩 $T_{\mathrm{N}}$ 乘以电动机的过载倍数 $\lambda_{\mathrm{m}}$ 表示，$\lambda_{\mathrm{m}}$ 可以从电机产品目录中查到。即已知 $T_{\max}$和 $s_{\mathrm{m}}$，应用该式可

方便地作出异步电动机的转矩 $T$—$s$ 曲线。

**（二）计算用实用表达式**

1. $U_1$ 变化，$f_1$、$r_2$ 不变时

$$T_{max} \propto U_1^2 \quad s_m、n_1 \text{ 不变}$$

2. $r_2$ 变化，$f_1$、$U_1$ 不变时

$$s_m \propto r_2 \quad T_{max}、n_1 \text{ 不变}$$

3. $f_1$ 变化，$U_1/f_1$、$r_2$ 不变时

$$T_{max} \propto (U_1/f_1)^2 \quad S_m \propto 1/f_1 \quad n_1 \propto f_1$$

4. 在同一直线段内

$$T \propto s$$

$$T/T_{max} = 2s/s_m$$

## 第二节　三相异步电动机的机械特性

机械特性是指在一定条件下，电动机的转速与转矩之间的关系，即 $n=f(T)$，因为异步电动机的转速 $n$ 与转差率 $s$ 之间存在一定的关系，异步电动机的机械特性往往多用 $T=f(s)$ 的形式表示，称 $T$—$s$ 曲线。当电压与频率不变时，式（5-2）就是机械特性方程。机械特性分固有机械特性和人为机械特性两种。

### 一、固有机械特性

异步电动机的固有机械特性是指在额定电压和额定频率下，按规定方式接线，定子、转子外接电阻为零时，$T$ 与 $s$ 的关系，即 $T=f(s)$ 曲线。

当 $U=U_N$、$f=f_N$ 时，固有机械特性曲线如图 5-1 所示。

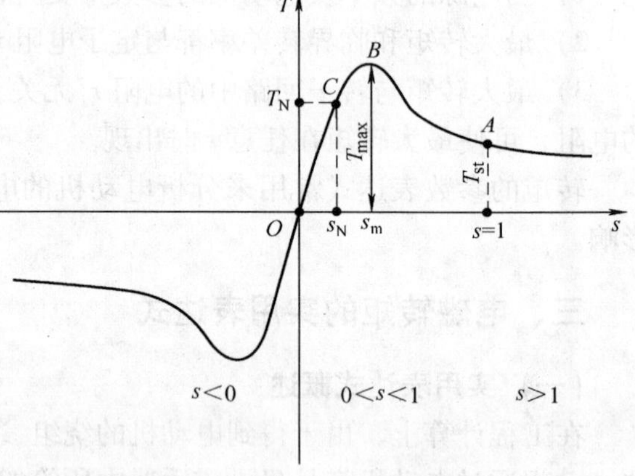


图 5-1　异步电动机固有机械特性曲线

曲线形状分析如下：

1）$AB$ 段。因 $s$ 较大，$T$ 近似为双曲线，随 $s$ 的减小，$T$ 反而增大。

2）$BO$ 段。因 $s$ 很小，$T$ 近似为直线，随 $s$ 的减小，$T$ 亦减小。

曲线上的几个特殊点分析如下：

（1）起动点 $A$　电动机刚接入电网，但尚未开始转动的瞬间轴上产生的转矩叫电动机起动转矩 $T_{st}$（又称堵转转矩）。此时，$n=0$，$s=1$，$T=T_{st}$，只有当起动转矩 $T_{st}$ 大于负载转矩 $T_L$ 时，电动机才能起动。通常起动转矩与额定电磁转矩的比值称为电动机的起动转矩倍数，用 $K_T$ 表示，$K_T=T_{st}/T_N$。它表示起动转矩的大小，是异步电动机的一项重要指标，对于一般的笼型电动机，起动转矩倍数 $K_T$ 为 0.8～1.8。

（2）临界点 $B$　一般电动机的临界转差率为 0.1～0.2，在 $s_m$ 下，电动机产生最大电磁转矩 $T_{max}$。

电动机经常工作在不超过额定负载的情况下。但在实际运行中，负载免不了会发生波动，出现短时超过额定负载转矩的情况。如果最大电磁转矩大于波动时的峰值，电动机应还能带动负载，否则便不行了。最大转矩 $T_{max}$ 与额定转矩 $T_N$ 之比为过载能力 $\lambda_m$，它也是异步电动机的一个重要指标，一般 $\lambda_m = 1.6 \sim 2.2$。

(3) 同步点 $O$　在理想电动机中，$n = n_1$，$s = 0$，$T = 0$。

(4) 额定点 $C$　额定工作点的转速、转矩、电流及功率等都有额定值。根据电力拖动稳定运行的条件，$T$—$s$ 曲线中的 $AB$ 段为不稳定区，$BO$ 段是稳定运行区，即异步电动机稳定运行区域为 $0 < s < s_m$。为了使电动机能够在短时间过载时不停转，电动机必须留有一定的过载能力，额定运行点不宜靠近临界点，一般 $s_N = 0.02 \sim 0.06$。

异步电动机额定电磁转矩等于空载转矩加上额定负载转矩，因空载转矩比较小，有时认为额定电磁转矩等于额定负载转矩。额定负载转矩可从铭牌数据中求得，即

$$T_N = 9550 \frac{P_N}{n_N}$$

式中，$T_N$ 为额定负载转矩，单位是 N · m；$P_N$ 为额定功率，单位是 kW；$n_N$ 为额定转速，单位是 r/min。

**【例 5-1】**　有一台三相笼型异步电动机，额定功率 $P_N = 40\text{kW}$，额定转速 $n_N = 1450\text{r/min}$，过载系数 $\lambda = 2.2$，求额定转矩 $T_N$ 和最大转矩 $T_{max}$。

**解：**

$$T_N = 9550 \frac{P_N}{n_N} = 9550 \times \frac{40}{1450} \text{N} \cdot \text{m} = 263.45\text{N} \cdot \text{m}$$

$$T_{max} = \lambda T_N = 2.2 \times 263.45\text{N} \cdot \text{m} = 579.59\text{N} \cdot \text{m}$$

## 二、人为机械特性

人为机械特性就是人为地改变电源参数或电动机参数而得到的机械特性。

### (一) 降低定子电压的人为机械特性

由式 (5-4) 可见，当定子电压 $U_1$ 降低时，电磁转矩与 $U_1^2$ 成正比地降低，其特性曲线如图 5-2 所示。降低定子电压的人为机械特性具有如下特点：①同步转速 $n_1$ 不变；②临界转差率 $s_m$ 与定子电压无关；③最大转矩 $T_{max}$ 与起动转矩 $T_{st}$ 都随电压的二次方正比的降低。即 $T_{max} \propto U_1^2$，$n_m$、$n_1$ 不变。

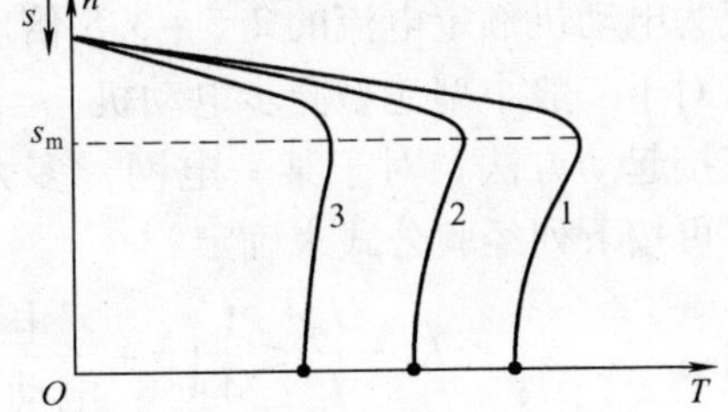


图 5-2　降低电压的人为机械特性曲线 ($u_1 > u_2 > u_3$)

### (二) 转子串电阻时的人为机械特性

此法适用于绕线转子异步电动机。在转子回路内串入三相对称电阻时，同步转速 $n_1$ 和最大转矩 $T_{max}$ 因与转子电阻无关而不变，但临界转差率 $s_m$ 和起动转矩 $T_{st}$ 随转子电阻的增加成正比增大，可见转子回路串电阻的人为机械特性曲线是一组通过同步点且最大转矩恒定不变的曲线族，如图 5-3 所示。$s_m \propto r_2$，$n_m = (1 - s_m) n_1$，$T_{max}$、$n_1$ 不变。

**【例 5-2】** 已知 J02—42—4 电动机的额定功率 $P_N = 5.5\text{kW}$，额定转速 $n_N = 1440\text{r/min}$，起动转矩倍数 $K_T = T_{st}/T_N = 1.8$，求：

（1）在额定电压下的起动转矩；

（2）当电网电压降为额定电压的 80% 时，该电动机的起动转矩。

**解：**（1）$T_N = 9550\dfrac{P_N}{n_N} = 9550 \times \dfrac{5.5}{1440}\text{N·m}$

$= 36.48\text{N·m}$

$T_{st} = 1.8T_N = 1.8 \times 36.48\text{N·m}$

$= 65.66\text{N·m}$

（2）$\dfrac{T'_{st}}{T_{st}} = \left(\dfrac{U'_1}{U_1}\right)^2 = 0.8^2 = 0.64$

$T'_{st} = 0.64 \times 65.66\text{N·m}$

$= 42.02\text{N·m}$

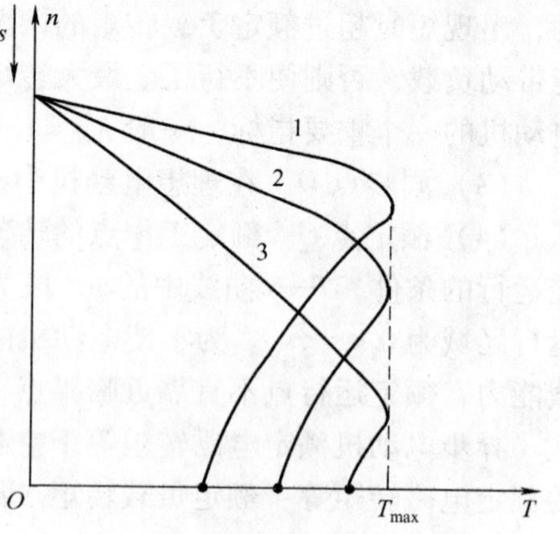


图 5-3　转子串电阻的人为机械特性（$r_1 < r_2 < r_3$）

## 第三节　三相异步电动机的起动

异步电动机的起动就是转速从零开始到稳定运行为止的这一过程。衡量异步电动机起动性能的最主要指标有起动转矩倍数 $T_{st}/T_N$、起动电流倍数 $I_{st}/I_N$ 等。起动转矩足够大，从而带动生产机械很快达到稳定转速而正常工作，同时希望起动电流不要太大，以免线路产生过大电压降而影响接在同一电网的其他用电设备正常工作。

异步电动机在刚起动时 $s = 1$，要达到降低起动电流和增大起动转矩目的，可以采取减压、增大电动机参数和适当加大转子的电阻等方法。下面介绍几种异步电动机的常用起动方法。

### 一、直接起动

直接起动是最简单的起动方法。起动时用刀开关、电磁起动器或接触器将电动机定子绕组直接接到电源上，其接线图如图 5-4 所示。直接起动时，起动电流很大，一般选取的额定电流为电动机额定电流的 2.5～3.5 倍。

对于一般小型笼型异步电动机，当电源容量足够大时，应尽量采用直接起动方法。对于某一电网，多大容量的电动机才允许直接起动，可按下列经验公式来确定：

$$K_1 = \frac{I_{st}}{I_N} \leqslant \frac{1}{4}\left(3 + \frac{\text{电源总容量}}{\text{电动机额定功率}}\right) \tag{5-6}$$

电动机的起动电流倍数 $K_1$ 需符合式（5-6）中电网允许的起动电流倍数，才允许直接起动，否则应采取减压起动。一般 10kW 以下的电动机都可以直接起动。随电网容量的加大，允许直接起动的电动机容量也变大。

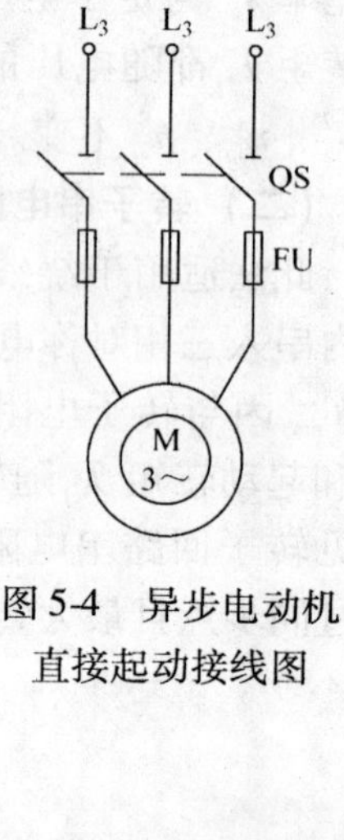

图 5-4　异步电动机直接起动接线图

## 二、笼型异步电动机的减压起动

减压起动是指电动机在起动时降低加在定子绕组上的电压，起动结束时加额定电压运行的起动方式。

减压起动虽然能降低电动机起动电流，但由于电动机的转矩与电压的二次方成正比，因此减压起动时电动机的转矩减小较多，故此法一般适用于电动机空载或轻载起动。减压起动的方法有以下几种：

### （一）定子串接电抗器或电阻的减压起动

方法：起动时，电抗器或电阻接入定子电路；起动后，切除电抗器或电阻，进入正常运行。但定子边串电阻起动时，能耗较大，实际应用不多。

三相异步电动机定子边串入电抗器或电阻起动时，定子绕组实际所加电压降低，从而减小起动电流。定子回路串电抗器起动等效电路如图 5-5 所示。

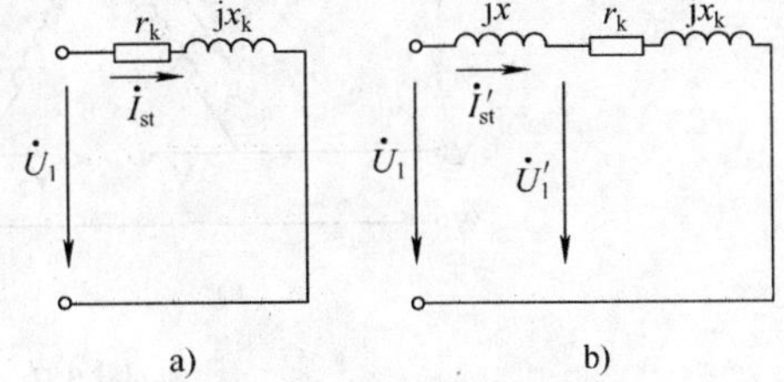


图 5-5 定子回路串电抗器起动等效电路

设 $U_1 = kU_1'$则

$$I_{st} = \frac{U_1}{Z_k}$$

$$I'_{st} = \frac{U_1'}{Z_k} = \frac{1}{k}\frac{U_1}{Z_k} = \frac{1}{k}I_{st}$$

因为 $T_{st} \propto U_1^2$，所以

$$T'_{st} = \frac{1}{k^2}T_{st}$$

式中，$k$ 为电动机端电压之比，$k>1$。

可见，定子串电抗器起动，降低了起动电流，但也降低了起动电压，使起动转矩降低得更多。因此，定子串电抗器减压起动只适用于电动机的轻载起动。

### （二）Y—Δ起动

方法：起动时定子绕组接成星形，运行时定子绕组则接成三角形，其接线图如图 5-6 所示。对于运行时定子绕组为星形的笼型异步电动机则不能用Y-Δ起动方法。

Y-Δ起动时，起动电流 $I'_{st}$与直接起动时的起动电流 $I_{st}$ 的关系（注：起动电流是指线路电流而不是指定子绕组的电流）如下：

电动机直接起动时，定子绕组接成三角形，如图 5-7a 所示，每相绕组所加电压大小为 $U_1 = U_N$，电流为 $I_\Delta$，则电源输入的线电流为 $I_{st} = \sqrt{3}I_\Delta$。

星形起动时如图 5-7b 所示，每相绕组所加电压为 $U_1' = \frac{U_1}{\sqrt{3}} = \frac{U_N}{\sqrt{3}}$，电流 $I'_{st} = I_Y$。

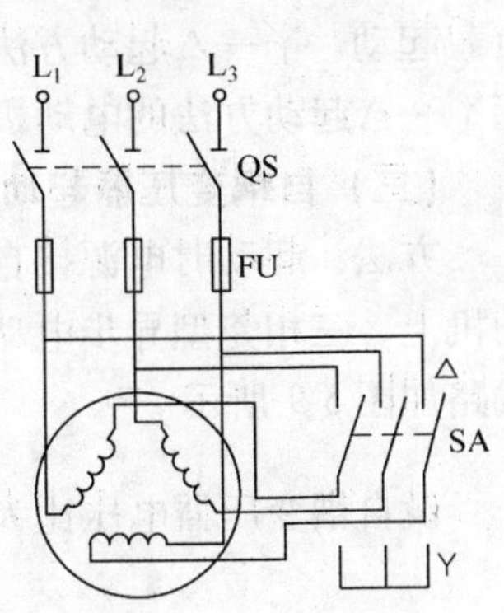


图 5-6 Y—Δ起动原理图

$$\frac{I'_{st}}{I_{st}}=\frac{I_Y}{\sqrt{3}I_{\triangle}}=\frac{U_N/\sqrt{3}}{\sqrt{3}U_N}=\frac{1}{\sqrt{3}}\times\frac{1}{\sqrt{3}}=\frac{1}{3}$$

所以

$$I'_{st}=\frac{1}{3}I_{st} \tag{5-7}$$

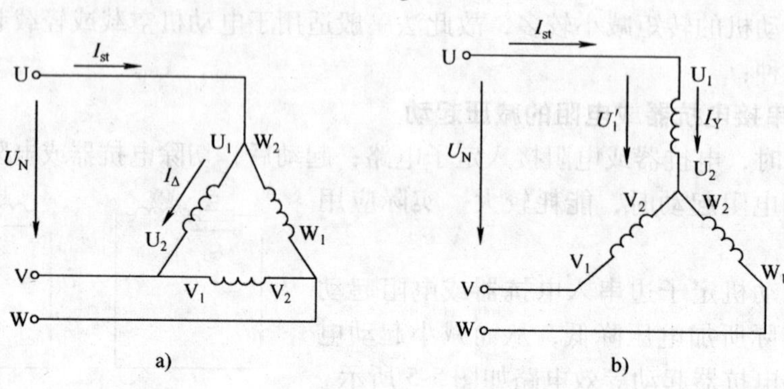


图 5-7　丫—△起动电流分析图

a）三角形接法　b）星形接法

由式（5-7）可见，丫—△起动时，对供电变压器造成冲击的起动电流是直接起动时的 1/3。

直接起动时起动转矩为 $T_{st}$，丫—△起动时起动转矩为 $T'_{st}$，则

$$\frac{T'_{st}}{T_{st}}=\left(\frac{U'_1}{U_1}\right)^2=\frac{1}{3}$$

即

$$T'_{st}=\frac{1}{3}T_{st} \tag{5-8}$$

由式（5-8）可见，丫—△起动时起动转矩也是直接起动时的 1/3。

丫—△起动比定子串电抗器起动性能要好，可用于拖动 $T_L\leqslant\frac{T'_{st}}{1.1}=\frac{T_{st}}{1.1\times3}=0.3T_{st}$ 的轻负载起动。丫—△起动方法简单，价格便宜，因此在轻载起动条件下，应优先采用。我国采用丫—△起动方法的电动机额定电压都是 380V，绕组是三角形联结。

**（三）自耦变压器起动**

方法：起动时电源接自耦变压器一次侧，二次侧接电动机，起动结束后电源直接加到电动机上。三相笼型异步电动机采用自耦变压器减压起动的接线如图 5-8 所示，其起动的一相线路如图 5-9 所示。

设自耦变压器电压比为 $k=\frac{N_1}{N_2}>1$，则减压起动电流 $I'_{st}$ 与直接起动电流 $I_{st}$ 关系为

$$I'_{st}=I_{st}/k_2\ \ (k>1) \tag{5-9}$$

而自耦变压器减压起动转矩 $T'_{st}$ 与直接起动转矩 $T_{st}$ 的关系为

$$\frac{T'_{st}}{T_{st}}=\left(\frac{U'}{U_N}\right)^2=1/k^2$$

即

$$T'_{st}=1/k^2 T_{st} \tag{5-10}$$

可见，采用自耦变压器减压起动，起动电流和起动转矩都降为直接起动时的$\frac{1}{k^2}$。自耦变压器一般有 2 ~ 3 组抽头，其电压可以分别为一次电压 $U_1$ 的 80%、65% 或 80%、60%、40%。

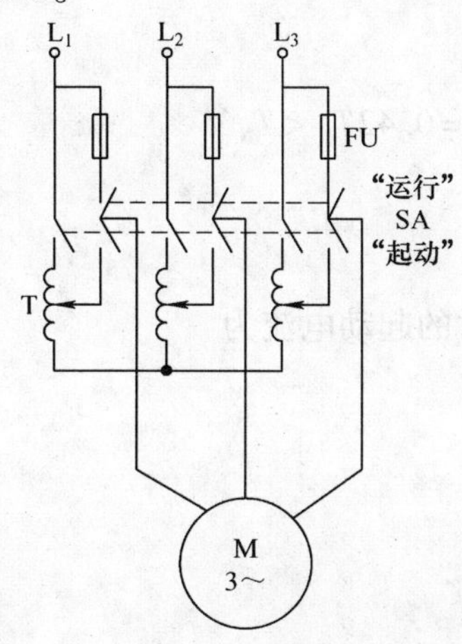


图 5-8　自耦变压器减压起动接线图

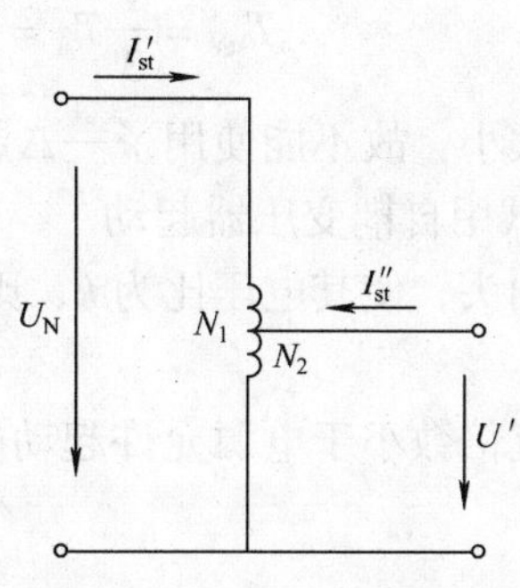


图 5-9　自耦变压器减压起动的一相线路

该种方法对定子绕组采用星形或三角形接法都可以使用，缺点是设备体积大，投资较贵。

三相笼型异步电动机减压起动方法的比较见表 5-1。

**表 5-1　三相笼型异步电动机减压起动方法的比较**

| 主要性能指标 / 起动方法 | 起动电压比值 | 起动电流比值 | 起动转矩比值 | 起动设备 | 应用场合 |
| --- | --- | --- | --- | --- | --- |
| 直接起动 | 1 | 1 | 1 | 最简单 | 电动机容量小于 7.5kW |
| 定子串电抗器起动 | $\frac{1}{k}$ | $\frac{1}{k}$ | $\frac{1}{k^2}$ | 一般 | 任意容量，轻载起动 |
| Y-△起动 | $\frac{1}{\sqrt{3}}$ | $\frac{1}{3}$ | $\frac{1}{3}$ | 简单 | 正常运行为三角形联结，电动机可频繁起动 |
| 自耦变压器 | $\frac{1}{k}$ | $\frac{1}{k^2}$ | $\frac{1}{k^2}$ | 较复杂 | 较大容量电动机，较大负载不能频繁起动 |

**【例 5-3】**　一台 J02—93—6 笼型异步电动机的技术数据：额定功率 $P_N=55$kW，△接线，全压起动电流倍数 $K_I=6$，起动转矩倍数 $K_T=1.25$，电源容量为 1000kV · A。若电动机带额定负载起动，试问应采用什么方法起动？并计算起动电流和起动转矩。

**解：**（1）试用直接起动，则电源允许的起动电流倍数为

$$K_1 \leqslant \frac{1}{4}\left(3+\frac{1000}{55}\right)=5.3$$

而 $K_1=6>5.3$，故不能直接起动。

（2）试用Y—Δ起动，则有

$$I_{stY}=\frac{1}{3}I_{st\Delta}=\frac{1}{3}\times 6I_N=2I_N$$

$$K_1=I_{stY}/I_N=2<5.3$$

起动电流可以满足要求。

$$T_{stY}=\frac{1}{3}T_{st}=\frac{1}{3}K_T T_N=\frac{1}{3}\times 1.25T_N=0.42T_N<T_N$$

起动转矩太小，故不能使用Y—Δ起动。

（3）试用自耦变压器起动

选用抽头，使其电压比为 $k$，则用自耦变压器起动时的起动电流为

$$I'_{st}=I_{st}/k^2=6I_N/k^2$$

因起动电流倍数小于电源允许起动的电流倍数，则有

$$\frac{I_{st}}{I_N}=6/k^2<5.3$$

$$1/k<0.94$$

同时有

$$T'_{st}=T_{st}/k^2=K_T T_N/k^2>T_N$$

$$K_T/k^2>1$$

$$1/k>\sqrt{\frac{1}{K_T}}=\sqrt{\frac{1}{1.25}}=0.894$$

所以自耦变压器的抽头 $0.894<1/k<0.94$。

**【例 5-4】** 有一台 Y250M—4 异步电动机，其 $P_N=55\text{kW}$，$I_N=103\text{A}$，$K_1=I_{st}/I_N=7$，$K_T=T_{st}/T_N=2$。若带有 0.6 倍额定负载转矩起动，宜采用Y—Δ起动还是自耦变压器（抽头为 65% 和 80%）起动？

**解：**（1）若选用Y—Δ起动，则

起动电流为

$$I_{stY}=\frac{1}{3}I_{st}=\frac{1}{3}\times 7I_N=2.33I_N$$

起动转矩为

$$T_{stY}=\frac{1}{3}T_{st}=\frac{1}{3}\times 2T_N=0.667T_N>0.6T_N$$

（2）若选用自耦变压器起动，用 65% 抽头，则

起动电流为

$$I_{st65}=0.65^2 I_{st}=0.65^2\times 7I_N=2.96I_N$$

起动转矩为

$$T_{st65}=0.65^2T_{st}=0.65^2\times 2T_N=0.845T_N>0.6T_N$$

二者比较后可以看出起动转矩均能满足要求，但Y—△起动时起动电流相对较小，所以宜选用Y—△起动。

## 三、绕线转子异步电动机的起动

绕线转子异步电动机在转子回路串联适当的电阻，可减小起动电流，提高起动转矩，因此在需要重载起动或频繁起动的场合，一般采用绕线转子异步电动机。

### （一）转子串接电阻器起动

方法：起动时，在转子电路串接起动电阻器，借以提高起动转矩，同时因转子电阻增大也限制了起动电流；起动结束，切除转子所串电阻。为了在整个起动过程中得到比较大的起动转矩，需分几级切除起动电阻。起动接线图和特性曲线如图 5-10 所示。

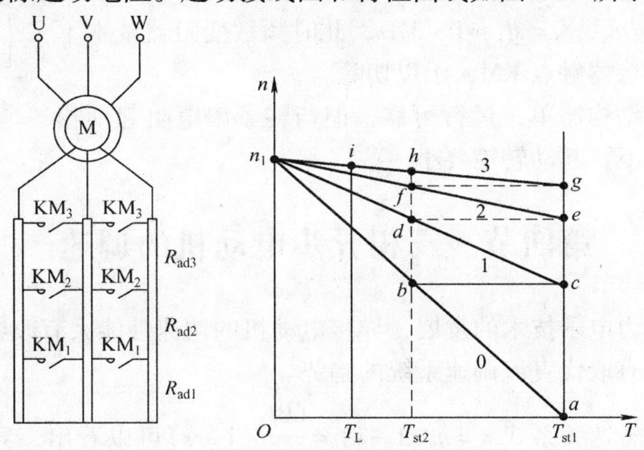


图 5-10　绕线转子异步电动机起动接线图和特性曲线

起动过程如下：

1）接触器触点 $KM_1$、$KM_2$、$KM_3$ 全断开，电动机定子接额定电压，转子每相串入全部电阻。如正确选取电阻的阻值，使转子回路的总电阻值 $R_3=R+R_{ad1}+R_{ad2}+R_{ad3}$，则由式（5-3）可知，此时 $s_m=1$，即最大转矩产生在电动机起动瞬间，如图 5-10 中曲线 0 中的 $a$ 点，起动转矩为 $T_{st1}$。

2）由于 $T_{st1}>T_L$，电动机加速到 $b$ 点时，电磁转矩 $T$ 减小为 $T_{st2}$，为了增大电磁转矩，加速起动过程，接触器 $KM_1$ 闭合，切除起动电阻 $R'$，转子回路总电阻值 $R_2=R+R''+R'''$，此时特性曲线跃变为曲线 1，因机械惯性，转速瞬时不变，工作点水平过渡到 $c$ 点，使该点 $T=T_{st1}$。

3）因 $T_{st1}>T_L$，转速沿曲线 1 继续上升到 $d$ 点，电磁转矩 $T$ 减小为 $T_{st2}$ 时 $KM_2$ 闭合，$R''$ 被切除，电动机运行点从 $d$ 转变到特性曲线 2 上的 $e$ 点，……，依次类推，直到切除全部电阻，电动机便沿着固有特性曲线 3 加速，经 $h$ 点，最后运行于 $i$ 点（$T=T_L$）。

上述起动过程中，电阻分三级切除，故称为三级起动。在整个起动过程中产生的转矩都是比较大的，适合于重载起动，广泛用于桥式起重机、卷扬机、龙门起重机等重载设备。其缺点是所需起动设备较多，起动时有一部分能量消耗在起动电阻上，起动级数也较少。

### （二）转子串频敏变阻器起动

频敏变阻器的结构特点：它是一个三相铁心线圈，其铁心不用硅钢片而用厚钢板叠成。铁心中产生涡流损耗和一部分磁滞损耗，铁心损耗相当一个等值电阻，其线圈又是一个电抗，故电阻和电抗都随频率变化而变化，故称为频敏变阻器，它与绕线转子异步电动机的转子绕组相接，如图5-11所示，其工作原理如下：

起动时，$s=1$，$f_2=sf_1=50\text{Hz}$，此时频敏变阻器的铁心损耗大，等效电阻大，既限制了起动电流，增大起动转矩，又提高了转子回路的功率因数。

随着转速 $n$ 升高，$s$ 下降，$f_2$ 减小，铁心损耗和等效电阻也随之减小，相当于逐渐切除转子电路所串的电阻。

起动结束时，$n=n_N$，$f_2=sf_1\approx1\sim3\text{Hz}$，此时频敏变阻器基本不起作用，可以闭合接触器触点 KM，予以切除。

频敏变阻器起动结构简单，运行可靠，但与转子串电阻起动相比，在同样起动电流下，起动转矩要小一些。

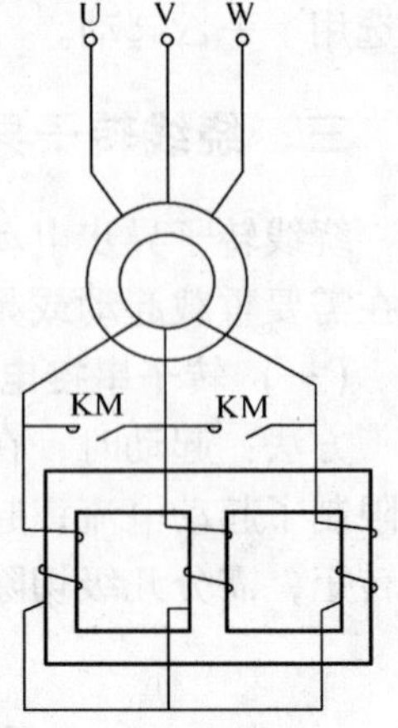

图 5-11　异步电动机串频敏变阻器起动

## 第四节　三相异步电动机的调速

近年来，随着电力电子技术的发展，异步电动机的调速性能大有改善，交流调速应用日益广泛，在许多领域有取代直流调速系统的趋势。

从异步电动机的转速关系式 $n=n_1(1-s)=\dfrac{60f_1}{p}(1-s)$ 可以看出，异步电动机调速可分以下三大类：

1）改变定子绕组的磁极对数 $p$——变极调速；

2）改变供电电网的频率 $f_1$——变频调速；

3）改变电动机的转差率 $s$，方法有改变电压调速、绕线转子异步电动机转子串电阻调速和串级调速。

### 一、变极调速

在电源频率不变的条件下，改变电动机的极对数，电动机的同步转速 $n_1$ 就会发生变化，从而改变电动机的转速。若极对数减少一半，同步转速就提高一倍，电动机转速也几乎升高一倍。

通常用改变定子绕组的接法来改变极对数，这种电动机称多速电动机。其转子均采用笼形转子，因其感应的极对数能自动与定子相适应。

下面以一相绕组来说明变极原理。假设电动机定子每相绕组都是由两个完全对称的半相绕组组成，以 U 相绕组为例，若将其两半相绕组 $u_1u_2$ 与 $u_1'u_2'$ 采用顺向串联，如图 5-12 所示，形成四极磁场。

若将 U 相绕组中的两半相绕组 $u_1u_2$ 与 $u_1'u_2'$ 采用反向串联或反向并联，则 $u_1'u_2'$ 中的电流反向，如图 5-13 所示，形成两极磁场，这就是单绕组变极原理。

变极调速时定子绕组的具体改接方法很多，通常将定子绕组从正向串联改接成反向并联比较容易实现，下面介绍两种典型的变极方法：一种是从单星形改成双星形，写作Y/YY，如图 5-14 所示；此时YY联结的输出功率增大为Y连接的 2 倍。转速也近似变为原来的 2 倍，输出转矩近似不变，所以Y/YY联结变极调速属于恒转矩调速，它适用于恒转矩负载。另一种是从三角形改成双星形，写作△/YY，如图 5-15 所示，这时由三角形联结改成YY联结后，输出功率变化很小，而输出转矩近似减小了一半，所以△/YY变极调速近似为恒功率调速，适用于恒功率负载。这两种接法可使电动机极数减少一半。在改接绕组时，为了使电动机转向不变，应把绕组的相序改接一下。

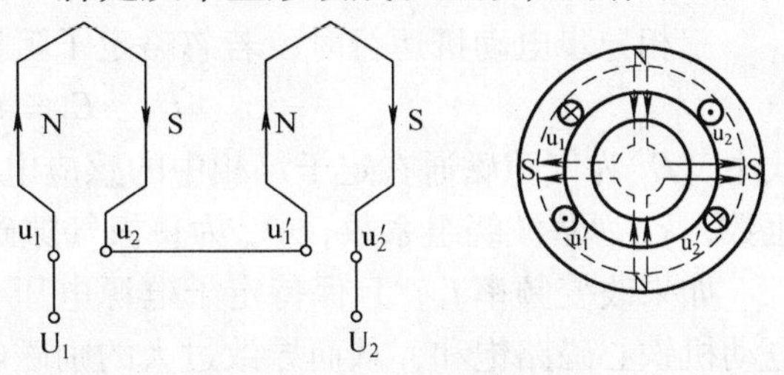

图 5-12　三相四极电动机定子 U 相绕组

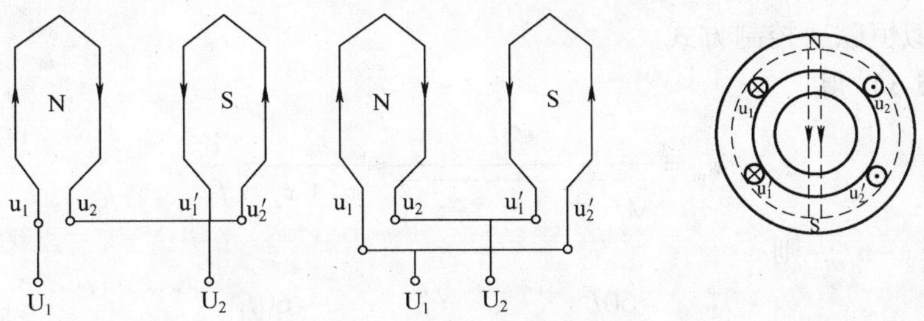

图 5-13　三相两极电动机定子 U 相绕组

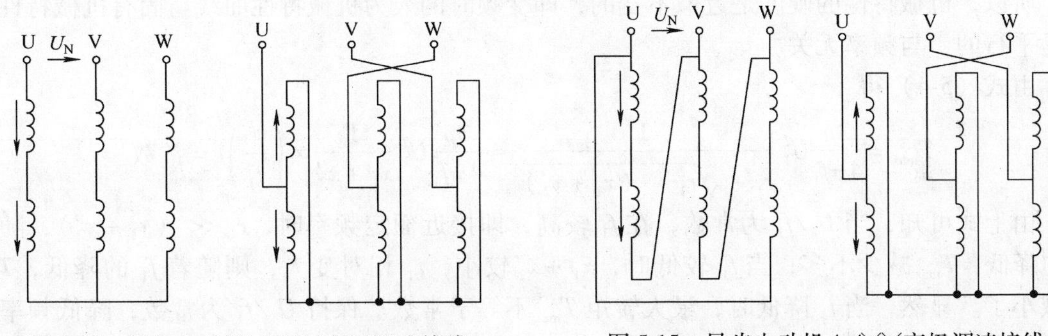

图 5-14　异步电动机Y/YY变极调速接线

图 5-15　异步电动机△/YY变极调速接线

变极调速主要用于各种机床及其他设备上。它所需设备简单、体积小、质量轻，但电动机绕组引出头较多，调速级数少。

## 二、变频调速

异步电动机的变压变频调速系统一般简称变频调速系统，由于调速时转差率不变，在各种异步电动机调速系统中效率最高，同时性能最好，是交流调速系统的主要研究和发展方向。

### （一）变频调速原理及其机械特性

改变异步电动机定子绕组供电电源的频率 $f_1$，可以改变同步转速 $n_1$，从而改变转速。如

果频率 $f_1$ 连续可调，则可平滑地调节转速，此为变频调速原理$\left(n_1=\dfrac{60f_1}{p}\propto f_1\right)$。

三相异步电动机运行时，若忽略定子阻抗电压降，则定子每相电压为

$$U_1 \approx E_1 = 4.44 f_1 N_1 k_{w1} \Phi_m$$

式中，$E_1$ 为气隙磁通在定子每相中的感应电动势；$f_1$ 为定子电源频率；$N_1$ 为定子每相绕组匝数；$k_{w1}$ 为基波绕组系数；$\Phi_m$ 为每极气隙磁通量。

如果改变频率 $f_1$，且保持定子电源电压 $U_1$ 不变，则气隙每极磁通 $\Phi_m$ 将增大，会引起电动机铁心磁路饱和，从而导致过大的励磁电流，严重时会因绕组过热而损坏电动机，这是不允许的。因此，降低电源频率 $f_1$ 时，必须同时降低电源电压，以达到控制磁通 $\Phi_m$ 的目的。对此，需要考虑基频（额定频率）以下调速和基频以上调速两种情况。

**（二）基频以下变频调速**

为了防止磁路的饱和，当降低定子电源频率 $f_1$ 时，保持 $U_1/f_1$ 为常数，使气隙磁通 $\Phi_m$ 为常数，即近似恒磁通控制方式。

根据式（5-3）得

$$s_m = \frac{r_2'}{\sqrt{r_1^2 + (x_1 + x_2')^2}} \approx \frac{r_2'}{x_1 + x_2'} \propto \frac{1}{f_1}$$

设 $\Delta n_m = n_1 - n_m$，则

$$\Delta n_m = n_1 - n_m = s_m n_1 \approx \frac{r_2'}{x_1 + x_2'} \times \frac{60f_1}{p} = \frac{r_2'}{2\pi f_1 (L_1 + L_2')} \times \frac{60f_1}{p} = \frac{r_2'}{2\pi (L_1 + L_2')} \times \frac{60}{p} = \text{常数}$$

所以，机械特性的硬度是近似不变的，即变频时的人为机械特性曲线与固有机械特性曲线是平行的，与频率无关。

由式（5-4）得

$$T_{max} = \frac{3p}{4\pi f_1} U_1^2 \frac{1}{r_1 + \sqrt{r_1^2 + (x_1 + x_2')^2}} \approx \frac{3p}{4\pi f_1} U_1^2 \frac{1}{x_1 + x_2'} \propto \left(\frac{U_1}{f_1}\right)^2 = \text{常数}$$

由上式可知，当 $U_1/f_1$ 为常数，在 $f_1$ 较高，即接近额定频率时，$r_1 \ll (x_1 + x_2')$，随着 $f_1$ 的降低，$T_{max}$ 减少不多；当 $f_1$ 较低时，$x_1 + x_2'$ 较小，$r_1$ 相对变大，则随着 $f_1$ 的降低，$T_{max}$ 就减小了。显然，当 $f_1$ 降低时，最大转矩 $T_{max}$ 不等于常数。保持 $U_1/f_1$ 为常数，降低频率调速时的机械特性如图 5-16a 所示。

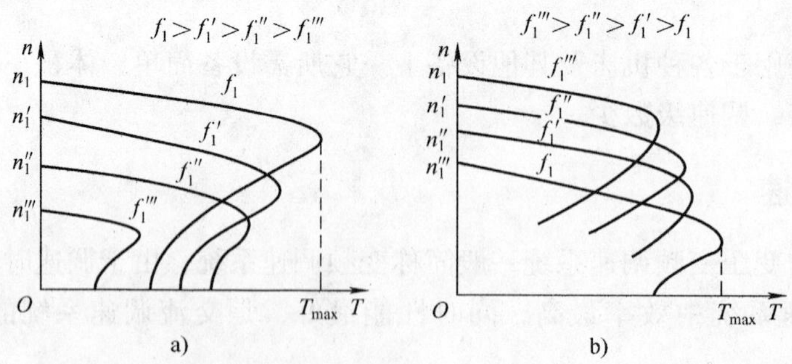


图 5-16　变频调速的机械特性

a）基频以下调速（$U_1/f_1$ = 常数）　b）基频以上调速（$U_1$ = 常数）

### (三) 基频以上变频调速

在基频以上变频调速时，当频率$f_1$升高时，电源电压$U_1$因电动机的耐压问题不能随着升高，而能保持电压为$U_N$不变，频率$f_1$越高，磁通$\Phi_m$越低，是一种降低磁通升速的方法，这相当于他励电动机弱磁调速。

变频调速的特点和性能如下：

1）变频调速设备（简称变频器）结构复杂，价格昂贵，容量有限。但随着电力电子技术的发展，变频器向着简单可靠、性能优异、价格便宜、操作方便等趋势发展。

2）变频器具有机械特性较硬、静差率小、转速稳定性好、调速范围广（可达10:1）、平滑性高等特点，可实现无级调速。

3）变频调速时，转差率$s$较小，则转差功率损耗较小，效率较高。

4）可以证明：变频调速时，基频以下调速为恒转矩调速方式；基频以上调速时，近似为恒功率调速方式。

5）变频调速已广泛应用于生产机械等很多领域内。

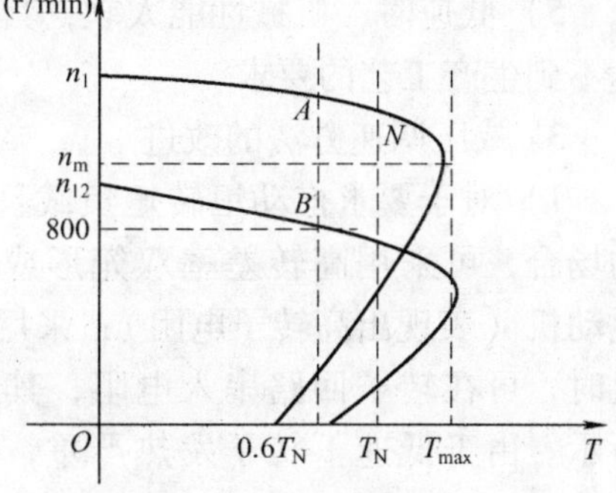

图5-17　例5-5的机械特性

**【例5-5】** 有一台Y250M—4型异步电动机，其$P_N=55\text{kW}$，$U_N=380\text{V}$，$I_N=103\text{A}$，$n_N=1450\text{r/min}$。若带有0.6倍额定负载转矩运行。

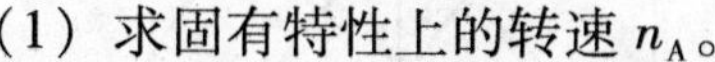
（1）求固有特性上的转速$n_A$。

（2）保持$U_1/f_1=$常数，当变频调速$n_B=800\text{r/min}$时，求$f_{12}$、$U_{12}$。

**解：** 机械特性如图5-17所示。

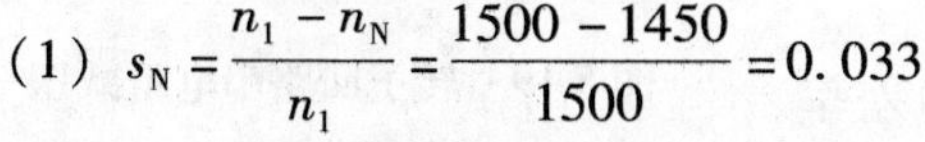
（1）$s_N=\dfrac{n_1-n_N}{n_1}=\dfrac{1500-1450}{1500}=0.033$

因$A$、$N$两点在同一直线上，由$T_{em}\propto s$得$T_A/T_N=s_A/s_N$。

$s_A=0.6\times0.033=0.02$

$n_A=(1-s_A)n_1=(1-0.02)\times1500\text{r/min}=1470\text{r/min}$

（2）因为两线平行，所以

$n_1-n_A=n_{12}-n_B$

$n_{12}=(1500-1470+800)\text{r/min}=830\text{r/min}$

由$n_{12}=\dfrac{60f_{12}}{p}$得　　$f_{12}=830\times2\div60\text{Hz}=27.667\text{Hz}$

由$U_1/f_1=$常数得　　$U_1/f_1=U_{12}/f_{12}$

$U_{12}=380\times27.667\div50\text{V}=210.27\text{V}$

## 三、变转差率调速

### (一) 改变定子电压调速

1. 调速原理及机械特性

根据三相异步电动机降低定子电源电压的人为机械特性，在同步转速$n_1$不变的条件下，电磁转矩$T\propto U_1^2$。降低电源电压可以降低转速，设定子电压为$U_N$、$U_1$、$U_2$（且$U_N>U_1>$

$U_2$），则减压后的机械特性如图 5-18 所示。对于恒转矩负载，在不同电压下的稳定运行点为 $A$、$B$、$C$；对于泵类负载，在不同电压下的稳定运行点为 $A'$、$B'$、$C'$。可见，当定子电压降低时，稳定运行时的转速将降低（$n_A > n_B > n_C$ 或 $n_{A'} > n_{B'} > n_{C'}$），从而实现了转速的调节。

2. 改变定子电压调速的特点及性能

其特点和性能如下：

1）$n_1$、$s_m$ 为常数，$T_{max} \propto U_1^2$。

2）三相异步电动机减压调速方法比较简单。

3）对于一般的笼型异步电动机，拖动恒转矩负载时，调速范围很小，没多大实用价值。

4）若拖动泵类负载，如通风机，减压调速有较好调速效果，但在低速运行时，由于转差率 $s$ 增大，消耗在转子电路的转差功率增大，电动机发热严重。

5）低速时，机械性能太软，其调速范围和静差率达不到生产工艺的要求。

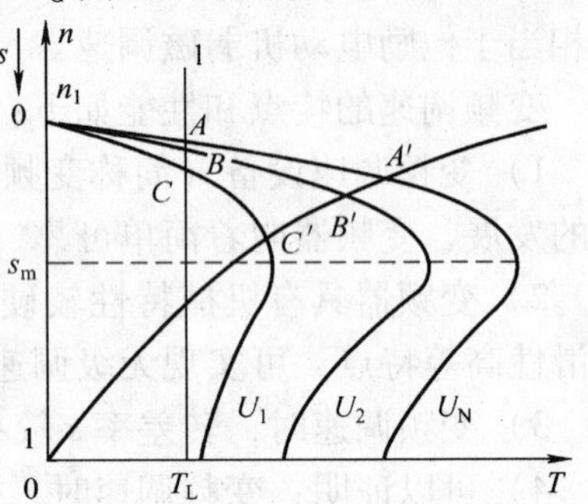


图 5-18　异步电动机减压调速

3. 减压调速方法的改进

1）对于要求拖动恒转矩负载且调速范围要求较宽的场合，可采用高转差率双笼形或深槽形的笼型异步电动机（表现出高转子电阻）；采用绕线转子异步电动机时，可在转子回路串入电阻，其机械特性如图 5-19 所示。由于低速下转子发热严重，多采用绕线转子异步电动机，使大部分转差功率消耗在电动机外部的电阻上。

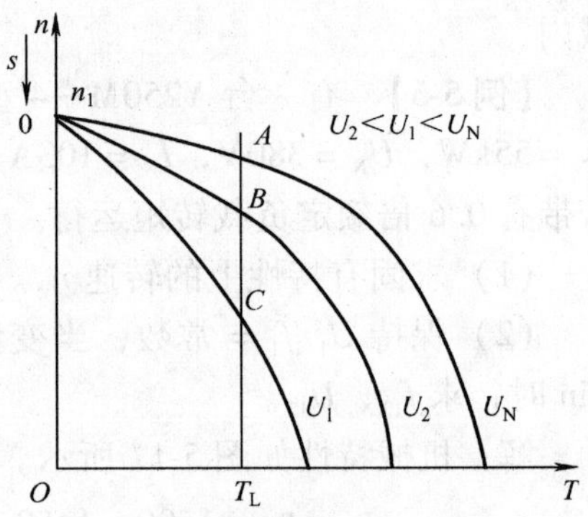


图 5-19　转子回路串电阻减压调速机械特性

2）若要求低速时机械特性较硬，即在一定静差率下有较宽的调速范围，又保证电动机具有一定的过载能力，可采用转速负反馈减压调速闭环控制系统，其原理框图及静特性如图 5-20 所示。

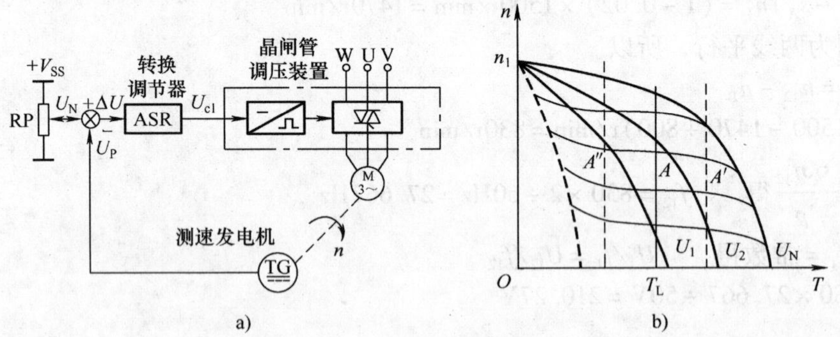


图 5-20　转速负反馈减压调速闭环控制系统

a）原理框图　b）静特性

**【例 5-6】**　有一台 Y250M—4 型异步电动机，其 $P_N = 55\text{kW}$，$U_N = 380\text{V}$，$I_N = 103\text{A}$，$n_N = 1450\text{r/min}$。若带有 0.6 倍额定负载转矩运行，用减压方式调速，使 $n_B = 1400\text{r/min}$，求此

时的电压 $U_{12}$。

**解**：机械特性图如图 5-21 所示。

$$s_N=\frac{n_1-n_N}{n_1}=\frac{1500-1450}{1500}=0.033$$

因 $A$、$N$ 两点在同一直线上，由 $T_{em}\propto s$ 得 $T_A/T_N=s_A/s_N$。

$s_A=0.6\times0.033=0.02$

$$s_B=\frac{n_1-n_B}{n_1}=（1500-1400）\div1500=0.0667$$

由 $T_N/T_{m1}=2s_N/s_m$、$s_{m1}=s_{m2}$、$T_A=T_B=0.6T_N$ 得

$T_A/T_{m1}=2s_A/s_{m1}$　　（1）

$T_B/T_{m2}=2s_B/s_{m2}$　　（2）

（2）/（1）得　　$T_{m1}/T_{m2}=s_B/s_A$

由 $T_{em}\propto U^2$ 得　　$\frac{U_1}{U_{12}}=\sqrt{\frac{T_{m1}}{T_{m2}}}$

$$U_{12}=U_1\Big/\sqrt{\frac{T_{m1}}{T_{m2}}}=380\div\sqrt{\frac{0.0667}{0.02}}\text{V}=208.1\text{V}$$

### （二）转子串电阻调速

此法只适用于绕线转子异步电动机，绕线转子异步电动机转子串电阻的机械特性如图 5-22 所示。转子串电阻时，最大转矩不变，临界转差率加大。所串电阻越大，运行段特性斜率越大。若带恒转矩负载，原来运行在固有特性上的 $a$ 点，转子串电阻 $R_1$ 后，就运行于 $b$ 点，转速由 $n_a$ 变为 $n_b$，依此类推。

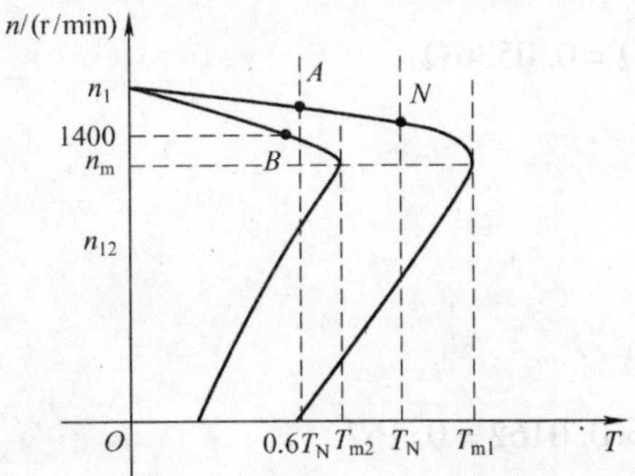


图 5-21　例 5-6 的机械特性图

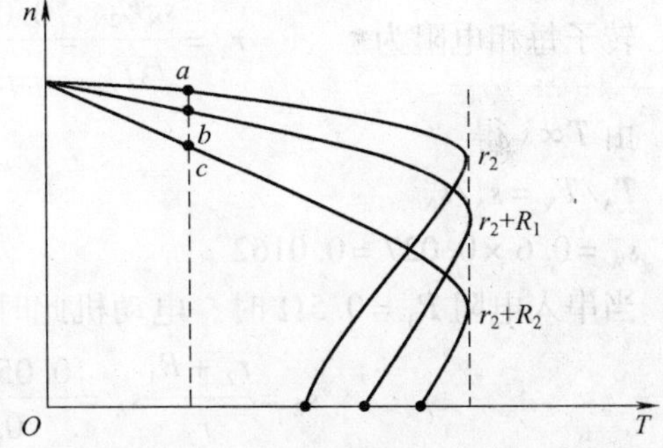


图 5-22　转子串电阻调速的机械特性

根据电磁转矩参数表达式，当 $T_{em}$ 为常数且电压不变时，则有

$$\frac{r_2}{s_a}=\frac{r_2+R_1}{s_b}=\text{常数}\tag{5-11}$$

因而绕线转子异步电动机转子串电阻调速时调速电阻的计算公式为

$$R_1=\left(\frac{s_b}{s_a}-1\right)r_2\tag{5-12}$$

式中，$s_a$ 为转子串电阻前电动机运行的转差率；$s_b$ 为转子串入电阻 $R_1$ 后新稳态时电动机的

转差率；$r_2$ 为转子每相绕组电阻，$r_2/s_N=\dfrac{E_{2N}/\sqrt{3}}{I_{2N}}$，即 $r_2=\dfrac{s_N E_{2N}}{\sqrt{3}I_{2N}}$。

如果已知转子串入的电阻值，要求调速后的电动机转速，则只要将式（5-11）稍加变换，先求出 $s_1$，再求转速 $n$。

在异步电动机中电磁功率 $P_M$、机械功率 $P_\Omega$ 与转子铜损 $p_{Cu2}$ 三者之间的关系为

$$P_M : P_\Omega : p_{Cu2}=1:(1-s):s \tag{5-13}$$

转速越低，转差率 $s$ 越大，转子损耗越大，因此低速时效率不高。

转子回路串电阻属恒转矩调速，其特点和性能如下：

1）绕线转子异步电动机转子回路串电阻调速方法简单，调速设备简单，易于实现。

2）调速方法为分段多级调节，为有级调速，且调速的平滑性较差。

3）由于串电阻调速时，空载转速 $n_0$ 不变，即空载或轻载调速转速变化很小，所以一般用于起重机类的重载调速中。

4）低速时，转差率 $s$ 大，转差功率大，效率低，经济性差。

5）调速范围不大，一般为（2～3）：1，负载小时，调速范围更小。

这种调速方法多用于起重机类的对调速性能要求不高的场合，对泵类负载也能应用。

**【例 5-7】** 一台绕线转子异步电动机：$P_N=75\text{kW}$，$n_N=1460\text{r/min}$，$U_{1N}=380\text{V}$，$I_{1N}=144\text{A}$，$E_{2N}=399\text{V}$，$I_{2N}=116\text{A}$，$\lambda=2.8$，当电动机带动 $T_L=0.6T_N$ 的负载时，试求：

（1）转子回路串入 0.5Ω 电阻，电动机运行的转速为多少？

（2）要求把转速降至 500r/min，转子每相应串多大电阻？

**解：**（1）额定转差率为 $s_N=\dfrac{n_1-n_N}{n_1}=\dfrac{1500-1460}{1500}=0.027$

转子每相电阻为 $$r_2=\frac{s_N E_{2N}}{\sqrt{3}I_{2N}}=\frac{0.027\times 399}{\sqrt{3}\times 116}\Omega=0.0536\Omega$$

由 $T\propto s$ 得

$T_A/T_N=s_A/s_N$

$s_A=0.6\times 0.027=0.0162$

当串入电阻 $R_1=0.5\Omega$ 时，电动机此时转差率 $s_B$ 为

$$s_B=\frac{r_2+R_1}{r_2}s_A=\frac{0.0536+0.5}{0.0536}\times 0.0162=0.167$$

转速 $n_B=(1-s_B)n_1=(1-0.167)\times 1500\text{r/min}=1249.5\text{r/min}$

（2）转子串电阻后转差率为

$$s_B'=\frac{n_1-n}{n_1}=\frac{1500-500}{1500}=0.667$$

转子每相所串电阻为

$$R_1=\left(\frac{s_B'}{s_A}-1\right)r_2=\left(\frac{0.667}{0.0162}-1\right)\times 0.0536\Omega=2.15\Omega$$

机械特性如图 5-23 所示。

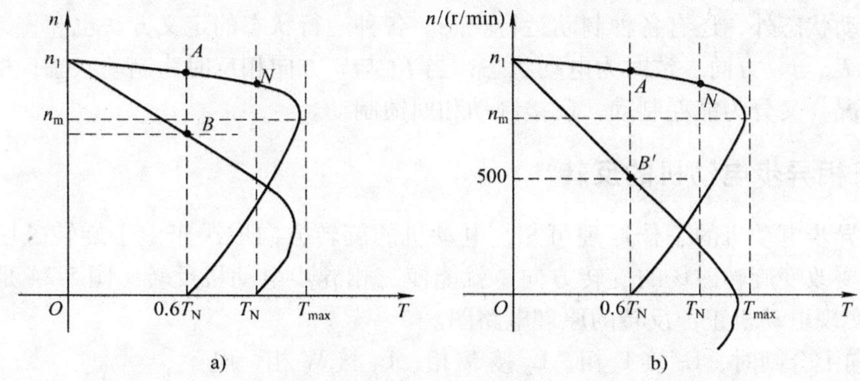


图 5-23　例 5-7 机械特性

a）机械特性（一）　b）机械特性（二）

**（三）串级调速**

所谓串级调速，就是在异步电动机的转子回路串入一个三相对称的附加电动势 $\dot{E}_f$，其频率与转子电动势 $\dot{E}_{2s}$ 相同，改变 $\dot{E}_f$ 的大小和相位，就可以调节电动机的转速。它也是适用于绕线转子异步电动机，靠改变转差率 $s$ 调速。

1. 低同步串级调速

若 $\dot{E}_f$ 和 $\dot{E}_{2s}$ 相位相反，则转子电流 $I_2$ 为

$$I_2=\frac{sE_{20}-E_f}{\sqrt{r_2^2+(sx_2)^2}}$$

电动机的电磁转矩为

$$\begin{aligned}T&=C_T\Phi_m I_2\cos\varphi_2=C_T\Phi_m\frac{sE_{20}-E_f}{\sqrt{r_2^2+(sx_2)^2}}\times\frac{r_2}{\sqrt{r_2^2+(sx_2)^2}}\\&=C_T\Phi_m\frac{sE_{20}r_2}{r_2^2+(sx_2)^2}-C_T\Phi_m\frac{E_f r_2}{r_2^2+(sx_2)^2}=T_1+T_2\end{aligned}\tag{5-14}$$

式中，$T_1$ 为转子电动势产生的转矩；$T_2$ 为附加电动势所引起的转矩。

若拖动恒转矩负载，因 $T_2$ 总是负值，可见串入 $\dot{E}_f$ 后，转速降低了，串入附加电动势越大，转速降得越多。引入 $\dot{E}_f$ 后，使电动机转速降低，称低同步串级调速。

2. 超同步串级调速

若 $\dot{E}_f$ 和 $\dot{E}_{2s}$ 同相位，则 $T_2$ 总是正值。当拖动恒转矩负载时，引入 $\dot{E}_f$ 后，导致转速升高了，则称为超同步串级调速。

串级调速性能比较好，过去由于附加电动势 $\dot{E}_f$ 的获得比较难，长期以来没能得到推广。近年来，随着晶闸管技术的发展，串级调速有了广阔的发展前景。现已日益广泛用于水泵和风机的节能调速，还应用于不可逆轧钢机、压缩机等很多生产机械中。

## 第五节　三相异步电动机的反转与制动

三相异步电动机的电力拖动与直流电动机电力拖动系统一样，要求电动机具有各种运行

状态。除电动状态外，还有各种制动运行状态。各种运行状态的定义方法也和直流电动机的一样，即当 $T_{em}$ 与 $n$ 方向一致时为电动状态；当 $T_{em}$ 与 $n$ 方向相反时为制动状态；根据制动状态中各种情况，又分为能耗制动，反接制动和回馈制动。

## 一、三相异步电动机的反转

从三相异步电动机的工作原理可知，电动机的旋转方向取决于定子旋转磁场的旋转方向。因此只要改变旋转磁场的旋转方向，就能使三相异步电动机反转。图 5-24 是利用控制开关 SA 来实现电动机正、反转的原理电路图。

当 SA 向上合闸时，$L_1$ 接 U 相，$L_2$ 接 V 相，$L_3$ 接 W 相，电动机正转。当 SA 向下合闸时，$L_1$ 接 V 相，$L_2$ 接 U 相，$L_3$ 接 W 相，即将电动机任意两相绕组与电源接线互调，则旋转磁场反向，电动机跟着反转。

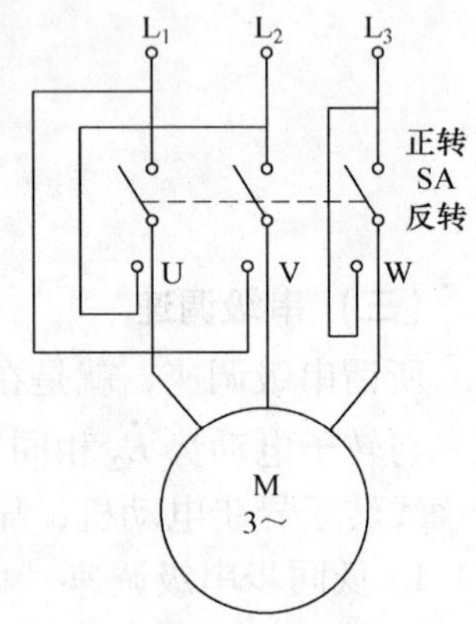

图 5-24　电动机正、反转的原理电路图

## 二、三相异步电动机的制动

电动机除了上述电动状态外，在下述情况运行时，则属于电动机的制动状态。

1）在负载转矩为位能转矩的机械设备中（例如起重机下放重物时，运输工具在下坡运行时）使设备保持一定的运行速度。

2）在机械设备需要减速或停止时，电动机能实现减速和停止。

三相异步电动机的制动方法有下列两类：机械制动和电气制动。机械制动是利用机械装置使电动机从电源切断后能迅速停转。它的结构有好几种形式，应用较普遍的是电磁抱闸，它主要用于起重机械上吊重物时，使重物迅速而又准确地停留在某一位置上。

电气制动是使异步电动机所产生的电磁转矩和电动机的旋转方向相反。电气制动通常可分为能耗制动、反接制动和再生制动等三类。

### （一）能耗制动

方法：将运行着的异步电动机的定子绕组从三相交流电源上断开后，立即接到直流电源上，如图 5-25 所示，用断开 $QS_1$，闭合 $QS_2$ 来实现。

当定子绕组通入直流电源时，在电动机中将产生一个恒定磁场。转子因机械惯性继续旋转时，转子导体切割恒定磁场，在转子绕组中产生感应电动势和电流，转子电流和恒定磁场作用产生电磁转矩，根据右手定则可以判定电磁转矩的方向与转子转动的方向相反，为制动转矩。在制动转矩作用下，转子转速迅速下降，当 $n=0$ 时，$T=0$，制动过程结束。这种方法是将转子的动能转变为电能，消耗在转子回路的电阻上，所以称能耗制动。

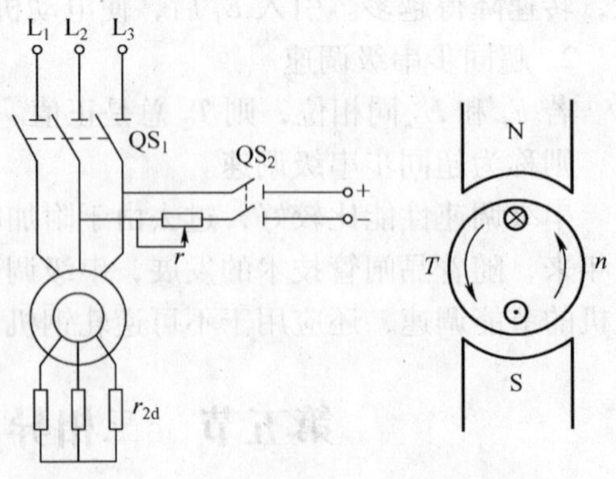

图 5-25　能耗制动原理图

如图 5-26 所示，电动机正向运行时工作在

固有机械特性 1 上的 $a$ 点。定子绕组改接直流电源后，因电磁转矩与转速反向，因而能耗制动时机械特性位于第二象限，如曲线 2。电动机运行点也移至 $b$ 点，并从 $b$ 点顺曲线 2 减速到 $O$ 点。

对于采用能耗制动的异步电动机，既要求有较大的制动转矩，又要求定子、转子回路中电流不能太大而使绕组过热。根据经验，能耗制动时对笼型异步电动机，取直流励磁电流为（4～5）$I_0$，对绕线转子异步电动机取（2～3）$I_0$，制动所串电阻为

$$r=(0.2\sim0.4)\frac{E_{2N}}{\sqrt{3}I_{2N}}$$

能耗制动的优点是制动力强，制动较平稳。缺点是需要一套专门的直流电源供制动用。

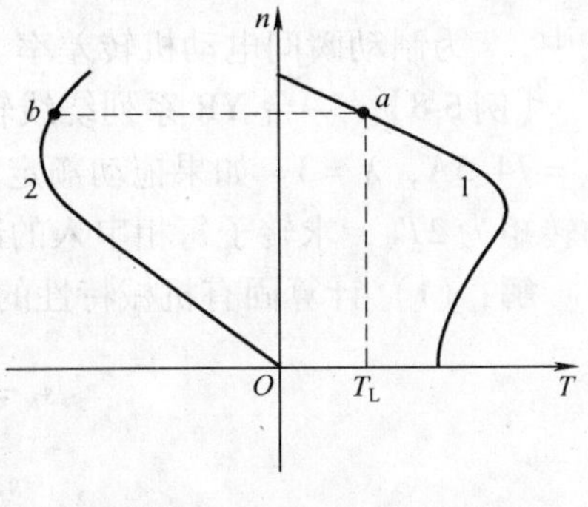

图 5-26　能耗制动机械特性

1—固有机械特性　2—能耗制动机械特性

**（二）反接制动**

反接制动分为电源反接制动和倒拉反接制动两种。

1. 电源反接制动

方法：改变电动机定子绕组与电源的连接相序，如图 5-27 所示，断开 $QS_1$，接通 $QS_2$ 即可。电源的相序改变，旋转磁场立即反转，而使转子绕组中感应电动势、电流和电磁转矩都改变方向，因机械惯性，转子转向未变，电磁转矩与转子的转向相反，电动机进行制动，称为电源反接制动。如图 5-28 所示，制动前，电动机工作在曲线 1 的 $a$ 点，电源反接制动时，$n_1<0$，$n>0$，相应的转差率 $s=\frac{-n_1-n}{-n_1}>1$，且电磁转矩 $T<0$，机械特性如图 5-28 中曲线 2 所示。因机械惯性，转速瞬时不变，工作点由 $a$ 点移至 $b$ 点，并逐渐减速，到达 $c$ 点时，$n=0$，此时切断电源并停车。如果是位能性负载，则必须用制动器，否则电动机会反向起动旋转。一般为了限制制动电流和增大制动转矩，绕线转子异步电动机可在转子回路串入制动电阻，其特性如图 5-28 中曲线 3 所示，制动过程同上。

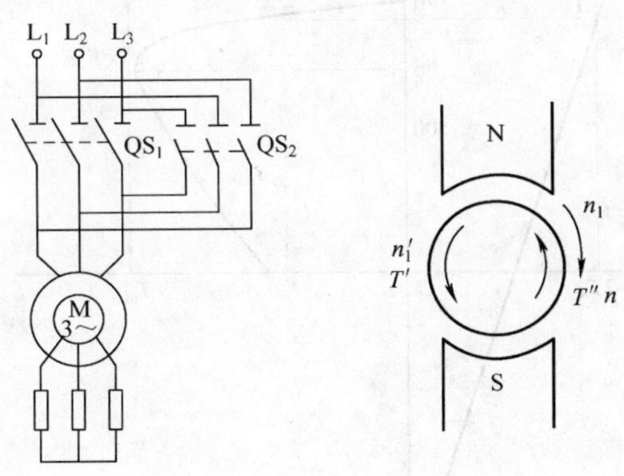

图 5-27　绕线转子异步电动机电源反接制动图

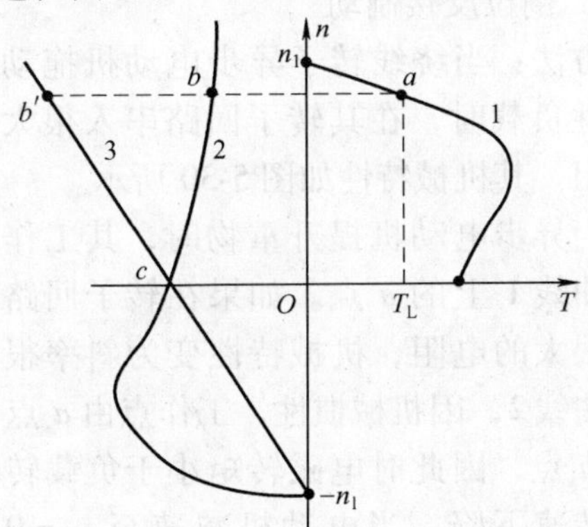

图 5-28　电源反接制动的机械特性

制动电阻 $r$ 的计算公式为

$$r=\left(\frac{s_m'}{s_m}-1\right)r_2 \tag{5-15}$$

式中，$s_m$ 为对应固有机械特性曲线的临界转差率；$s_m'$为转子串电阻后机械特性的临界转差率，即

$$s_m' = s\left(\frac{\lambda T_N}{T} + \sqrt{\left(\frac{\lambda T_N}{T}\right)^2 - 1}\right)$$

式中，$s$ 为制动瞬间电动机转差率。

【例 5-8】　一台 YR 系列绕线转子异步电动机，$P_N = 20\text{kW}$，$n_N = 720\text{r/min}$，$E_{2N} = 197\text{V}$，$I_{2N} = 74.5\text{A}$，$\lambda = 3$。如果拖动额定负载运行，采用反接制动停车，并要求制动开始时最大制动转矩为 $2T_N$，求转子每相串入的制动电阻。

**解**：（1）计算固有机械特性的 $s_N$、$r_2$、$s_A$：

$$s_N = \frac{n_1 - n_N}{n_1} = \frac{750 - 720}{750} = 0.04$$

$$r_2 = \frac{s_N E_{2N}}{\sqrt{3} I_{2N}} = \frac{0.04 \times 197}{\sqrt{3} \times 74.5}\Omega = 0.061\Omega$$

制动时瞬间转差率为　$$s_A = \frac{-n_1 - n}{-n_1} = \frac{750 + 720}{750} = 1.96$$

（2）由 $T_N/T_{max} = 2s_N/s_m$、$T_{m1} = T_{m2}$ 得

$T_N/T_{m1} = 2s_N/s_{m1}$　①

$T_A/T_{m2} = 2s_A/s_{m2}$　②

①/②得　$T_N/T_A = (s_N/s_A) \times (s_{m2}/s_{m1})$　　$s_{m2}/s_{m1} = 1/2 \times s_A/s_N$

由 $s_m \propto r_2$ 得　　$s_{m1}/s_{m2} = r_2/(r_2 + R)$

$$R = \left(\frac{s_{m2}}{s_{m1}} - 1\right) r_2 = \left(\frac{1.96}{2 \times 0.04} - 1\right) \times 0.061\Omega = 1.434\Omega$$

例 5-8 机械特性如图 5-29 所示。

2. 倒拉反接制动

方法：当绕线转子异步电动机拖动位能性负载时，在其转子回路串入很大的电阻。其机械特性如图 5-30 所示。

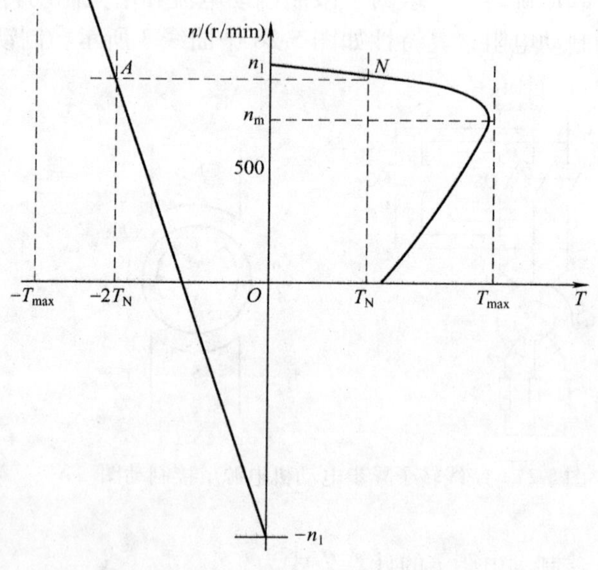


图 5-29　例 5-8 机械特性

当异步电动机提升重物时，其工作点为曲线 1 上的 $a$ 点。如果在转子回路串入很大的电阻，机械特性变为斜率很大的曲线 2，因机械惯性，工作点由 $a$ 点移至 $b$ 点，因此时电磁转矩小于负载转矩，转速下降。当电动机减速至 $n = 0$ 时，电磁转矩仍小于负载转矩，在位能负载的作用下，使电动机反转，直至电磁转矩等于负载转矩，电动机才稳定运行于 $c$ 点。因这是由于重物倒拉引起的，所以称为倒拉反接制动（或称倒拉反接运行），其转差率为

$$s=\frac{n_1-(-n)}{n_1}=\frac{n_1+n}{n_1}>1$$

与电源反接制动一样，$s$ 都大于1。

绕线转子异步电动机倒拉反接制动状态，常用于起重机低速下放重物。

【例 5-9】　例 5-8 的电动机负载为额定值，即 $T_L=T_N$。求：

（1）电动机欲以 300r/min 下放重物，转子每相应串入多大的电阻？

（2）当转子串入电阻为 $r=9r_2$ 时，电动机转速多大，运行在什么状态？

（3）当转子串入电阻为 $r=39r_2$ 时，电动机转速多大，运行在什么状态？

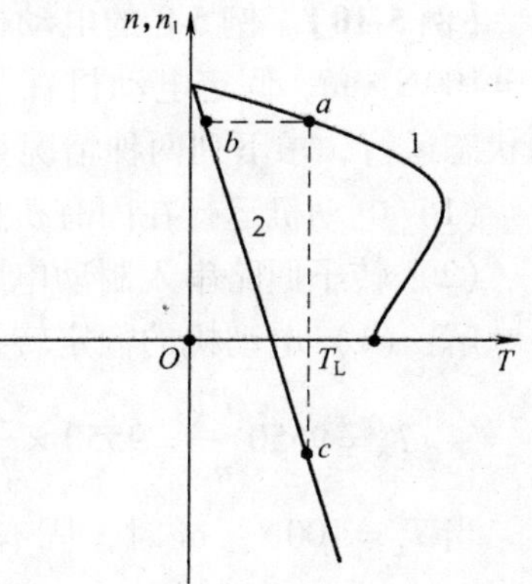


图 5-30　倒拉反接制动机械特性

**解：**（1）通过例 5-8 知，$r_2=0.061\Omega$。

起重机下放重物，则 $n=-300\text{r/min}<0$，$T_L=T_N>0$，所以工作点位于第四象限，如图 5-30 中 $c$ 点。

$$s=\frac{n_1-n}{n_1}=\frac{750-(-300)}{750}=1.4$$

当 $T_L=T_N$ 时，$s_N=0.04$，转子应串电阻为

$$r=\left(\frac{s}{s_N}-1\right)r_2=\left(\frac{1.4}{0.04}-1\right)\times0.061\Omega=2.074\Omega$$

（2）$r=9r_2$、$T_L=T_N$ 时的转差率为

$$s=\frac{r+r_2}{r_2}s_N=\frac{(9+1)r_2}{r_2}\times0.04=0.4$$

电动机转速为

$$n=n_1(1-s)=750\times(1-0.4)\text{r/min}=450\text{r/min}$$

工作点在第一象限，电动机运行于正向电动状态（提升重物）。

（3）$r=39r_2$，此时的转差率为

$$s=\frac{r+r_2}{r_2}s_N=\frac{(39+1)r_2}{r_2}\times0.04=1.60$$

电动机转速为

$$n=n_1(1-s)=750\times(1-1.6)=-450\text{r/min}<0$$

工作点在第四象限，电动机运行于倒拉反接制动状态（下放重物）。

**（三）回馈制动**

方法：使电动机在外力（如起重机下放重物）作用下，电动机的转速超过旋转磁场的同步转速，如图 5-31 所示。起动电动机下放重物，在下放开始时，$n<n_1$，电动机处于电动状态，如图 5-31a 所示。在位能转矩作用下，电动机的转速大于同步转速时，转子中感

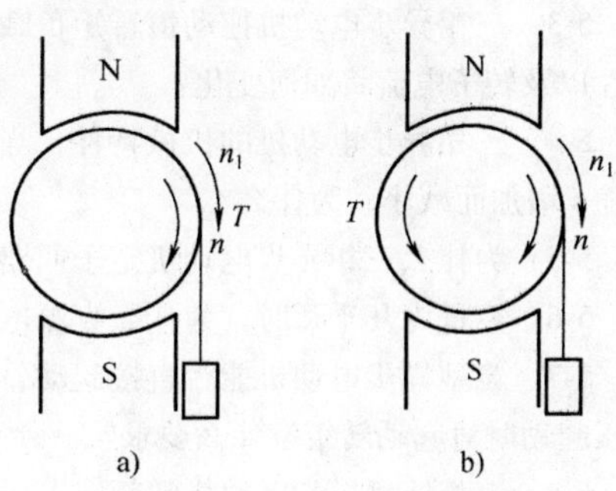


图 5-31　回馈制动原理图

a）$n<n_1$ 电动运行　b）$n>n_1$ 回馈制动

应电动势、电流和转矩的方向都发生了变化，如图 5-31b 所示，转矩方向与转子转向相反，成为制动转矩。此时电动机将机械能转变为电能馈送电网，所以称回馈制动。

制动时工作点如图 5-32 的 $a$ 点所示（曲线 2），转子回路所串电阻越大，电动机下放重物的速度越快（曲线 3）。为了限制下放速度，转子回路不应串入过大的电阻。

**【例 5-10】** 例 5-8 的电动机，电动机轴上的负载转矩 $T_L=100\text{N}\cdot\text{m}$，假定电动机在下列两种情况下，以回馈制动状态运行，求下列两种情况下的特性。

（1）电动机运行在固有机械特性上下放重物；

（2）转子回路串入制动电阻 $r=0.112\Omega$。

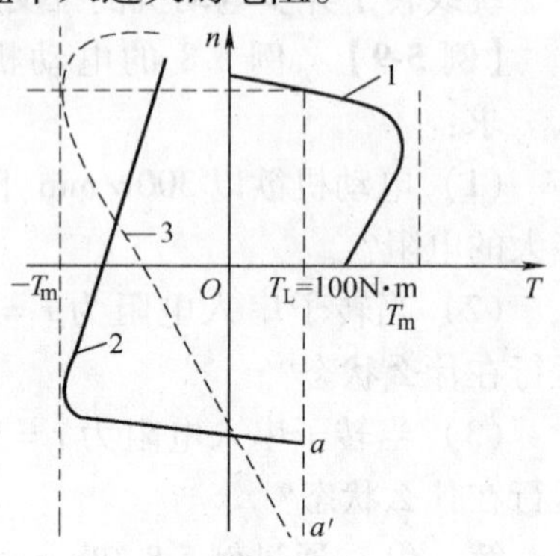


图 5-32　回馈制动机械特性

1—固有特性，电动机上升运行

2—固有特性，电动机下降运行

3—转子串电阻，电动机下降运行

**解：**（1）电动机的额定转矩为

$$T_N=9550\frac{P_N}{n_N}=9550\times\frac{20}{720}\text{N}\cdot\text{m}=265\text{N}\cdot\text{m}$$

当 $T_L=100\text{N}\cdot\text{m}$ 时，固有机械特性上工作点的转差率为

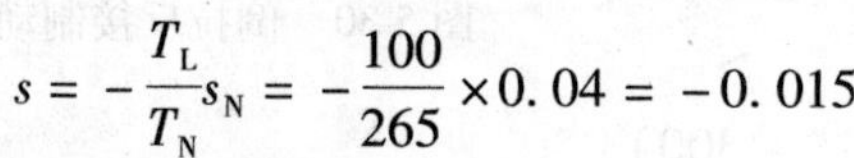

$$s=-\frac{T_L}{T_N}s_N=-\frac{100}{265}\times0.04=-0.015$$

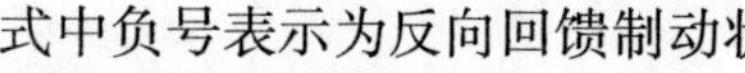

式中负号表示为反向回馈制动状态。

电动机的转速为

$$n=-n_1(1-s)=-750\times(1+0.015)\text{r/min}=761\text{r/min}$$

（2）转子串入电阻后，工作点如图 5-32 中 $a'$ 点所示。

$$s'=\frac{r+r_2}{r_2}s=\frac{0.112+0.06}{0.06}\times(-0.015)=-0.043$$

电动机的转速为

$$n=-n_1(1-s)=-750\times(1+0.043)\text{r/min}=-782\text{r/min}$$

## 思考题与习题

5-1　何谓三相异步电动机的固有机械特性和人为机械特性。

5-2　三相异步电动机的定子电压、转子电阻及定转子漏电抗，对最大转矩、临界转差率及起动转矩有何影响？

5-3　三相异步电动机拖动恒转矩负载运行在额定状态，$T_L=T_N$。如果电压突然降低，那么电动机机械特性以及转子电流将如何变化？

5-4　三相异步电动机的机械特性，当 $0<s<s_m$ 时，电磁转矩 $T$ 随 $s$ 增加而增大，当 $s_m<s<1$ 时电磁转矩随 $s$ 增加而减小，为什么？

5-5　为什么三相异步电动机定子回路串入三相电阻和电抗时有最大转矩和临界转差率？

5-6　容量为几千瓦时，为什么直流电动机不允许直接起动而三相笼型异步电动机却可以直接起动？

5-7　笼型异步电动机能否直接起动，主要考虑哪些条件？不能直接起动时为什么可以采用减压起动？减压起动时对起动转矩有什么要求？

5-8　三相笼型异步电动机的额定电压为 380/220V，电网电压为 380V 时能否采用Y－△起动？

5-9　绕线转子异步电动机起动时，转子串入适当的电阻使起动电流减小，而起动转矩反而增大了，这是为什么？

5-10　笼型异步电动机采用反接制动时，为什么每小时的制动次数不能太多？

5-11　一台三相异步电动机的额定数据为 $P_N = 7.5\text{kW}$，$f_N = 50\text{Hz}$，$n_N = 1440\text{r/min}$，$\lambda_m = 2.2$，求：(1) 临界转差率 $s_m$；(2) 实用机械特性表达式；(3) 电磁转矩为多大时电动机的转速为 1300r/min；(4) 绘出电动机的固有机械特性曲线。

5-12　某生产机械用绕线转子三相异步电动机拖动，其有关数据为 $P_N = 40\text{kW}$，$n_N = 1400\text{r/min}$，$E_{2N} = 420\text{V}$，$I_{2N} = 61.5\text{A}$，$\lambda_m = 2.6$。起动时负载转矩 $T_L = 0.75T_N$，求转子串电阻三级起动的电阻值。

5-13　某生产机械用绕线转子三相异步电动机拖动，其有关数据为 $P_N = 5\text{kW}$，$n_N = 960\text{r/min}$，$U_N = 380\text{V}$，$E_{2N} = 164\text{V}$，$I_{2N} = 20.6\text{A}$，$\lambda_m = 2.3$。拖动 $T_L = 0.75T_N$ 的恒转矩负载运行，现采用电源反接制动进行停车，要求最大制动转矩为 $1.8T_N$，求转子每相应串接多大的制动电阻？

5-14　一台三相绕线转子异步电动机的有关数据为 $P_N = 22\text{kW}$，$I_{1N} = 43.9\text{A}$，$n_N = 1460\text{r/min}$，$E_{2N} = 355\text{V}$，$I_{2N} = 40\text{A}$，$\lambda_m = 2$。要使电动机满载时的转速调到 1050r/min，转子每相应串接多大的电阻？

5-15　一台三相笼型异步电动机的数据为 $P_N = 11\text{kW}$，$f_N = 50\text{Hz}$，$n_N = 1460\text{r/min}$，$U_N = 380\text{V}$，$\lambda_m = 2$。如果采用变频调速，当负载转矩为 $0.8T_N$ 时，要使 $n = 1000\text{r/min}$，则 $f_1$ 及 $U_1$ 应为多少？

# 第六章　同步电动机

同步电机可以分为同步发电机、同步电动机和同步补偿机三大类。同步发电机应用十分广泛，现在世界上几乎所有的发电厂都用同步发电机发电，也就是说，现在几乎所有的电能都是由同步发电机发出来的。同步电动机过去虽然有起动比较困难、不易调速等缺点，限制了它的应用，但因为它可以通过调节励磁电流改善电网功率因数，所以多数用在大型不调速设备中。近年来，由于交流变频技术的发展，解决了它的变频电源问题，从而使同步电动机的起动和调速问题都得到了解决，因此，同步电动机的应用场合大为增加，在矿井卷扬机、可逆轧机这样一些要求非常高的电力拖动系统中得到了广泛的应用，并且相当成功。小功率的永磁同步电动机，由变频电源供电，组成了新一代的交流伺服系统，在数控机床和机器人等领域也越来越显示出它的优越性。同步补偿机实际上是空载运行的同步电动机，只用来向电网发出电感性或电容性无功功率，以满足电网对无功功率的需求，从而改善电网的功率因数。微型同步电动机则由于具有结构简单、成本低廉、运行可靠、体积小和同步特性，在控制领域中得到广泛应用。

## 第一节　同步电机的基本结构与工作原理

### 一、同步电机的基本结构

同步发电机、同步电动机和同步补偿机的基本结构完全一样，都是由定子和转子两大部分组成的。

#### （一）定子

同步电机定子与异步电机定子结构基本相同，也是由铁心、定子绕组、机座和端盖等部分组成的。铁心也是由硅钢片叠成的。大型同步电机由于尺寸太大，硅钢片常制成扇形。定子绕组也是三相对称绕组。大型高压同步电机定子绕组绝缘性能要求较高，常用云母绝缘。机座和端盖的作用也与异步电机相同，主要起支撑和固定作用。

#### （二）转子

同步电机转子与异步电机转子有所不同，它的转子有固定的磁极，通过电刷和集电环送入的直流励磁电流励磁，产生固定极性的磁极。同步电机转子结构有两种类型，即凸极式和隐极式。

凸极式转子如图 6-1a 所示。磁极的形状与直流电机磁极相似，铁心常由普通硅钢片冲压后叠成，磁极上装有成形的集中直流励磁绕组。绕组的连接应使 N 极和 S 极在电机圆周上交替排列。凸极式转子结构简单，制造方便，制成多极比较容易，但机械强度较低，所以它适用于低速、多极同步电机。在发电机中，水轮机属低速机械，由 $n_1=60f_1/p$ 可知，当工业频率为 50Hz（个别国家为 60Hz）时，低速必然多极，所以水轮发电机都是低速、多极的凸极式同步发电机。同步电动机大多数也是容量较大、转速较低的凸极同步电动机。

凸极同步电机的特点是气隙不均匀，转子磁极中心附近气隙最小，磁阻也小。而在转子磁极的几何中线处气隙最大，磁阻也大，磁导最小。因此，磁通所走路径不同，所遇磁导不同，对应的电抗参数也不一致，这是由凸极电机结构决定的。

隐极式转子如图 6-1b 所示，转子呈圆柱形，无明显磁极，通常由整块铸钢制成，在圆周的三分之二部分铣有槽和齿，槽中有分布式直流励磁绕组，转子圆周没开槽的三分之一部分称为大齿，是磁极的中心区域。隐极式转子制造工艺比较复杂，但它的机械强度较好，适用于极数少、速度高的同步电机。汽轮机本身是高速机械，所以汽轮发电机都是极数较少、转速较高的隐极同步电机。

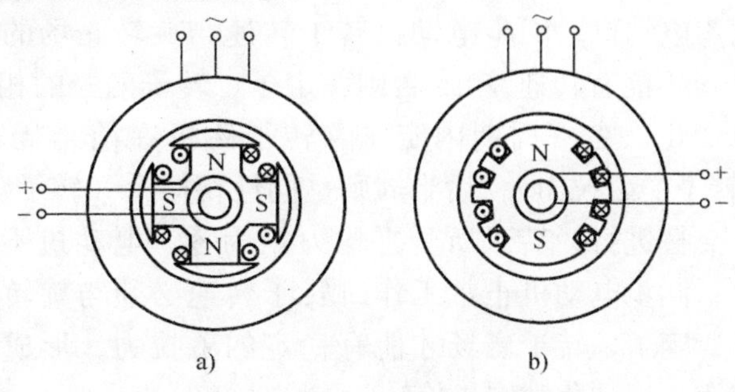


图 6-1　同步电机转子结构
a）凸极式　b）隐极式

隐极同步电机的气隙均匀，所以磁通无论走哪一条路径，不管是在磁极中心处还是在几何中性线处，所走路径的磁导都相同，对应的电抗也无变化。

此外，同步电机转子磁极表面都装有类似笼型异步电机转子的短路绕组，在发电机中称为阻尼绕组，在正常运行时起稳定作用，在电动机中称为起动绕组，异步起动时它是起动绕组，同步运行时也起稳定作用。

以上讲的同步电机都是磁极旋转式的，在同步电机发展初期还有一种电枢旋转式同步电机，磁极在定子（定子结构与直流电机相似）上，转子上装三相电枢绕组，三相电流通过集电环和电刷引出（转子结构与绕线转子异步电机的转子相似）。这种结构的同步电机仅在容量较小时工作，当容量增大时，由于集电环和电刷流过的电流不能太大，所加电压也不能太高，因此，这种电枢旋转式同步电机不能适应大容量的要求，逐渐被现在的磁极旋转式所替代。磁极旋转式转子加的是直流励磁电流，它的容量仅为电机容量的百分之几，电压不高，电流也不大，可使用电刷和集电环，因此现代的同步电机多为磁极旋转式的，而电枢旋转式同步电机仅在小容量时偶尔遇到。

## 二、同步电机的工作原理

同步发电机的作用是由原动机拖动旋转，把机械能转变成电能。当转子直流励磁绕组送入直流励磁电流后，形成固定极性的磁场，这个转子固定磁场切割定子绕组（或者说定子绕组作切割磁力线运动），在定子三相对称绕组中将感应出三相对称电动势，成为三相交流电源。如果发电机作为电源单独给负载供电，则对电源频率的要求并不十分严格，对原动机的转速要求也不很严格。但现代的发电机，绝大多数都是向大电网并网供电，这就对同步发电机的频率要求比较严格了，我国电网频率为 50Hz，所以发电机发出的电动势频率也必须为 50Hz，如果发电机的频率与电网频率不等将会造成严重事故。由 $f=pn_1/60$ 可知，为保证频率为 50Hz，电机的极对数 $p$ 与转速 $n_1$ 的乘积必须等于常数（3000），因此对应极对数 $p$ 为 1、2、3 的同步电机，转速 $n_1$ 必须分别为 3000r/min、1500r/min、1000r/min 等同步转速。

同步电动机定子三相绕组接入三相电网后，定子三相对称绕组中流过三相对称电流，产生三相旋转磁场，转子励磁绕组接入直流励磁电流后产生固定极性的磁场，旋转磁场的磁极对转子异性磁极的磁拉力牵引转子与旋转磁场同速旋转，如图 6-2 所示，这就是同步电动机的简单工作原理。由于转子转速与旋转磁场转速相同，故称同步电动机。同步电动机转子转速与旋转磁场的转速必须相等（不能有转速差）。否则，定子、转子磁极的相对位置就不断变化，在一周期内定子、转子磁极在前半周异性相吸引（转子受磁拉力），后半周则是同性相排斥（转子受推力），这样交替进行，转子所受平均力矩为零，电动机不能运转。因此，同步电动机正常工作时转子转速必须与旋转磁场转速相等，定子、转子磁场才能有稳定的磁拉力，形成固定的电磁转矩，拖动负载同步旋转。

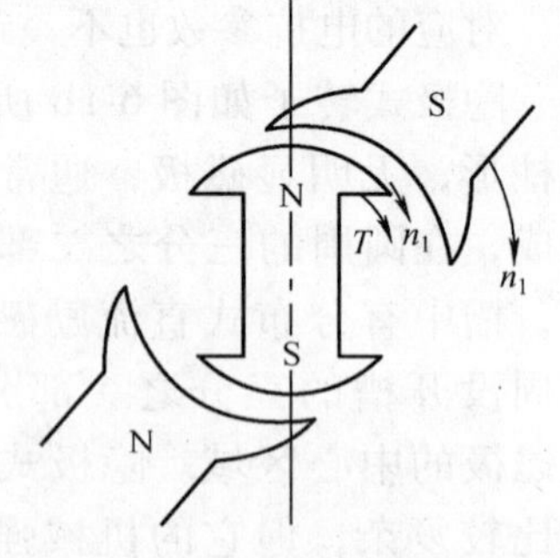


图 6-2　同步电动机工作原理

# 第二节　同步电动机的电动势相量图

## 一、隐极同步电动机的方程式和相量图

在分析同步电动机方程式和相量图之前，先来复习一下同步电动机主磁路中的磁动势。同步电动机工作时电枢三相绕组通入三相对称电流，产生一个旋转磁动势，它以同步转速 $n_1$ 在气隙圆周上旋转，通常称为电枢磁动势，以 $F_a$ 表示。转子励磁绕组通入直流励磁电流之后，产生主磁极磁动势，也称直流磁动势，以 $F_0$ 表示。同步电动机正常工作时 $F_a$ 和 $F_0$ 同速同向旋转，相互叠加形成一个合成磁动势 $\sum F$，即

$$\sum F = F_0 + F_a \tag{6-1}$$

磁动势 $\sum F$、$F_0$ 和 $F_a$ 切割定子绕组，在绕组中感生相应的电动势 $\dot{E}_1$、$\dot{E}_0$ 和 $\dot{E}_a$，并且有

$$\dot{E}_1 = \dot{E}_0 + \dot{E}_a \tag{6-2}$$

仿照分析异步电动机的方法，写出同步电动机定子一相绕组的电动势方程式，即

$$\dot{U}_1 = -\dot{E}_1 + \dot{I}_1 r_1 + \mathrm{j}\dot{I}_1 x_\sigma \tag{6-3}$$

式中，$r_1$ 为定子绕组电阻；$x_\sigma$ 为定子漏电抗；$\dot{E}_1$ 为合成磁动势 $\sum F$ 产生的合成电动势。

考虑到一般同步电动机容量都较大，电阻 $r_1$ 很小，所以常常略去方程式中的 $\dot{I}_1 r_1$ 项，再把式（6-2）代入式（6-3），有

$$\dot{U}_1 = -\dot{E}_0 - \dot{E}_a + \mathrm{j}\dot{I}_1 x_\sigma$$

再仿照在变压器和异步电动机中用过的将漏抗电动势写成漏抗电压降的方法，把电枢磁动势 $F_a$ 感生的电动势 $\dot{E}_a$ 写成电抗电压降 $\dot{E}_a = -\mathrm{j}\dot{I}_1 x_a$ 的形式，$x_a$ 称为电枢电抗（也称电枢反应电抗），它对应主磁路，所以 $x_a$ 要比 $x_\sigma$ 大很多，通常 $x_a$ =（5 ~ 8）$x_\sigma$，于是方程式变为

$$\dot{U}_1 = -\dot{E}_0 + \mathrm{j}\dot{I}_1 x_a + \mathrm{j}\dot{I}_1 x_\sigma = -\dot{E}_0 + \mathrm{j}\dot{I}_1 x_c \tag{6-4}$$

式中，$x_c = x_a + x_\sigma$ 称为隐极同步电动机的同步电抗。

绘出对应式（6-3）和式（6-4）的定子一相等效电路，如图 6-3a、b 所示。绘出对应式（6-4）的电动势相量图，如图 6-4 所示。图中电流 $\dot{I}_1$ 超前于外加电压 $\dot{U}_1$，这是同步电动机

经常的工作状态，它可以通过调节直流励磁电流得到，目的是使同步电动机在拖动负载做功时，提高电网的功率因数。

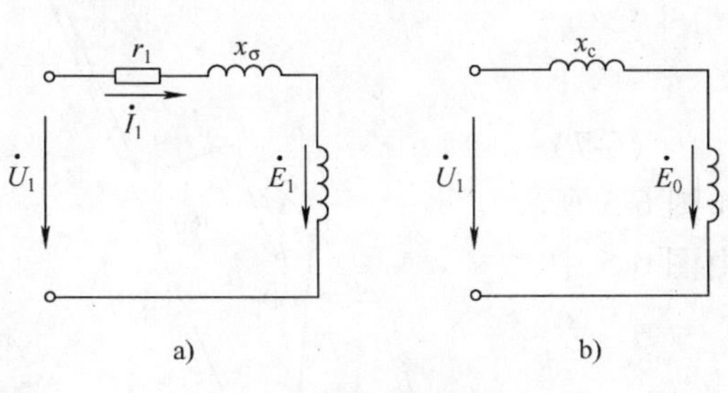


图 6-3　定子等效电路

a）对应式（6-3）　b）对应式（6-4）

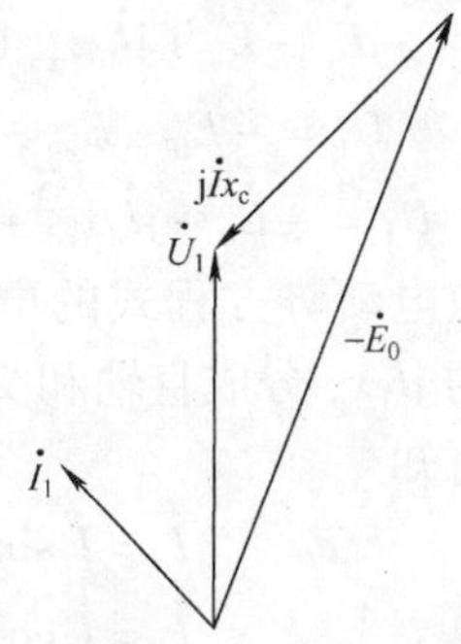


图 6-4　隐极同步电动机电动势相量图

隐极同步电动机无明显磁极，气隙均匀，电枢磁动势无论处于气隙圆周的哪一位置，所受的磁阻都是相等的，电抗也是不变的，若不考虑磁饱和引起的非线性，电枢反应电抗 $x_a$ 和定子漏电抗（同步电抗）$x_\sigma$ 都是常数。

## 二、凸极同步电动机的相量图

凸极同步电动机有明显的磁极，气隙不均匀，电枢磁动势处于气隙圆周的不同位置时所受的磁阻不一样，相应的电抗 $x_a$ 和 $x_\sigma$ 都不是常值。当电枢磁动势与主磁极轴线重合时，磁路的气隙最小，磁阻也最小，磁导最大，对应的电抗（称为电枢反应直轴同步电抗）也最大，以 $x_{ad}$ 表示。当电枢磁动势处于主磁极的几何中线时，这时磁路气隙最大，磁阻也最大，磁导最小，相应的电抗（称为电枢反应交轴同步电抗）也最小，以 $x_{aq}$ 表示。当电枢磁动势处于上述两种位置之间时，相应的磁阻、磁导及电枢反应的电抗也处于两者之间，且随位置不同而变化。因此凸极同步电动机的电动势方程式不能用隐极同步电动机来计算。常把电枢磁动势分成直轴和交轴两个分量，分别来加以处理，这就是有名的双边反应原理。

如果不考虑磁路饱和引起的非线性，也不考虑磁动势中的高次谐波，只考虑磁动势和磁感应强度中的基波分量，这时无论电枢磁动势处于气隙圆周的任何位置，都可把它分成两个分量，一个分量在转子磁极的轴线上，与主磁极磁动势同轴，叫做电枢磁动势的直轴分量，以 $F_{ad}$ 表示。另一个分量在转子磁极的几何中线上，叫做电枢磁动势的交轴分量，以 $F_{aq}$ 表示。

$F_{ad}$ 与 $F_{aq}$ 在空间正交，这样电枢磁动势表示为

$$F_a = F_{ad} + F_{aq} \tag{6-5}$$

$F_{ad}$ 与 $F_{aq}$ 也是在气隙圆周上以 $n_1$ 速度旋转的磁动势，它们在定子绕组中的感应电动势 $\dot{E}_{ad}$ 和 $\dot{E}_{aq}$ 正是电枢磁动势在定子绕组中产生的感应电动势 $\dot{E}_a$ 的两个分量，有

$$\dot{E}_a = \dot{E}_{ad} + \dot{E}_{aq} \tag{6-6}$$

$\dot{E}_{ad}$ 是 $F_{ad}$ 旋转在定子绕组中感生的电动势，$F_{ad}$ 作用在主磁极轴线上，对应的电抗为 $x_{ad}$，所以 $\dot{E}_{ad}$ 可以用电流的直轴分量 $\dot{I}_d$（它产生 $F_{ad}$）和 $x_{ad}$ 的乘积表示，写成 $\dot{E}_{ad} = -j\dot{I}_d x_d$。同理 $\dot{E}_{aq}$ 是 $F_{aq}$ 旋转在定子绕组中感应的电动势，它也可以用电流的交轴分量 $\dot{I}_q$（它产生 $F_{aq}$）和 $x_{aq}$ 的乘积来表示，写成 $\dot{E}_{aq} = -j\dot{I}_q x_{aq}$。这里 $x_{ad}$ 和 $x_{aq}$ 是对应直轴和交轴磁路的电枢反应电抗，

如果不考虑磁路饱和的影响，$x_{ad}$和 $x_{aq}$都是常数。这样就可以写出凸极同步电动机的电动势方程式，对凸极同步电动机进行计算。它的电动势方程式为

$$\dot{U}_1 = -\dot{E}_0 - \dot{E}_a + j\dot{I}_0 x_\sigma \quad \text{（略去电阻 } r_1 \text{ 项）}$$

$$\dot{U}_1 = -\dot{E}_0 - \dot{E}_{ad} - \dot{E}_{aq} + j\dot{I}_1 x_\sigma$$

$$\dot{U}_1 = -\dot{E}_0 + j\dot{I}_d x_{ad} + j\dot{I}_q x_{aq} + j\dot{I}_1 x_\sigma \qquad (6\text{-}7)$$

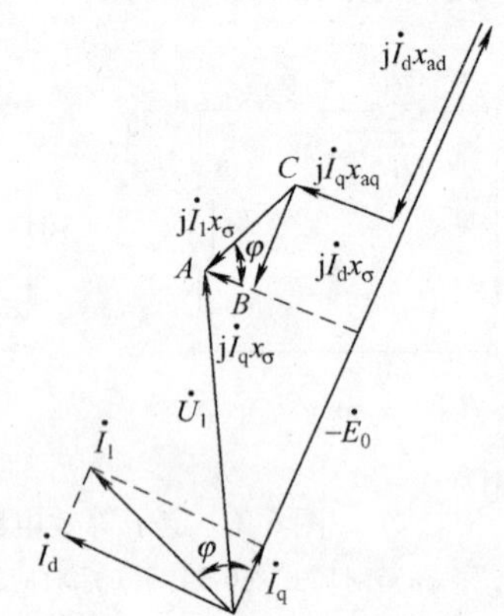

图 6-5　凸极同步电动机电动势相量图［对应式（6-7）］

绘出对应电动势方程式的电动势相量图，如图 6-5 所示，将图中的 $j\dot{I}_1 x_\sigma$ 分成直轴和交轴两个分量，由图 6-5 中的几何关系可知

$$\dot{I}_d = \dot{I}_1 \sin\varphi$$

$$\dot{I}_q = \dot{I}_1 \cos\varphi$$

在△ABC 中，∠A = ∠φ

$$BC = AC\sin\varphi = I_1 x_\sigma \sin\varphi = I_d x_\sigma$$

$$AB = AC\cos\varphi = I_1 x_\sigma \cos\varphi = I_q x_\sigma$$

从而可得

$$j\dot{I}_1 x_\sigma = j\dot{I}_d x_\sigma + j\dot{I}_q x_\sigma \qquad (6\text{-}8)$$

将式（6-8）代入式（6-7），则有

$$\dot{U}_1 = -\dot{E}_0 + j\dot{I}_d x_{ad} + j\dot{I}_q x_{aq} + j\dot{I}_d x_\sigma + j\dot{I}_q x_\sigma$$

$$\dot{U}_1 = -\dot{E}_0 + j\dot{I}_d x_d + j\dot{I}_q x_q \qquad (6\text{-}9)$$

式中，$x_d = x_{ad} + x_\sigma$ 为直轴同步电抗；$x_q = x_{aq} + x_\sigma$ 为交轴同步电抗。

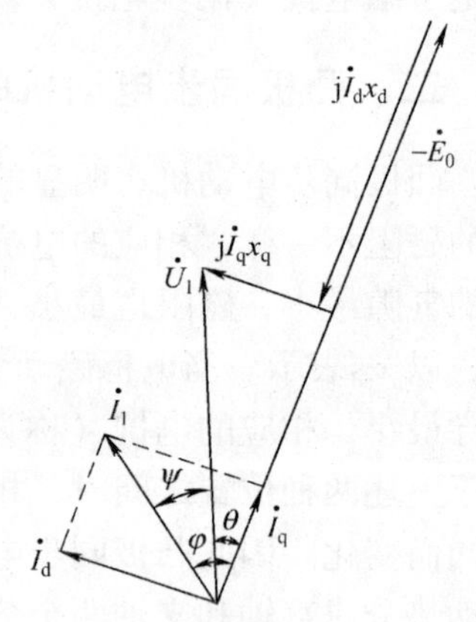

图 6-6　凸极同步电动机电动势相量图［对应式（6-9）］

对隐极同步电动机，$x_d = x_q = x_\sigma$，式（6-9）变为 $\dot{U}_1 = -\dot{E}_0 + j\dot{I}_1 x_c$，这正是隐极同步电动机的电动势方程式。$x_{ad}$、$x_{aq}$、$x_d$、$x_q$、$x_\sigma$、$x_c$ 都是同步电动机的重要参数，必须很好地弄清它们的意义。绘出对应电动势方程式［式（6-9）］的电动势相量图，如图 6-6 所示。其中 $\varphi$ 是功率因数角，$\psi$ 是内功率因数角，$\theta$ 是功角，三者之间有如下关系：

$$\varphi = \theta + \psi$$

## 第三节　同步电动机的功率、转矩和功（矩）角特性

在研究直流电动机和异步电动机时，着重分析了它们的机械特性 $T = f(n)$，而在同步电动机中，由于转速不随转矩而变化，机械特性是一条水平直线，从它上面不易看清转矩的变化关系，因此需要找出同步电动机转矩的变化规律，弄清它与负载转矩怎样平衡，这是电力拖动的主要问题。功角特性是同步电动机功率（转矩）随功角 $\theta$ 变化的关系曲线 $P_M = f(\theta)$［$T = f(\theta)$］，在同步电动机中，它的地位与直流电动机和异步电动机中机械特性相当，因此这里将着重分析同步电动机的功角特性。在同步电动机中，角速度 $\Omega_1$ 是常数，所以电磁功率 $P_M$ 与电磁转矩 $T$ 成正比，功角特性 $P_M = f(\theta)$ 与矩角特性 $T = f(\theta)$ 有相同的形状，适当选择比例尺，$P_M = f(\theta)$ 与 $T = f(\theta)$ 可以用同一条曲线表示。

## 一、同步电动机的功率与转矩平衡方程式

众所周知，同步电动机从电网吸收电动率 $P_1$，这一功率除一小部分变为定子铜损耗 $p_{Cu}$ 外，其余功率通过气隙传到转子，成为电磁功率 $P_M$，因此

$$P_1 = P_M + p_{Cu} \tag{6-10}$$

电磁功率 $P_M$ 减去铁损耗 $p_{Fe}$、机械损耗 $p_m$ 和附加损耗 $p_s$ 之后就是电动机轴上输出的机械功率 $P_2$，即

$$P_M = P_2 + p_{Fe} + p_m + p_s = P_2 + p_0 \tag{6-11}$$

式中，$p_0 = p_{Fe} + p_m + p_s$ 为空载损耗，绘出同步电动机的功率流程图，如图6-7所示。将式（6-11）两端除以同步角速度，则得到同步电动机的转矩平衡方程式

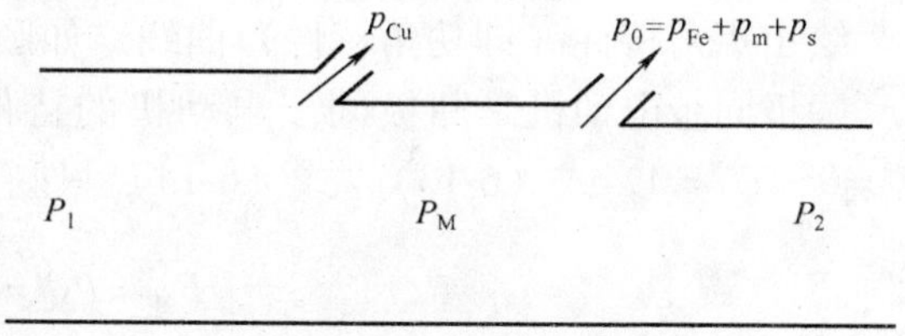

图6-7　同步电动机功率流程图

$$T = T_2 + T_0$$

式中，$T = P_M/\Omega_1$ 是电磁转矩，$T_2 = P_2/\Omega_1$ 是输出的机械转矩；$T_0 = p_0/\Omega_1$ 是空载转矩。

## 二、同步电动机的功（矩）角特性曲线

### （一）功（矩）角特性曲线

同步电动机的功角特性曲线，是指在外加电压和励磁电流不变的条件下，电磁功率随功角的变化关系曲线。下面推导同步电动机功角特性表达式。由于同步电动机容量都比较大，效率都比较高，定子铜损耗所占比例很小，如果略去同步电动机的定子铜损耗，则可认为电磁功率等于输入功率，有

$$\begin{aligned} P_M &\approx P_1 = 3U_1I_1\cos\psi = 3U_1I_1\cos（\varphi-\theta） \\ &= 3U_1I_1\cos\varphi\cos\theta + 3U_1I_1\sin\varphi\sin\theta \\ &= 3U_1I_q\cos\theta + 3U_1I_d\sin\theta \end{aligned} \tag{6-12}$$

式中，$U_1$、$I_1$ 分别为同步电动机的定子相电压和相电流。

由同步电动机电动势相量图（图6-6）中的几何关系可以得出

$$I_qx_q = U_1\sin\theta$$

$$I_dx_d = E_0 - U_1\cos\theta$$

从而可得

$$I_q = \frac{U_1\sin\theta}{x_q}$$

$$I_d = \frac{E_0 - U_1\cos\theta}{x_d}$$

将以上两式代入式（6-12）可以得出

$$\begin{aligned} P_M &= 3U_1\frac{U_1\sin\theta}{x_q}\cos\theta + 3U_1\frac{E_0 - U_1\cos\theta}{x_d}\sin\theta \\ &= \frac{3U_1E_0}{x_d}\sin\theta + \frac{3U_1^2}{2}\left(\frac{1}{x_q} - \frac{1}{x_d}\right)\sin2\theta = P_M' + P_M'' \end{aligned} \tag{6-13}$$

这就是凸极同步电动机功角特性的表达式，式（6-13）中的电磁功率 $P_M$ 应分为两项，第一项 $P_M'$ 是功角的正弦函数，第二项 $P_M''$ 是目的正弦函数。

对应的电磁转矩为

$$T = \frac{P_M}{\Omega_1} = \frac{3U_1E_0}{\Omega_1 x_d}\sin\theta + \frac{3U_1^2}{2\Omega_1}\left(\frac{1}{x_q} - \frac{1}{x_d}\right)\sin2\theta = T' + T'' \tag{6-14}$$

绘出矩角特性（即功角特性）曲线，如图 6-8 所示。

隐极同步电动机是凸极同步电动机的特例，在隐极同步电动机中，$x_d = x_q = x_c$，所以 $P_M'' = 0$，$T'' = 0$，式（6-13）、式（6-14）只剩下第一项，有

$$P_M = P_M' = \frac{3U_1E_0}{x_d}\sin\theta \tag{6-15}$$

$$T = T' = \frac{3U_1E_0}{\Omega_1 x_d}\sin\theta \tag{6-16}$$

电磁功率 $P_M$ 和电磁转矩 $T$ 都变成功角的正弦函数，特性曲线如图 6-9 所示。

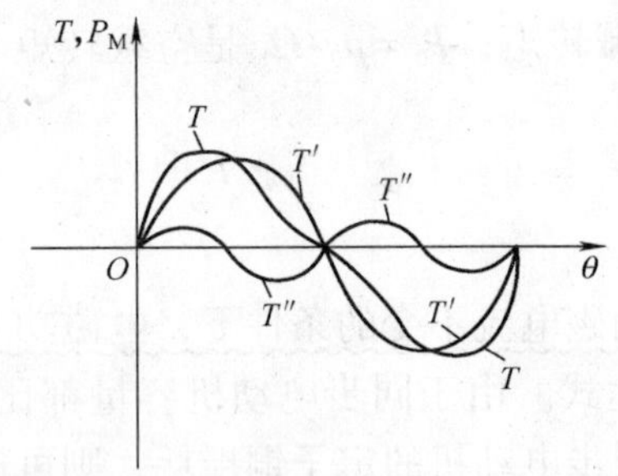


图 6-8　凸极同步电动机矩（功）角特性曲线图

T, P_M
O
θ

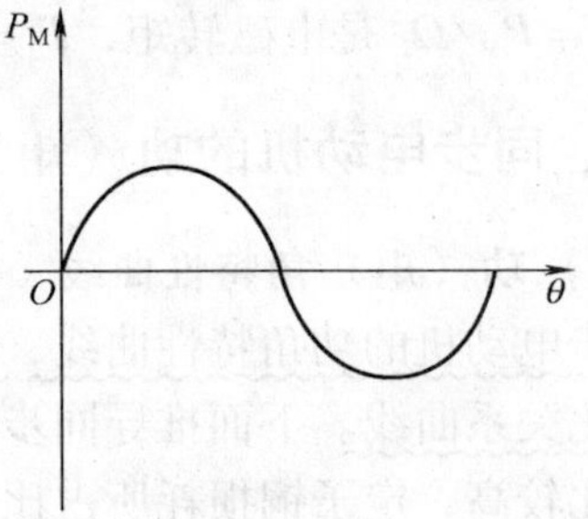

图 6-9　隐极同步电动机矩（功）角特性曲线图

**（二）功角的物理意义**

由图 6-6 同步电动机电动势相量图可知，功角 $\theta$ 是电压 $\dot{U}_1$ 与 $-\dot{E}_0$ 之间的夹角。同步电动机一般容量都较大。定子漏阻抗电压降所占比例都很小，如果略去 $\dot{I}_1 r_1$ 和 $j\dot{I}_1 x_\sigma$，则可认为 $\dot{U}_1 = -\dot{E}_1$。$-\dot{E}_1$ 是合成磁动势 $\sum F$ 感生的电动势，这样功角可以看成是 $-\dot{E}_1$ 和 $-\dot{E}_0$ 之间的夹角，从而可知功角在电动机模型中是 $-\dot{E}_1$ 和 $-\dot{E}_0$ 两个磁动势之间的夹角，也就是合成磁动势 $\sum F$ 和转子主磁极磁动势 $F_0$ 之间的夹角，如图 6-10 所示。

知道了功角在电动机模型中的意义，再来看一下矩角特性。

式（6-14）中的第一项 $T' = \dfrac{3U_1E_0}{x_d\Omega_1}\sin\theta$，正是合成磁动势 $\sum F$ 对应的磁极对转子磁极磁拉力所形成的转矩，如果外加电压 $U_1$ 与励磁电流 $I_f$ 不变，则这一转矩与功角 $\theta$ 的正弦成正比。当 $\theta = 0$ 时，定子、转子磁极在同一轴线上，磁拉力最大，但无切向力，所以转矩为零。当 $\theta$ 增大时，转矩与 $\theta$ 成正弦关系，当 $\theta = 90°$ 时，转矩最大，到 $\theta = 180°$时，定子、转子磁极又到同一轴线上，这时两对磁极同性相斥，斥力最大，但也无切向力，无转矩，当 $\theta > 180°$时，转矩变为负值仍按正弦规律变化。

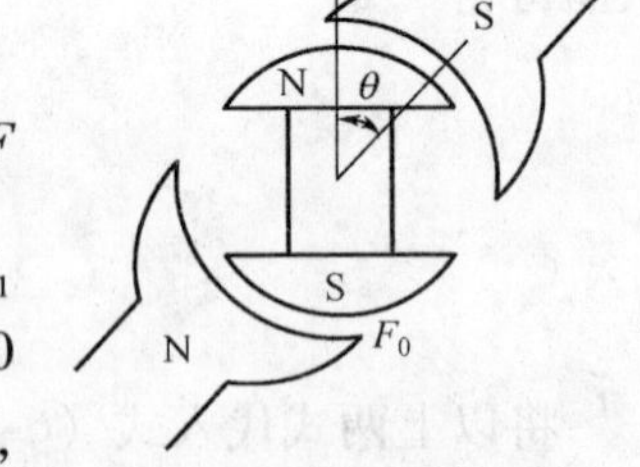


图 6-10　同步电动机模型

当直流励磁电流增大时，$E_0$ 增大，最大转矩随之增大，这可以增大同步电动机的过载能力。在同步电动机拖动像球磨机这类负载波动很大的生产机械时，常常采用自动强迫励磁，就是当短路时出现较大的负载波动时，有可能瞬时出现 $T_L > T_{max}$，如不采取措施，有可能导致同步电动机的失步。这时由检测单元发出强迫励磁信号，瞬时加大励磁电流 $I_f$ 使 $E_0$ 增加，从而瞬时加大 $T_{max}$，以保证同步电动机正常运行，不失步。

式（6-14）中的第二项 $T'' = 3U_1^2\ (1/x_q - 1/x_d)\ \sin 2\theta / 2\Omega_1$ 是一项反应转矩，在凸极同步电动机中有（与 $x_q \neq x_d$ 有关），而在隐极同步电动机中没有，它与 $E_0$ 无关，也就是与直流励磁无关。显然，这是转子结构气隙不均匀引起的。

## 第四节　同步电动机的起动

长期以来，同步电动机起动困难是限制它广泛应用的一个重要原因。由同步电动机模型可知，它在正常工作时是靠合成磁场对转子磁极的磁拉力牵引转子同步旋转的，转子转速只有与合成磁场同步才有稳定的磁拉力，形成一定的同步转矩。同步转矩能使同步电动机正常旋转，但在非变频起动时它却无能为力，这是因为同步转矩是功角 $\theta$ 的函数［见式（6-14）及式（6-16）］。在非变频起动过程中，转子转速与旋转磁场转速不等，功角 $\theta$ 在 0°～360°之间不断变化，当 $\theta$ 在 0°～180°之间时，定子、转子磁极相吸引，转矩起拖动作用，而当 $\theta$ 在 180°～360°之间时，定子、转子磁极相排斥，转矩起制动作用。$\theta$ 角变化一个周期，平均转矩为零，无法使电动机加速，所以在同步电动机恒频率起动时，不能依靠同步转矩，必须采取其他措施。同步电动机起动可有如下三种方法。

1）辅助电动机法。通常是用一台与同步电动机极数相同的小型异步电动机把同步电动机拖动到异步转速，然后投入电网，加入直流，靠同步转矩把转子牵入同步。这种起动方法投资大、不经济、占地面积大，不适合带负载起动，所以用得不多，个别用于起动同步补偿机。

2）变频起动。这是一种性能很好的起动方法，起动电流小，对电网冲击小，但它要求有为同步电动机供电的变频电源，这在过去是难于实现的，近年来由于交流变频调速的迅速发展，变频电源已进入工业应用阶段。变频起动是在起动之前将转子加入直流，然后使变频器的频率从零缓慢上升，旋转磁场牵引转子缓慢地同步加速，直到额定转速。这种起动方法只要有变频电源是容易实现的。现在，除应用变频调速的变频电源对同步电动机进行起动外，还有专门用于起动同步电动机的变频电源，这种电源把电动机起动起来后，投入电网，变频电源即被切除，因此它可以用一台变频电源分时起动多台同步电动机。这样的变频电源只在起动时短时应用，所以它的容量可比同步电动机大为减小。

3）异步起动。这是当前同步电动机大量采用的一种方法，起动过程分为两个阶段，即异步起动和牵入同步阶段，下面着重对这种起动方法进行分析。

### 一、异步起动阶段

同步电动机转子上都装有笼形绕组，主要靠它在起动的第一阶段把转子加速到正常的异步转速，这一转速通常等于同步转速的95%，也称为准同步转速。同步电动机的异步起动与笼型电动机的起动过程完全一样，只是同步电动机的笼条可以细些，容量可以小些。这是因为它只在异步起动过程中起作用，在同步运行时不切割磁场，不产生感应电动势，也无电流，在同步电动机出现振荡时，笼形绕组感应的瞬时电流起稳定作用。

与异步电动机起动一样，同步电动机在异步起动阶段也要求有足够大的起动转矩倍数，有尽量小的起动电流倍数；有一定的过载能力。此外，为了能够顺利地牵入同步，它也要求在准同步转速下有一定的转矩，称为牵入转矩。表 6-1 列出了几种同步电动机异步起动时的技术数据。

**表 6-1　几种同步电动机的异步起动数据**

| 型　号 | 起动电流/额定电流 | 起动转矩/额定转矩 | 牵入转矩/额定转矩 | 最大转矩/额定转矩 |
|---|---|---|---|---|
| TD143/44-10 | 5.94 | 1.85 | 1.02 | 2.2 |
| TD215/19-20 | 5.5 | 1.01 | 1.07 | 2.5 |
| TDK173/49-14 | 5.7 | 1.44 | 1.11 | 2.12 |
| TDK173/20-16 | 4.76 | 1.165 | 0.858 | 2.2 |
| TK500-18/2150 | 4.64 | 0.964 | 0.875 | 2.04 |
| TDMK400-32 | 6.6 | 2.1 | 1.17 | 3.6 |
| TDMK630-36 | 6.5 | 2 | 1.05 | 2.8 |
| TZ286/115-12 | 7.3 | 1.5 | 1.2 | 3.0 |

不同的生产机械对起动有不同的要求，风机、水泵类机械对起动转矩要求不高，但希望有较大的牵入转矩，球磨机则对起动转矩有较高的要求。与笼型电动机起动一样，同步电动机异步起动时，可以直接起动，也可以减压起动，这要根据具体情况而定。

在异步起动过程中，如何处理转子直流励磁绕组也是一个值得注意的问题。起动时它不能加入直流励磁电流，如果加入直流励磁电流，随着转速的上升，转子磁极在定子绕组中能感应出一个频率随转速变化的三相对称电动势，这个电动势的频率与电网电压的频率不同，它通过电源变压器二次绕组构成回路，产生很大的电流，这一电流与定子绕组起动电流瞬时叠加，使定子电流过大，这是不允许的。

在异步起动过程中，直流励磁绕组也不能开路，因为直流绕组匝数很多，正常运行时旋转磁场并不切割它，而在起动过程中，特别是在低速时，旋转磁场以很高的速度切割直流励磁绕组，在励磁绕组上感应很高的电动势，容易击穿绕组绝缘，对操作人员的人身安全也构成了一定的威胁，这也是不允许的。

在异步起动过程中，如果把直流励磁绕组直接短路，将产生单轴转矩。假定这时定子旋转磁动势转速为 $n_1$，转子转速为 $n$，那么旋转磁场切割转子的速度为 $n_1-n$，旋转磁场在转子直流励磁绕组中感应电动势的频率为 $f_2=p(n_1-n)/60=sf_1$，这与异步机的情形相同，这一电动势在直流励磁绕组中产生频率为 $f_2$ 的单相短路电流。根据磁动势理论，它将在旋转着的转子上产生一个脉振磁动势，把这一脉振磁动势再分成两个大小相等、方向相反的旋转磁动势 $F_+$ 和 $F_-$，分别看它们在起动过程中所起的作用。正序磁动势 $F_+$ 在转子上继续向前旋转，它相对转子的转速为 $\Delta n=60f_2/p=sn_1$，所以 $F_+$ 对定子的转速为 $n+\Delta n=n+n_1s=n+n_1(n_1-n)/n_1=n_1$。可见，它与定子旋转磁动势同速、同向旋转，产生固定的转矩，这与正常异步电动机一样，画出 $T_+=f(n)$ 曲线，如图 6-11 中曲线 1 所示。

随负序磁动势 $F_-$ 以 $\Delta n = sn_1$ 的速度在转子上向相反方向旋转，它对定子的转速为 $n - \Delta n = n - sn_1 = n_1 - sn_1 - sn_1 = n_1(1-2s)$。可见，$F_-$ 的转速是随 $s$ 而变化的，它与定子旋转磁场转速不等，产生的转速周期性变化，平均转矩为零。所以 $F_-$ 对定子旋转磁场的作用可以不必考虑，但由于 $F_-$ 在气隙中旋转，切割定子三相绕组，在定子绕组中感应一组与电网不同频率的三相对称电动势，它在定子三相绕组及供电变压器二次绕组中形成三相对称电流，这组三相对称电流产生的旋转磁场，与 $F_-$ 同速、同向旋转，两者相对静止，形成了一个反装的异步电动机（转子为一次侧，定子为二次侧），产生的转矩用 $T_-$ 表示，$T_-$ 随 $s$ 的变化曲线 $T_- = f(s)$ 如图 6-11 中曲线 2 所示。当 $1 > s > 0.5(0 < n < 0.5n_1)$ 时，$T_-$ 的转速 $n_1(1-2s)$ 为负，它力图拉着定子反向旋转，但定子不动，其反作用转矩把转子推向前进，所以在这个转速范围内 $T_-$ 对转子起拖动作用，使转子加速，$T_-$ 为正。当 $s = 0.5(n = 0.5n_1)$，$T_-$ 的转速 $n_1(1-2s)$ 为正，$T_-$ 力图拉着定子正向旋转，定子不动，反作用力把转子推向反转，$T_-$ 为负，对电动机起制动作用，特别是转速在 $0.5n_1$ 附近时，反作用转矩很大，对电动机起动有较大影响。

把图 6-11 中的曲线 1［曲线 $T_+ = f(s)$］和曲线 2［曲线 $T_- = f(s)$］相加得到的曲线 3［曲线 $T = f(s)$］就是起动过程中的单轴转矩曲线。由图 6-11 中曲线 2 可知，如果在起动过程中把直流励磁绕组直接短路，在转速升到 1/2 同步速度之后，$T_-$ 出现一个很大的负值，有可能把电动机的转速卡在半速附近，升不上去达不到准同步转速，无法牵入同步，使起动失败。为克服这一缺点，将直流励磁绕组串一电阻闭合，所串电阻值一般为励磁绕组电阻的 5～10 倍。串入电阻后，$T_+$、$T_-$ 以及合成转矩 $F_+$ 的形状都发生了变化，如图 6-12 所示，对于 $T_+$，相当于正常异步电动机转子串电阻，临界转差差率 $s_m$ 增大，对于 $T_-$，相当于把一次磁动势削弱，$T_- = f(s)$ 曲线与异步电动机降低电源电压时的机械特性相似，所以串电阻后在半速附近 $T_-$ 的最大制动转矩大为减小，在起动过程中靠笼形转子产生的异步转矩和单轴转矩中的 $T_+$，完全可以把转子拉过制动转矩最大的这段区域（半速附近），使电动机达到准同步转速，并牵入同步。

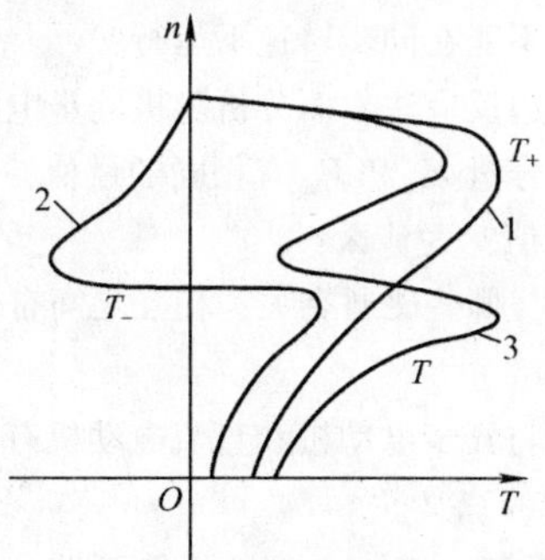

图 6-11　直流励磁绕组直接短路时的单轴转矩

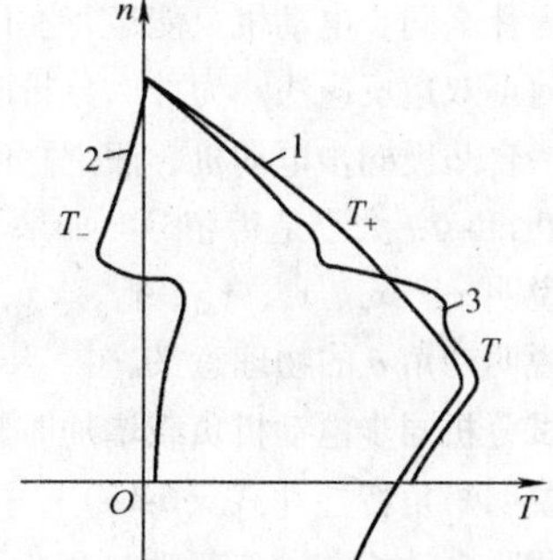

图 6-12　直流励磁绕组串电阻时的单轴转矩

## 二、牵入同步阶段

异步起动之后，电动机已达到准同步转速，这时笼形绕组的异步转矩虽然仍有一定数值，但不能靠它把转子拉入同步。因为由异步电动机机械特性可知，这段的异步转矩基本与转差率成正比，转速升高，转差率减小，转矩与之成正比地减小，到同步转速时该项转矩为零，所以不能靠它把转子牵入同步。为把转子拉入同步，这时要靠同步转矩起作用，为此在电动机达到准同步转速后，应及时给直流励磁绕组加入励磁电流，同步转矩在异步起动阶段不起加速作用，那是因为在转速较低时，旋转磁场以较高的速度扫过转子磁场，对转子推拉兼半，平均转矩为零。但到准同步转速之后，情况发生了变化，这时转子转速已接近旋转磁场转速，加入直流励磁后，旋转磁场相对转子转速已经很低，功角$\theta$由0°变到180°这段时间较长，而在这半个周期，旋转磁场对转子一直是拉力，这一转矩再加上这段期间的异步转矩，完全有可能把转子由准同步转速拉到同步转速，使电动机进入稳定的同步运行。这就是同步电动机起动的第二阶段——牵入同步阶段。

牵入同步进行得是否顺利与以下几个因素有关。首先与这时的负载转矩有关，负载越轻越容易牵入；其次是与系统的转动惯量或飞轮矩有关，转动惯量越小加速越快，越容易牵入；再一个因素就是与加入直流励磁的瞬间有关，显然，当功角$\theta$等于零时，加入直流励磁最为有利。这时牵入的可能性最大。因此，对于负载较重、惯量较大、牵入困难的同步电动机，希望在$\theta$为零时加入直流励磁，因而要在控制电路中加入测量功角$\theta$的环节，以保证在$\theta$过零时加入直流励磁电流。对于牵入不是很困难的同步电动机，一般不检测功角$\theta$，随时加入直流励磁电流，也能够牵入同步。这是因为即使是在$\theta$为180°~360°区间加入直流，开始同步转矩为负，对转子起减速作用，但因这时异步转矩还有不小的数值，减速又使异步转矩加大，它有效地抑制了减速，速度减不了多少，过一会当$\theta$进入360°~540°区间（即进入0°~180°区间），同步转矩又起牵入作用，仍能把转子牵入同步。

如果牵入同步有困难，还可以加大直流励磁，由式（6-14）和式（6-16）可知，加大直流励磁电流，可以加大$E_0$，从而加大同步转矩，有利于牵入同步。综上所述，同步电动机的异步起动法，是先进行异步起动，然后牵入同步，达到同步后电动机进入稳定运行状态，起动结束。

## 思考题与习题

6-1　为什么同步电动机只能运行在同步转速，而异步电动机不能在同步转速下运行？

6-2　何谓双边反应法？为什么分析凸极同步电动机时要用双边反应法，而分析隐极同步电动机不用？

6-3　一台凸极同步电动机，假定它的电枢反应磁动势的两个分量$F_{ad}$和$F_{aq}$有相同的量值，它们分别产生的磁通$\Phi_{ad}$和$\Phi_{aq}$大小是否相等？如果不等，哪一个有较大的数值？为什么？

6-4　说明$x_{\sigma}$、$x_a$、$x_c$、$x_{ad}$、$x_d$、$x_{sq}$、$x_q$分别是什么电抗？各与哪些磁通有关？相互之间有什么关系？

6-5　说明功角$\theta$的物理意义。

6-6　试分析同步电动机负载增加时转矩的自动平衡过程，它与异步电动机和直流电动机有何不同？

6-7　说明矩角特性［式（6-15）］中转矩的两个分量$T'$和$T''$的意义。

6-8　同步电动机在异步起动过程中，直流励磁绕组为什么不能送直流电流、不能开路、也不宜直接短接？

6-9　分析同步电动机在异步起动过程中的单轴转矩，它对起动有何不利影响？怎样克服？

6-10　一台隐极同步电动机，额定状态时功角$\theta=30°$。

（1）求此时电动机的过载能力；

（2）负载转矩不变，要想提高它的过载能力，使$\lambda=4$，求励磁电流应增加到原值的几倍。

6-11　同步电动机$P_N=1300kW$，$U_N=600V$，定子Y联结，$I_N=152A$，$n_N=1500r/min$，$\eta_N=0.915$，同步电抗$x_d=x_a=22.8\Omega$（额定时$I$超前于$U$）。求：

（1）额定时的功率因数 $\cos\varphi_N$；

（2）额定时电动机向电网提供的无功功率；

（3）电动机原工作在额定状态，减小负载使输出有功功率变为1000kW，$I_f$、$\eta$ 均不变，求定子电流 $I$ 及向电网提供的无功功率。

6-12　同步电动机 $P_N=6300\text{kW}$，$U_N=10000\text{V}$，定子Y联结，$I_N=417\text{A}$，$\cos\varphi_N=0.9$（超前）。额定励磁电流 $I_f=404\text{A}$，假定 $x_d=x_a=14\Omega$，$E_0\propto I_f$。求：

（1）额定效率 $\eta_N$；

（2）额定时电动机向电网提供的无功功率；

（3）保持 $P_N$ 不变，减小 $I_f$，使 $\cos\varphi=1$，求此时的定子电流 $I$ 和励磁电流 $I_f$（$\eta$ 不变）；

（4）电动机原工作在额定状态，保持 $I_f$ 不变，使输出功率降为400kW，假定电动机效率不变，求此时的定子电流及电动机向电网提供的无功功率；

（5）保持 $P_N$ 为4000kW，$\eta$ 保持不变，调 $I_f$，使电流 $I=417\text{A}$，求此时的 $I_f$ 及电动机向电网提供的无功功率，假定 $E_0\propto I_f$。

# 第七章　其他用途的电机

## 第一节　单相异步电动机

单相异步电动机由单相电源供电，它广泛应用于家用电器和医疗器械上，如电风扇、电冰箱、洗衣机及空调设备等。

从结构上看，单相异步电动机与三相异步电动机的区别在于，单相异步电动机定子绕组是单相的，转子绕组一般做成鼠笼式。另外为了起动的需要，在定子绕组上，还设有起动绕组，其作用是产生起动转矩，一般只在起动时接入，当转速达到 70% ~85% 的同步转速时，由离心开关将其从电源自动切除，所以正常工作时只有单相工作绕组在电源上运行。也有一些电容电动机或电阻电动机，在运行时起动绕组仍然工作，这时单相电动机相当于一台两相电动机，但由于接在单相电源上，故仍称为单相异步电动机。图 7-1 为单相异步电动机的结构示意图。下面分别介绍单相异步电动机的工作原理和主要类型。

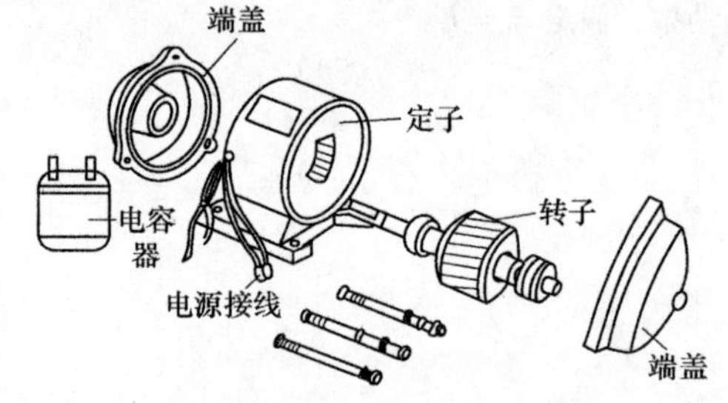

图 7-1　单相异步电动机结构示意图

### 一、单相异步电动机的工作原理

由交流绕组磁动势可知，单相交流绕组通入单相交流电流产生脉振磁动势，脉振磁动势可分解为两个幅值相等、转速相同、转向相反的旋转磁动势 $F_+$ 和 $F_-$，从而在气隙中建立正转和反转磁场 $\Phi_+$ 和 $\Phi_-$。两个旋转磁场切割转子导体，并分别在转子导体中产生感应电动势和感应电流。该电流与旋转磁场相互作用产生正向和反向电磁转矩 $T_+$ 和 $T_-$。$T_+$ 企图使转子正转，$T_-$ 企图使转子反转。这两个转矩叠加起来就是推动电动机转动的合成转矩 $T$。

不论是 $T_+$ 还是 $T_-$，它们的大小与转差率的关系和三相异步电动机的情况是一样的。若电动机的转速为 $n$，则对正转磁场而言，转差率 $s_+$ 为

$$s_+ = \frac{n_1 - n}{n_1} = s \tag{7-1}$$

而对反转磁场而言，转差率 $s_-$ 为

$$s_- = \frac{-n_1 - n}{-n_1} = 2 - s \tag{7-2}$$

即当 $s_+ = 0$ 时，相当于 $s_- = 2$；当 $s_- = 0$ 时，相当于 $s_+ = 2$。

$T_+$ 与 $s_+$ 的关系与三相异步电动机的 $T = f(s)$ 特性相似，单相异步电动机的 $T = f(s)$ 曲线是由 $T_+ = f(s_+)$ 与 $T_- = f(s_-)$ 两条特性曲线叠加而成的，如图 7-2 所示。可见单相异步电动机有以下几个主要特点：

1）当转子静止时，正、反向旋转磁场均以速度 $n_1$ 切割转子绕组，在转子绕组中感应出大小相等而相序相反的电动势和电流，并分别产生大小相等而方向相反的两个电磁转矩，使其合成的电磁转矩为零。即起动瞬间，$n=0$，$s=1$，$T=T_+ + T_- =0$，说明单相异步电动机无起动转矩，如不采取其他措施，电动机不能起动。由此可知，三相异步电动机发生一相断路时（相当于一台单相异步电动机）也不能起动。

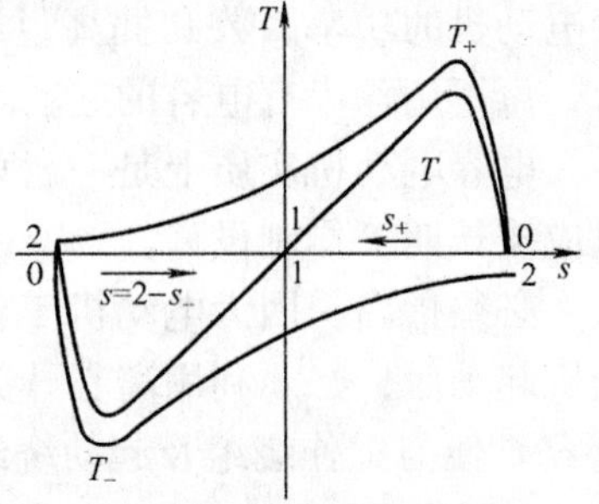


图 7-2　单相异步电动机的 $T$—$s$ 曲线

2）当 $s\neq1$ 时，$T\neq0$，且 $T$ 无固定方向（取决于 $s$ 的正负）。若用外力使电动机转动起来，$s_+$ 或 $s_-$ 不为 1 时，合成转矩不为零，这时若合成转矩大于负载转矩，则即使去掉外力，电动机也可以旋转起来。因此，单相异步电动机虽无起动转矩，但一经起动，便可达到某一稳定转速，而旋转方向则取决于起动瞬间外力矩作用于转子的方向。

3）由于反向转矩的作用，使合成转矩减小，最大转矩也随之减小，故单相异步电动机的过载能力较低。

## 二、主要类型

为了使单相异步电动机能够产生起动转矩，关键是起动时如何在电动机内部形成一个旋转磁场。根据产生旋转磁场的方式，单相异步电动机可分为分相起动电动机和罩极电动机两大类型。

### （一）分相起动电动机

在分析交流绕组磁动势时已知，只要在空间不同相的绕组中通入时间上不同相的电流，就能产生一个旋转磁场，分相起动电动机就是根据这一原理设计的。

分相起动电动机包括电容起动电动机、电容电动机和电阻起动电动机。

1. 电容起动电动机

电容起动电动机电路原理图如图 7-3 所示。定子上有两个绕组，一个绕组称为主绕组（或称为工作绕组），如图 7-3a 中绕组 1；另一个绕组称为辅助绕组（亦称起动绕组），如图 7-3a 中绕组 2。两绕组在空间相差 90°。在起动绕组中串接起动电容 $C$，作电流分相用，并通过离心开关 S 或继电器触点 S 与工作绕组并联在同一单相电源上。由于工作绕组呈感性，$\dot{I}_1$ 滞后于 $\dot{U}$。若适当选择电容 $C$，使流过起动绕组的电流 $\dot{I}_{st}$ 超前 $\dot{I}_1$ 90°，如图 7-3b 所示。这相当于在空间相差 90°的两相绕组中通入在时间上互差 90°的两相电流，因此将在气隙中产生旋转磁场，并在该磁场的作用下产生电磁转矩使电动机转动。

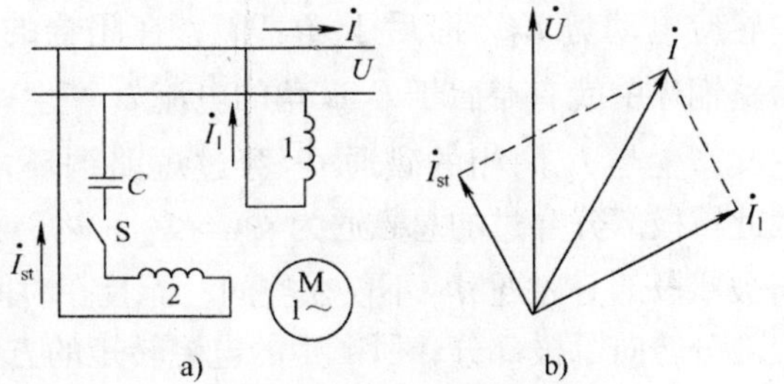


图 7-3　单相电容起动电动机原理图
a）电路图　b）相量图

这种电动机的起动绕组是按短时工作制设计的，所以当电动机转速达 70% ~85% 同步转速时，起动绕组和起动电容 $C$ 就在离心开关 S 的作用下自动退出工作，这时电动机就在工作绕组单独作用下运行。

2. 电容电动机

如前所述，在起动绕组中串入电容后，不仅能产生较大的起动转矩，而且运行时还能改善电动机的功率因数和提高过载能力。为了改善单相异步电动机的运行性能，电动机起动后，可不切除串有电容的起动绕组，这种电动机称为电容电动机，如图 7-4 所示。

电容电动机实质上是一台两相异步电动机，因此起动绕组应按长期工作制设计。

必须指出，因为电动机工作时所需电容较小，所以在电动机起动后，必须利用离心开关 S 把起动电容 $C_{st}$ 切除。工作电容 $C$ 便与工作绕组及起动绕组一起运行。

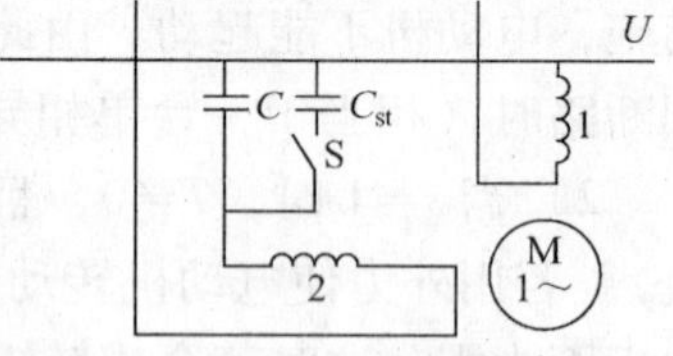


图 7-4　单相电容电动机原理图

3. 电阻起动电动机

电阻起动电动机在起动绕组上用串联电阻的方法给电流分相（串联电容改为串联电阻）。但由于此时 $\dot{I}_1$ 与 $\dot{I}_{st}$之间的相位差较小，因此其起动转矩较小，只适用于空载或轻载起动的场合。

**（二）罩极电动机**

罩极电动机的定子一般都采用凸极式的，工作绕组集中绕制，套在定子磁极上。在极靴表面的$\frac{1}{3}\sim\frac{1}{4}$处开有一个小槽，并用短路铜环把这部分磁极罩起来，故称罩极电动机。短路铜环起了起动绕组的作用，故也称为起动绕组。罩极电动机的转子仍做成笼形，如图 7-5a 所示。

当工作绕组通入单相交流电流后，将产生脉振磁动势，所形成的磁通分为两部分，其中一部分磁通 $\dot{\Phi}_1$ 不穿过短路铜环，另一部分磁通 $\dot{\Phi}_2$ 则穿过短路铜环。$\dot{\Phi}_1$ 和 $\dot{\Phi}_2$ 都是由工作绕组中的电流产生的，相位相同且 $\Phi_1>\Phi_2$。由于 $\dot{\Phi}_2$ 脉振的结果，在短路铜环中感应电动势 $\dot{E}_2$，滞后于 $\dot{\Phi}_2$ 90°，在闭合的短路铜环中就有滞后于 $\dot{E}_2$ $\varphi$ 角的电流 $\dot{I}_2$ 产生，它又产生与 $\dot{I}_2$ 同相的磁通 $\dot{\Phi}_2'$穿过短路铜环，因此罩极部分穿过的总磁通为 $\dot{\Phi}_3=\dot{\Phi}_2+\dot{\Phi}_2'$，如图 7-5b 所示。由此可见，未罩极部分磁通 $\dot{\Phi}_1$ 与被罩极部分磁通 $\dot{\Phi}_3$ 不仅在空间，而且在时间上均有相位差，因此它们的合成磁场将由未罩极部分转向罩极部分，所产生的电磁转矩的方向也为由未罩极部分转向罩极部分。

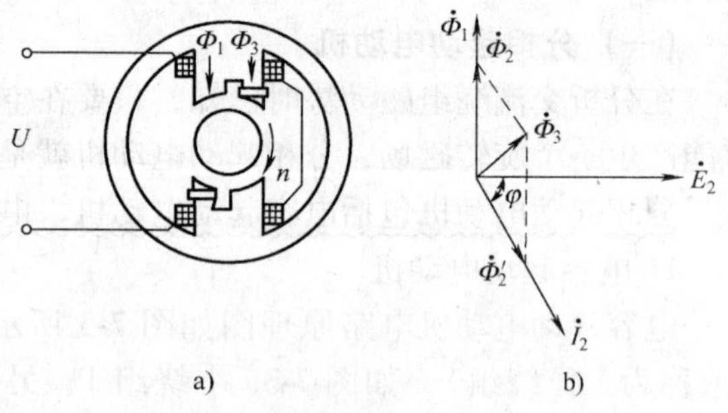


图 7-5　单相罩极电动机原理图
a）绕组接线图　b）相量图

## 三、单相异步电动机的应用

单相异步电动机与三相异步电动机相比，其体积大，效率及功率因数均较低，过载能力也较差。因此，单相异步电动机只做成微型的，功率一般在几瓦至几百瓦之间。单相异步电动机由单相电源供电，因此广泛用于家用电器、医疗器械及轻工设备中。电阻起动电动机和电容电动机起动转矩比较大，容量可做到几十到几百瓦，常用于吊风扇、空气压缩机、电冰箱和空调设备中。罩极电动机结构简单、制造方便，但起动转矩小，多用于小型风扇、电动机模型和电唱机中，容量一般为 30～40W。

# 第二节　其 他 电 机

## 一、测速发电机

在自动控制系统中，测速发电机常作为检测元件、解算元件、角加速度信号元件等。例如，在速度控制系统中，测速发电机常作为速度敏感元件，从它输出电信号的变化来反映系统速度的微小变化，达到检测或通过反馈信号自动调节电动机的转速，以提高系统的跟随稳定性和准确度。测速发电机还可代替测速计，直接测量运动机械的转速。但无论哪种原理的测速发电机，它们都具有一个共同的特点，那就是将它们自身运动部分的运动速度（直线运动或旋转运动）转换成电信号（电压幅值或者频率）输出，而且输出电信号和机械运动的速度成线性关系。

根据测速发电机的工作任务，对它的要求是：输出电压幅值与转速应为线性关系，以提高准确度；输出曲线的斜率要大，以满足灵敏度的要求；用做计算元件时应着重考虑线性误差要小。

测速发电机按其工作原理可以分为直流测速发电机和交流测速发电机两大类。

### （一）直流测速发电机

直流测速发电机按照其励磁磁场建立的方式，分为电磁式和永磁式两类，如图 7-6 和图 7-7 所示。他励式直流测速发电机的励磁磁场是由流过励磁绕组的直流电流来建立的，称为电磁式直流测速发电机；而永磁式直流测速发电机的励磁磁场则是由永久磁铁建立的。

直流测速发电机的原理和结构与一般小型直流发电机相同，所不同的是直流测速发电机通常不对外输出功率或者对外输出很小的功率。

发电机的电动势为

$$E_a = C_e \Phi n$$

当磁通 $\Phi$ 为常数时有

$$E_a = K_e n$$

式中，$K_e = C_e \Phi$，称为电动势系数。

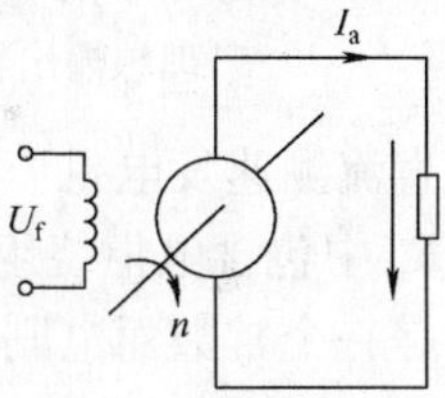

直流测速发电机空载时的输出电压与其输出电动势相等，即

$$U = E_a = K_e n$$

图 7-6　电磁式直流测速发电机工作原理

由上式可知，测速发电机的输出电压 $U$ 与电机的转速成正比，即测速发电机的输出电压反映了转速的大小。因此，直流测速发电机可以用来测转速。图 7-8 表示为理想状态下测速发电机的输出特性曲线。

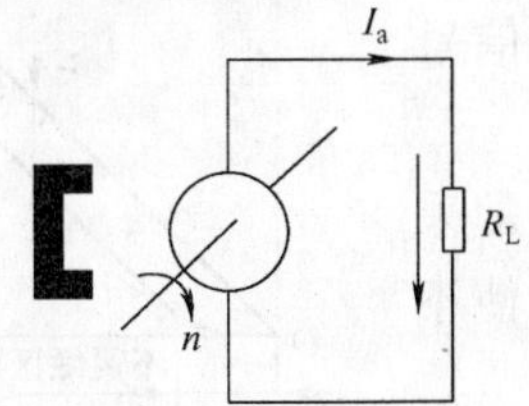

图 7-7　永磁式直流测速发电机工作原理

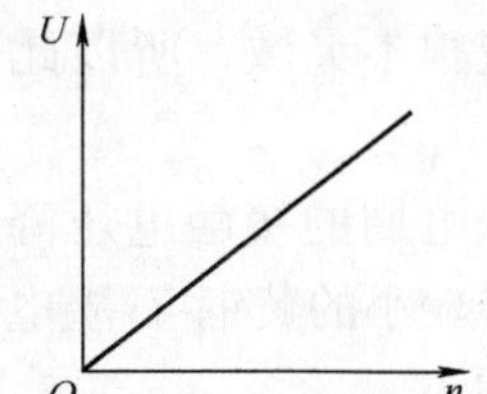

图 7-8　测速发电机理想输出特性曲线

若负载电阻为 $R_L$，则输出电压为

$$U = E_a - I_a R_a = E_a - \frac{U}{R_L} R_a$$

$$U = \frac{E_a}{1 + \frac{R_a}{R_L}} = \frac{C_e \Phi}{1 + \frac{R_a}{R_L}} n = Cn \tag{7-3}$$

即输出电压 $U$ 与转速 $n$ 成正比。在理想状态下，忽略电枢反映的影响，并认为电枢回路的总电阻为常数时，输出特性为一通过原点的直线。改为负载电阻的大小，仅影响输出特性曲线的斜率，如图 7-9 所示。

实际上，当提高转速 $n$ 使输出电压较高或减小负载电阻 $R_L$，都将使电枢回路电流 $I_a$ 增大，电枢反应产生的去磁作用使磁通 $\Phi$ 减小，输出电压相应要降低，使输出特性变成向下弯曲的曲线，如图 7-10 所示。为了减小电枢反应对输出特性的影响，根据直流测速发电机所给出的技术指标，在使用时，转速不能超过最大线性工作转速，所接负载电阻不得小于最小负载电阻，以保证系统所允许的线性误差，还可以在定子上安装补偿绕组。

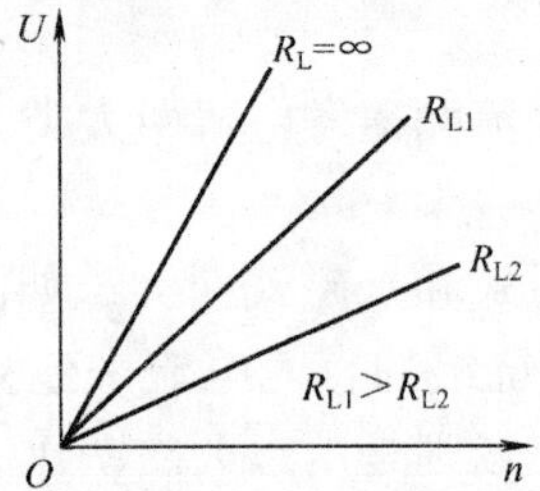


图 7-9　不同负载电阻时的理想输出特性曲线

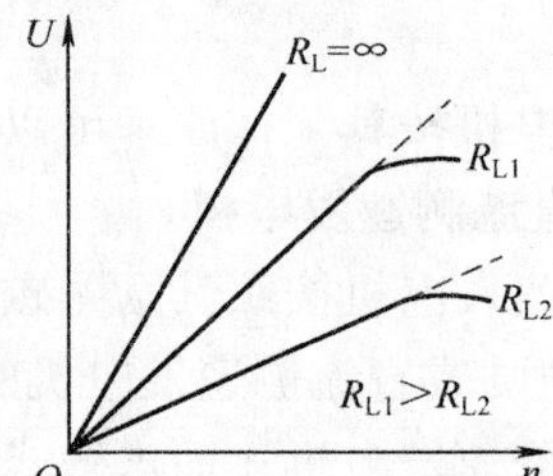


图 7-10　直流测速发电机的输出特性曲线

直流测速发电机 $U=f(n)$ 为线性关系的另一个条件是电枢回路总电阻 $R_a$ 为恒值。实际上，$R_a$ 中包含电枢绕组的电阻 $R_s$ 和电刷与换相器的接触电阻，由于电刷与换相器的接触电阻不是一个常数而电刷与换相器的接触电压降 $\Delta U_{jc}$ 为一常数，式（7-3）可改写为

$$U = \frac{E_a - 2\Delta U_{jc}}{1 + \frac{R_s}{R_L}} = \frac{C_e \Phi n - 2\Delta U_{jc}}{1 + \frac{R_s}{R_L}} \tag{7-4}$$

考虑电刷接触电压降后直流测速发电机的输出特性如图 7-11 所示。

由图 7-11 可见，$\Delta U_{jc}$ 的存在，使直流测速发电机在转速较低时，输出特性上出现一段斜率显著下降的区域。此区域内，测速发电机输出电压很小，对转速的反应很不灵敏，所以此区域叫不灵敏区或叫“无信号区”。

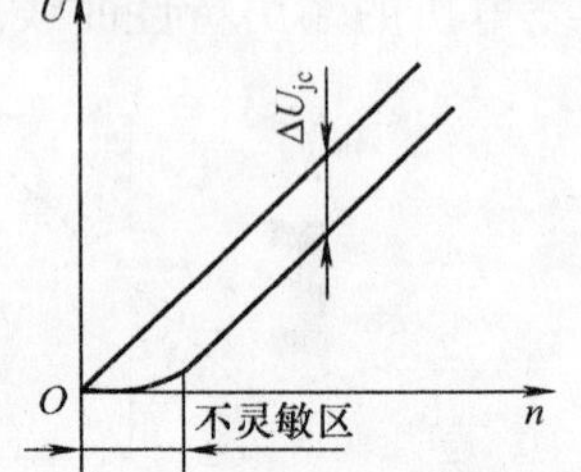


图 7-11　考虑电刷接触电压降后的输出特性曲线

为了降低电刷的接触电压降，在直流测速发电机中，常采用接触电压降较小的黄铜-石墨电刷或银-石墨电刷，这样可使不灵敏区大大缩小。

直流测速发电机在工作时，环境温度的变化和发电机自身发热都会影响测速发电机的输出特性。例如，当温度升高时，发电机的励磁绕组电阻增大，如果励磁电压不变，则励磁电流减小，磁通也相应减小，使输出电压降低。反之，当温度下降时，电压则升高。对永磁式测速发电机来说，普通合金磁铁，温度每升高10℃时，磁通将减小0.2%~0.3%，使输出电压降低。为了减小这种影响，常应用其磁化曲线的饱和部分，有时则在励磁回路中串入一个阻值比励磁绕组电阻大几倍的康铜或锰铜附加电阻来稳流，还可采用在励磁回路中串联负温度系数的热敏电阻并联网络，如图7-12所示。

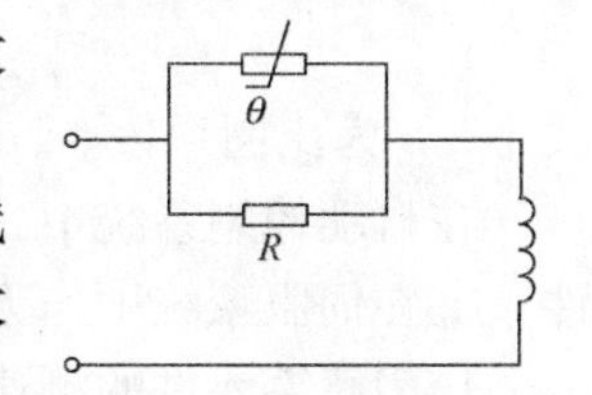

图7-12　励磁回路中的热敏电阻并联网络

直流测速发电机的主要性能指标见表7-1。

**表7-1　直流测速发电机的主要性能指标**

| 项　目 | 含　义 | 说　明 |
| --- | --- | --- |
| 输出斜率 | 在规定负载下，转速为1000r/min时的输出电压，单位为V/(kr·min$^{-1}$) | |
| 输出电压的不对称度$k_{ub}$ | 在相同转速下，正、反转输出电压绝对值之差与两者平均值$U_{av}$之比 $k_{ub}=\frac{\lvert U_1\rvert-\lvert U_2\rvert}{U_{av}}\times 100\%$ | 正、反转特性不对称是由于电刷没有严格地与位于几何中心线上的元件相连接所致，一般不对称度为0.35%~2% |
| 线性误差$\delta_x$ | 在工作转速范围内，输出电压与理想输出电压之差对该转速时理想输出电压之比 $\delta_x=\frac{U_k-N_kU_a}{N_kU_a}\times 100\%$ | 适用于正、反转运行的直流测速发电机的线性误差，是以正、反两个方向的线性误差的最大值来度量的 |
| 纹波系数$k_u$ | 测速发电机在工作转速范围内，输出电压的有效值与输出电压直流分量之比 $k_u=\frac{U_s}{U_d}\times 100\%$ | |
| 最大线性工作转速$n_{max}$ | 在允许的线性误差范围内的最高转速 | 额定转速就是最大线性工作转速 |
| 负载电阻$R_L$ | 输出特性在误差范围内的最小负载电阻值 | 在使用中，负载电阻值应不小于此值 |
| 不灵敏区 | 由于电刷与换相器间的接触电压降$\Delta U_{jc}$而导致测速发电机输出特性斜率显著下降的区域 | |
| 变温误差$\delta U_t$ | 测速发电机在工作中，由于温度变化而引起的输出电压变化量对该转速下常温输出电压的比值 $\delta U_t=\frac{U_{t1}-U_{t0}}{U_{t0}}\times 100\%$ | $U_{t1}$——环境温度为$t_1$时的输出电压<br>$U_{t0}$——常温为$t_0$时的输出电压 |
| 输出电压温度系数$k_t$ | 测速发电机在一定转速下，温度变化1℃时的变温输出误差值 $k_t=\frac{\delta U_t}{t_1-t_0}\times 100\%/℃$ | |

### （二）交流测速发电机

交流测速发电机与直流测速发电机一样，是一种机电感应式测速元件，所不同的是，直流测速发电机的励磁电压是直流电压或者是由永久磁铁励磁，它的输出电压也是直流的；而交流测速发电机的励磁电压是交流的，或者也是由永久磁铁励磁，但输出电压则是随时间交

变的。理想的测速发电机的输出电压 $U_2$ 与它的转速 $n$ 成线性关系，其数学表达式为

$$U_2 = kn$$

式中，$k$ 为比例系数。

在自动控制系统中，交流测速发电机的主要用途是：①在计算解答装置中作为解算元件；②在伺服系统中作为阻尼元件，其典型用途及工作原理与直流测速发电机相同。

作为解算元件的测速发电机应具有良好的线性度（输出电压应与转速严格地成正比），变温误差要小，转速为0时的剩余电压要低。能精确地对输入函数进行某种运算，但对单位转速的输出电压（输出斜率）要求不高。

交、直流测速发电机都可以用来作为解算元件，由于直流测速发电机存在着电枢反应的去磁作用、对温度变化敏感、存在电刷和换向器的接触电压降等，使输出特性不稳定而影响电机精度，线性度变差，所以在计算解答装置中，交流测速发电机获得更多的应用。

在阻尼伺服系统中，交流测速发电机被用做阻尼元件。当系统发生振荡时，它能够向系统提供一个加速或减速信号，产生阻尼作用，促使系统振荡加速衰减，以提高系统的稳定度和精度。图7-13是采用交流测速发电机增加系统粘滞阻尼的简单交流远距离定位伺服系统原理图。

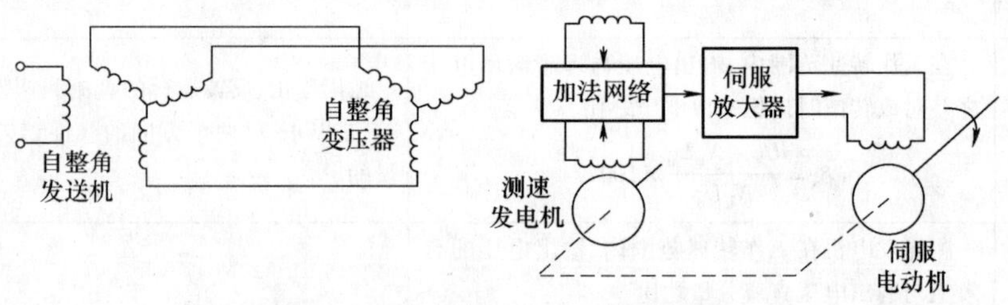


图7-13　交流远距离定位伺服系统原理图

当测速发电机用做阻尼元件时，要求其输出斜率大，这样阻尼作用就大，而对线性度等精度指标的要求是次要的。

1. 交流测速发电机的结构和工作原理

交流测速发电机的转子结构形式有空心杯形和笼形的。笼型转子测速发电机输出斜率大，但特性差、误差大、转动惯量大，一般只用在精度要求不高的系统中。非磁杯形转子测速发电机其杯形转子在转动过程中，内、外定子间隙不发生变化，磁阻不变，因而气隙中磁感应强度分布不受转子转动的影响，输出电压波形比较好，没有齿谐波而引起的畸变，精度较高，转子的惯量也较小，有利于系统的动态品质，是目前应用最广泛的一种交流测速发电机。

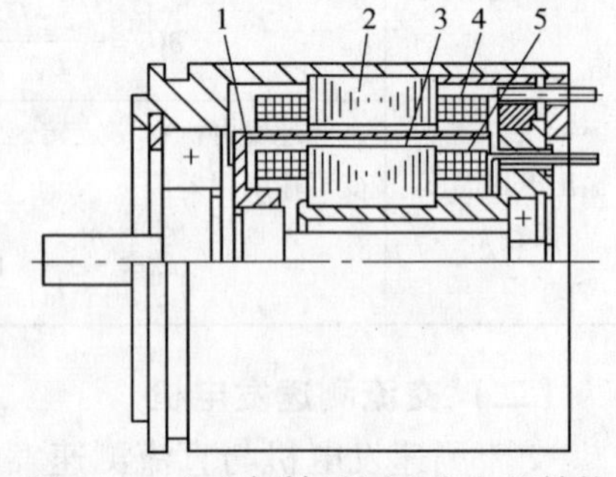


图7-14　空心杯转子测速发电机结构
1—空心杯转子　2—外定子　3—内定子　4—励磁绕组　5—输出绕组

非磁性空心杯转子测速发电机的典型结构如图7-14所示，这种测速发电机具有两个定子铁心，一个称为外定子（位于转子的外侧），一个称为内定子（位于转子的内侧），转子是一个薄壁非磁性杯，通常用高电阻率的硅锰青铜或锡锌青铜制成，位于内、外定子之间的气隙内。测速发电机的励磁绕组一般放在外定子上，输出绕

组放置在内定子上（在机座号较小的发电机中，通常将励磁绕组和输出绕组都布置在内定子上）。励磁绕组和输出绕组在空间是正交的（即两绕组轴线在空间互差90°电角度）。

交流测速发电机的工作原理可按转子不动和转子旋转时两种情况进行分析。转子不动时，励磁绕组 $W_1$ 的轴线为 $d$ 轴，输出绕组 $W_2$ 的轴线为 $q$ 轴。杯形转子可以看成是一个笼条数目非常之多的笼型转子。当转子不动，即 $n=0$ 时，若在励磁绕组中加上频率为 $f$ 的励磁电压 $\dot{U}_1$，则在励磁绕组中就会有电流通过，并在内、外定子间的气隙中产生与电源频率 $f$ 相同的脉振磁场。脉振磁场的轴线与励磁绕组 $W_1$ 的轴线一致，它所产生的脉振磁通 $\Phi_d$ 沿绕组 $W_1$ 轴线方向（直轴方向）穿过转子，因而在转子上与绕组 $W_1$ 轴线一致的直轴线圈中感应电动势，这个电动势叫做变压器电动势。该电动势在转子中产生电流并建立磁通。该磁通的方向与励磁绕组 $W_1$ 产生的磁通方向相反，大小与转子位置无关，方向始终在 $d$ 轴上。因此，励磁绕组磁动势与转子变压器电动势引起的磁动势二者之合成磁动势才是产生了纵轴磁通 $\Phi_d$ 的励磁磁动势，其脉振频率为 $f$。该磁通不与输出绕组 $W_2$ 匝链，所以不在其中感应电动势，此时测速发电机的输出电压为零（实际上并非绝对如此，由于测速发电机磁路和电路不可能完全对称，多少总会有些输出——剩余电压）。

应用变压器原理，如果忽略励磁绕组的电阻 $r_1$ 及漏抗 $x_1$，由变压器的电压平衡方程式可看出，电源电压 $U_1$ 与励磁绕组的感应电动势 $E_1$ 相平衡，即

$$U_1 \approx E_1$$

由于感应电动势 $E_1 \propto \Phi_d$，故

$$\Phi_d \propto U_1$$

所以当电源电压一定时，磁通 $\Phi_d$ 保持不变。

当测速发电机的转子以一定速度旋转时，转子导体将切割直轴磁通 $\Phi_d$ 而产生切割电动势 $E_r$（或称旋转电动势）。空心杯转子转速为 $n$，逆时针方向，切割电动势 $E_r$ 的方向可用右手定则确定，如图7-15b所示。因为空心杯转子可以看成为无数多根并联的导条，轴向长度为 $l$，每根导条切割电动势的大小与导条所在处的磁感应强度大小及导条和磁感应强度的相对切割速度成正比，所在处磁感应强度 $B_d \propto \Phi_d$，导条与磁感应强度的相对切割速度 $v \propto n$，切割电动势大小则为

$$E_r \propto \Phi_d n$$

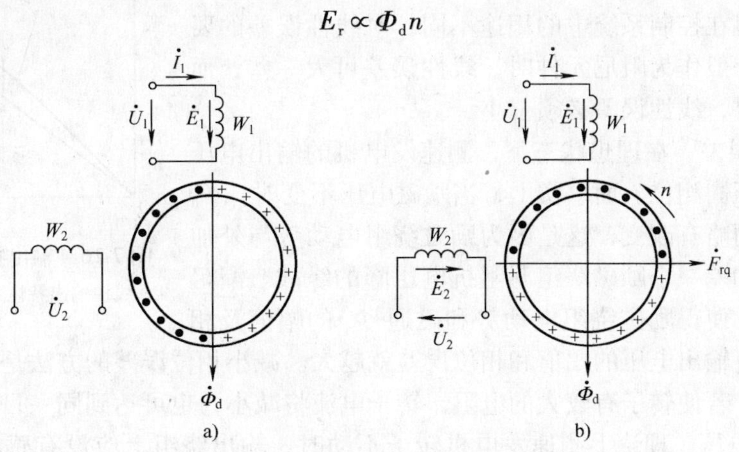


图7-15　交流测速发电机的工作原理

a）转子不动时　b）转子旋转时

空心杯转子是由具有高电阻率的非磁性材料磷青铜做成的，导条电阻数值很大，转子漏磁通和漏电抗却很小，完全可以忽略导条漏抗的影响，因此，切割电动势 $E_r$ 在转子中产生的电流，与切割电动势 $E_r$ 本身同方向、同相位，其大小为

$$I_r = \frac{E_r}{R_r}$$

$$I_r \propto E_r$$

与此同时，转子中产生的电流 $I_r$ 又要建立磁动势 $F_{rq}$，方向在 $q$ 轴上（交轴磁动势），其大小与 $I_r$ 成正比，即

$$F_{rq} \propto I_r \propto E_r \propto \Phi_d n$$

磁动势 $F_{rq}$产生的磁通是沿交轴方向的，匝链着输出绕组 $W_2$，并在其中产生感应电动势 $E_2$。$F_{rq}$产生的磁通以频率 $f$ 交变，输出电动势 $E_2$ 与 $F_{rq}$成正比，即

$$E_2 \propto F_{rq} \propto \Phi_d n$$

通常交流测速发电机输出绕组所接的负载，要求有较大的阻抗，这样输出电流较小，输出绕组的阻抗电压降可忽略不计，输出电压 $U_2 \approx E_2$。由于磁通 $\Phi_d$ 是以频率 $f$ 在交变的，因此输出电压 $U_2$ 也是交变的，其频率等于电源频率 $f$，与转速无关。这就是交流测速发电机的基本工作原理。

2. 主要技术指标

以上在分析交流测速发电机的输出特性时，忽略了励磁绕组和转子漏阻抗的影响，实际上这些阻抗对测速发电机的性能影响是比较大的。即使是输出绕组开路，实际的输出特性与线性输出特性仍然存在着一定的误差。表征交流测速发电机的技术指标有线性误差、相位误差、剩余电压和输出斜率。

（1）线性误差　一台理想的测速发电机输出电压应正比于它的转速，或者说输出特性应是直线，即

$$U_2 \approx kn$$

式中，$k$ 为比例系数。但是实际的测速发电机输出电压与转速间并不是严格的线性关系，而是非线性的，如图 7-16 所示。

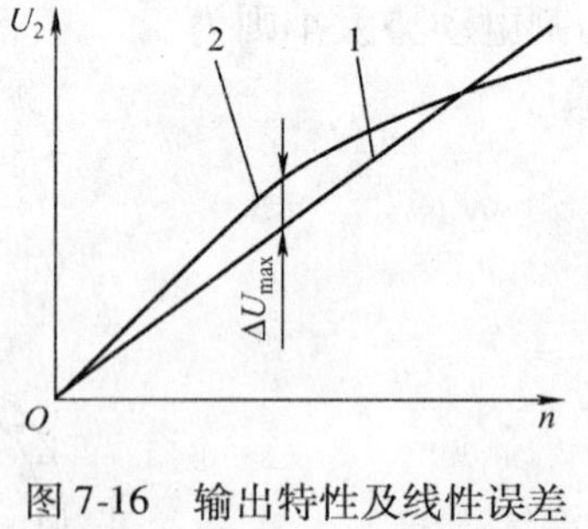

测速发电机在控制系统中的用途不同，对线性误差的要求也就不同。一般作为阻尼元件时，线性误差可大一些；而作为解算元件时，线性误差必须很小。



图 7-16　输出特性及线性误差

1—线性输出特性　2—实际输出特性

（2）相位误差　在理想状态下，测速发电机的输出电压与它的励磁电压同相位。而事实上，当励磁电压不变时，$\Phi_d$ 随负载的改变而略有改变，这是因为励磁绕组电动势与外加励磁电压之间相差一个励磁绕组漏阻抗电压降的缘故。漏阻抗电压降越大，使得励磁绕组电动势和磁通 $\Phi_d$ 的幅值及相位的变化越大，输出电压的幅值和相位误差就越大。减小相位误差的方法是可减小定子励磁绕组的漏阻抗。若使转子有较大的电阻，转子电流将减小，也可达到同一目的。

（3）剩余电压　理论上测速发电机转子不动时，输出绕组上应没有感应电动势，输出电压应为零，但是由于发电机在加工和装配过程中，存在机械上的不对称使两相绕组不正交，磁路不对称使磁力线发生畸变等。因而在转子不动时，在输出绕组上也有磁通穿过而感

应电动势，这叫剩余电压。剩余电压对系统造成的危害很大（系统误差和导致系统误动作等），应合理地选择磁性材料和提高加工质量，采用绕组补偿和磁路补偿等措施，把剩余电压尽量减小。

（4）输出斜率　它是表征测速发电机反映被测转速变化灵敏程度的参数，通常也是规定转速为1000r/min时的输出电压。输出斜率越大，测速发电机对于转速变化的灵敏度越高。

## 二、伺服电动机

在自动控制系统中，伺服电动机作为执行元件，它具有服从控制信号的要求而动作的职能，能把输入的电压信号变为转轴的角位移或角速度输出，并带动控制对象运动，故伺服电动机又称执行电动机。

根据自动控制系统中的要求，伺服电动机必须具备可控性好、稳定性高和适应性强等基本性能。可控性好是信号消失以后，能立即自行停车；稳定性高是指转速随转矩的增加而均匀下降；适应性强是指反应快、灵敏度高。

伺服电动机按电流种类，可分为直流伺服电动机和交流伺服电动机两大类。

### （一）直流伺服电动机

直流伺服电动机的结构和工作原理与普通小型直流电动机相同，有永磁式和电磁式两种基本结构形式。电磁式直流伺服电动机按励磁方式不同又分为他励、并励、串励和复励四种，励磁方式采用他励式较多；永磁式直流伺服电动机也可看做是一种他励式直流电动机。

一般用电压信号控制直流伺服电动机的转向和转速大小。按照控制方式不同，直流伺服电动机又分为电枢控制和磁场控制两种形式。电枢控制方式中，控制电压 $U_a$ 加到电枢绕组两端；改变电磁式直流伺服电动机励磁绕组电压 $U_f$ 的方向和大小的控制方式，叫磁场控制。由于电枢控制可以得到线性的机械特性和调节特性，电枢电路电感比较小，电磁惯性小，反应比较灵敏，因此用得比较多。

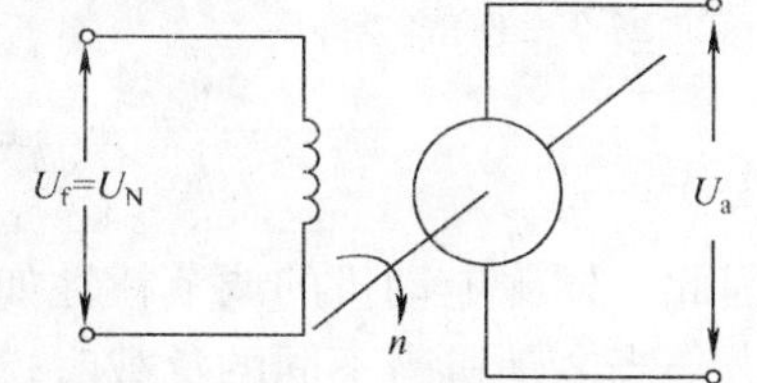

图7-17　直流伺服电动机原理图

电枢控制时，直流伺服电动机的原理图如图7-17所示。励磁绕组通常接到电压为电动机的额定值 $U_f=U_N$ 的电源上进行励磁。电枢绕组就是控制绕组，当控制绕组加控制电压以后，电动机就转动；控制绕组电压消失，电动机就立即停转。电枢控制的直流伺服电动机的机械特性和他励直流电动机改变电压时的人为机械特性一样，忽略电枢反应的影响。其转速方程为

$$n=\frac{U_a}{C_e\Phi}-\frac{R_a}{C_eC_T\Phi^2}T=n_0-\beta T \tag{7-5}$$

电枢电压即控制电压 $U_a=U_K=aU_N$，$a=\dfrac{U_K}{U_N}$为实际控制电压与额定电压之比，叫做信号系数。通常额定控制电压也就是电动机的额定电压，因此上式可表示为

$$n=\frac{aU_N}{C_e\Phi}-\frac{R_a}{C_eC_T\Phi^2}T=an_0-\beta T \tag{7-6}$$

当控制信号不同时，即 $U_a$ 不同时，机械特性为一组平行的直线，如图7-18a所示。当

$U_a$ 大小一定，转矩 $T$ 增大时，转速 $n$ 下降；反之，当转矩 $T$ 减小时，转速 $n$ 上升。转矩 $T$ 与转速 $n$ 之间成正比关系。

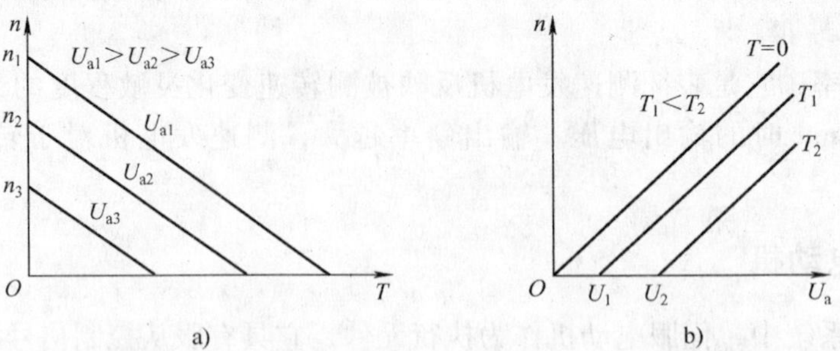


图 7-18　直流伺服电动机的特性
a）机械特性　b）调节特性

电动机在一定的负载转矩下，转速 $n$ 与控制电压 $U_a$ 的关系称为电动机的调节特性。在自动控制系统中，为了控制伺服电动机的转速，就需要知道电动机在带了负载以后，转速随控制信号变化的情况。也就是要知道，电动机在带了负载以后，加多大的控制信号，电动机能转动起来；加上某一大小的控制信号时，电动机的转速为多少。伺服电动机的调节特性可以从机械特性得到，由机械特性式（7-5）：

$$n=\frac{U_a}{C_e\Phi}-\frac{TR_a}{C_eC_T\Phi^2}$$

可知，当 $T$ 为常数时，$n=f(U_a)$ 是一个线性函数，是一个直线方程，直线的斜率为 $1/(C_e\Phi)$。

当 $T=0$ 时

$$n=\frac{U_a}{C_e\Phi}$$

因此，伺服电动机的调节特性如图 7-18b 所示。

当电动机带不同的负载时，由于调节特性的斜率 $1/(C_e\Phi)$ 与负载无关，仅由电动机本身的参数决定。调节特性的斜率是不变的，因此对应不同的负载转矩 $T_1$、$T_2$、……可以得到一组相互平行的调节特性曲线，如图 7-18b 中的曲线 $T_1$、$T_2$。

从直流伺服电动机的调节特性上看出，$T$ 一定时，转速 $n$ 与控制电压 $U_a$ 之间成正比关系。另外，还可以看出，当 $n=0$ 时，不同的转矩 $T$ 需要的控制电压 $U_a$ 也不同。例如 $T=T_1$，$U_a=U_1$，表示只有当控制电压 $U_a>U_1$ 的条件下，电动机才能转起来。另外，控制电压从 $0\sim U_1$ 一段范围内，电动机不转，故此区域称为电动机的死区或失灵区，称 $U_1$ 为始动电压。显然，负载越大，死区也越大。空载时，只要有信号电压 $U_a$，电动机就转动。因此直流伺服电动机的调节特性也是很理想的。

**（二）交流伺服电动机**

交流伺服电动机与直流伺服电动机一样，在自动控制系统中也常被用来作为执行元件。在系统中的任务是将输入的交流电信号（如电压的幅值或相位）转换为转子转轴上的机械传动。

由于交流伺服电动机在控制系统中主要作为执行元件，在性能指标、参数大小以及具体结构上，自动控制系统对它提出的要求有以下几点：

1）调速范围要大，控制信号控制转速和转向应很方便；

2）运行稳定，整个运行范围内的特性应具有线性关系；

3）无“自转”现象，当控制信号消除时，伺服电动机应立即停转；

4）控制功率要小，起动转矩要大；

5）电动机时间常数要小，始动电压要低。当控制信号变化时，反应应快速灵敏。

1. 交流伺服电动机的结构特点和工作原理

在伺服系统中，为了得到必要的稳定性，需要附加阻尼来补偿交流伺服电动机固有阻尼的不足。按照是否带有补偿元件，两相交流伺服电动机可分为：普通型交流伺服电动机，不带有任何补偿元件；非普通型交流伺服电动机，带有补偿元件，且电动机同补偿元件在结构上组成一个整体。普通型交流伺服电动机按转子结构又分为两种基本类型，即笼型交流伺服电动机（如图 7-19 所示）和非磁性杯形交流伺服电动机（如图 7-20 所示）。

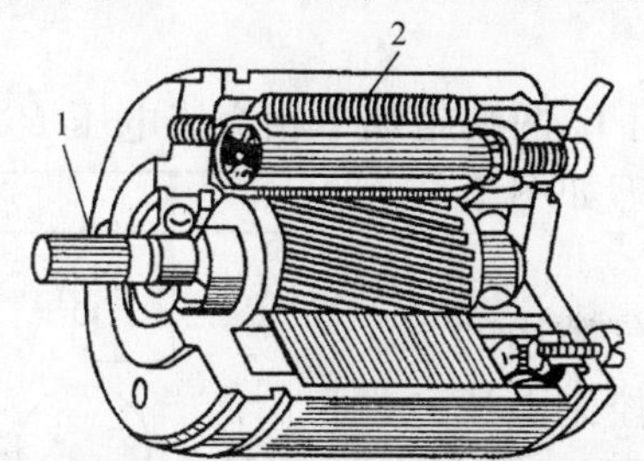


图 7-19　笼型交流伺服电动机

1—转子　2—定子

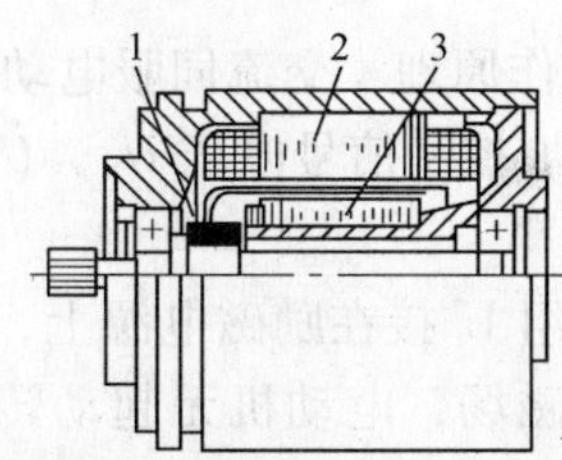


图 7-20　非磁性杯形交流伺服电动机

1—转子　2—外定子　3—内定子

（1）结构特点　两相交流伺服电动机的结构同一般异步电动机相似，主要可分为两大部分，即定子部分和转子部分。但是，定子绕组是两相的，一相为励磁绕组 $L_f$，一相为控制绕组 $L_K$。通常控制绕组分成两个独立且相同的部分，它们可以串联或并联，供选择两种控制电压用。两相绕组在空间相差 90°电角度。交流伺服电动机就是两相异步电动机。

笼形转子与普通笼型电动机转子相似，在制造加工工艺中采用了“一刀通”结构，使定子铁心内圆和轴承室内圆为同一尺寸，一次夹装同时加工，保证了定子内圆和转子外圆的同心度和装配精度，因而可以设计制造成小气隙和细而长的转子。笼型交流伺服电动机有较高的利用率，体积小，质量轻，机械强度好，能在恶劣的气候和环境条件下可靠地工作。由于笼形转子有齿和槽，存在反应力矩，定子和转子之间会产生齿槽粘合现象，使转子“吸住”在某一个位置上。为了克服这种齿槽粘合现象，转子开始转动以前，必须施加一定数值的电压，称之为始动电压。采取转子斜槽措施可以在很大程度上削弱齿槽粘合现象。

非磁性杯形交流伺服电动机的结构如图 7-20 所示。定子部分由外定子和内定子两部分组成，外定子与笼型伺服电动机的定子完全一样，内定子由环形钢片叠成，通常内定子不放绕组，仅有代替笼形转子的铁心，作为电动机磁路的一部分。在内、外定子之间有细长的空心转子装在转轴上，空心转子做成杯子形状，所以又称为空心杯形转子。

杯形转子与笼形转子从外表形状来看是不一样的。但实际上，杯形转子可以看做是笼条数目非常多的、条与条之间彼此紧靠在一起的笼形转子，这样，杯形转子只是笼形转子的一种特殊形式，在电动机中所起的作用也完全相同。因此在以后分析时，只以笼形转子为例，分析结果对杯形转子电动机也完全适用。

非磁性杯形转子主要特点是将铝或铜制成空心薄壁结构，与笼形转子相比较，非磁性杯形转子惯量小，轴承摩擦阻转矩小。因为转子上没有齿和槽，所以定子和转子之间没有齿槽粘合现象，转矩不随轴的位置而发生变化，恒速旋转时转轴一般不会有抖动现象。运转平稳。

比较笼形和非磁性杯形交流伺服电动机，可以看到：

笼型交流伺服电动机优点是利用率高，体积小，机械强度高，可靠性高，制造成本低；缺点是有齿槽粘合现象，影响始动电压的降低，低速运转时不够平滑，有抖动现象。

非磁性杯形交流伺服电动机优点是转子惯性小，运转平滑，无抖动现象，始动电压低；缺点是内、外定子间气隙较大，励磁电流大，利用率低，体积大，制造成本高。

笼形转子伺服电动机优点较多，因此，目前广泛应用的是笼形转子伺服电动机，只有在要求运转非常平稳的某些特殊场合下（如积分电路等），才采用非磁性杯形转子伺服电动机。

（2）工作原理　交流伺服电动机工作时，励磁绕组 $L_f$ 两端施加单相交流电压 $\dot{U}_f$，控制绕组两端施加控制信号电压 $\dot{U}_K$，$\dot{U}_f$ 与 $\dot{U}_K$ 同频率。原理如图 7-21 所示。

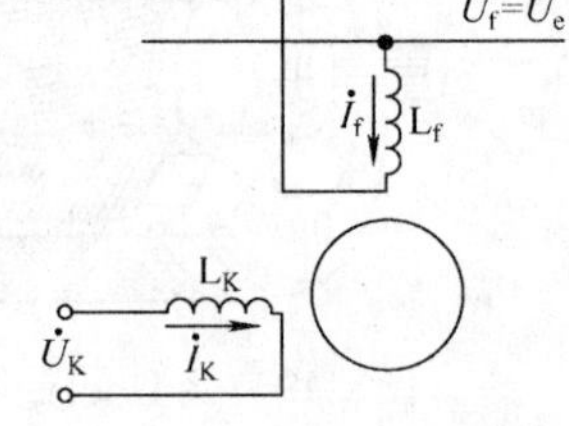


图 7-21　交流伺服电动机原理图

励磁绕组 $L_f$ 接在励磁电源上，控制电压为零时，气隙内的磁场为脉动磁场，电动机无起动转矩，转子不动，若控制电压加在控制绕组上，且控制绕组电流与励磁绕组电流不同相，则在气隙内建立大小一定的旋转磁场，此时就是一台分相起动的单相异步电动机，因此电动机有了电磁转矩，转子就转动起来。但这种伺服性仅仅表现在原来处于静止状态下。伺服电动机在自动控制系统中作为执行元件，不仅要求它在静止状态下能服从控制电压命令而转动，而且要求它在受控起动以后，必须像直流伺服电动机一样具有伺服性，即控制信号电压强时，电动机转速高；控制信号电压弱时，电动机转速低；若控制信号电压等于零，电动机就应该不转了。为了满足信号电压强时转速高、信号电压弱时转速低这一要求，可以让信号强时电动机气隙磁动势接近圆形旋转磁动势，弱时椭圆度大，接近脉振磁动势就行了。如果伺服电动机的参数设计的和一般单相异步电动机的相似，它就和一般单相异步电动机一样，如果控制电压消失（$U_K=0$），仅由单相励磁电源供电时，其机械特性为过原点（$T=0$，$n=0$）的对称曲线，如图 7-22 所示。在其正转电磁转矩特性曲线 $T_+=f(s)$ 上，$T_+=T_{+m}$时的临界转差率 $s_{+m}<1$，$T_-=f(s)$ 与 $T_+=f(s)$ 对称。因此在 $0<n<n_0$（$n_0$ 为理想空载转速）时，合成转矩 $T>0$；而在 $0>n>-n_0$ 时，合成转矩 $T<0$。那么正在运行的交流伺服电动机的控制信号电压一旦变为零，电动机就运行于只有励磁绕组一相通电的情况下，那么电动机还必然在原来的旋转方向上继续旋转，只是转速略有下降，但绝不可能停下来，这样，电动机就失去控制。伺服电动机这种失控而自行转动的现象称为“自转”。

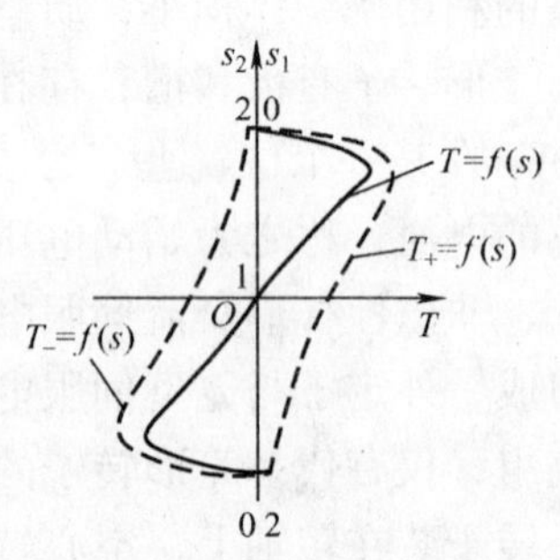


图 7-22　一相绕组通电时的机械特性

自转现象破坏了伺服性，显然是要避免的。从异步电动机工作原理知道，转子电阻增大时，临界转差率随电阻成正比增大，机械特性也逐渐变为下斜特性，而且更接近于直线。图 7-23 中所示的为一相绕组通电后不同电阻值时的机械特性。图 7-23a 所示曲线为转子电阻增大为 $r_2+R_1$，临界转差率 $s_{+m}=0.8$，当控制电压为 0 时，$T>0$，电磁转矩大于负载转矩，电动机仍然会出现失控现象并继续运行，如果继续增大转子的电阻使 $s_{+m}=1$ 时，如图 7-23b 所示，$T_-=f(s)$ 与 $T_+=f(s)$ 对称。因此电动机总的电磁转矩特性 $T=f(s)$ 具有如下的特点：

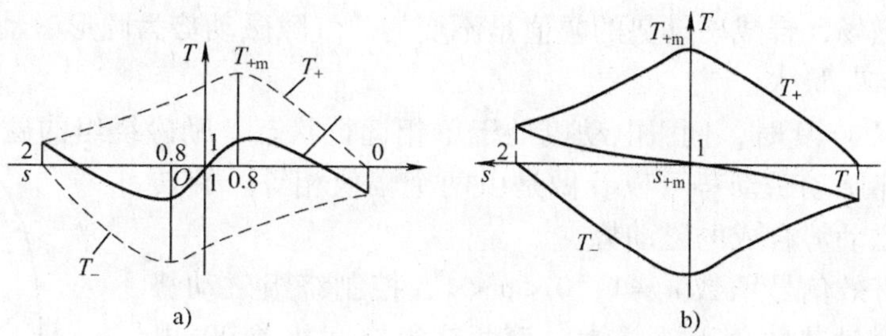


图 7-23　转子不同电阻时的机械特性

a）$r_2+R_1$ 时的人为特性 $s_{+m}=0.8$　b）$r_2+R_1$ 时的人为特性 $s_{-m}=1$

①过零，无起动转矩；②$0<n<n_1$ 时，$T<0$，是制动性转矩；③$0>n>-n_1$ 时，$T>0$，也是制动性转矩。在这种情况下，本来运转的交流伺服电动机，若控制信号电压消失后，由于一相绕组通电运行时的电磁转矩是制动性的，电动机转速将被制动到 $n=0$，只要 $s_{+m}\geqslant 1$，就可克服自转现象。所以，为了克服自转现象，以防止失控，必须将转子电阻设计得满足：

$$\frac{r'_2}{x_1+x'_2}=s_m\geqslant 1$$

但是转子电阻过大，会降低交流伺服电动机的起动转矩，以致影响其快速性。

2. 控制方式

交流伺服电动机在设计时，应让励磁绕组与控制绕组参数一样（即两绕组加相同的电压和相同的频率）。当分别加上额定电压值时，两绕组产生的磁动势幅值一样大。改变控制绕组所加的电压 $\dot{U}_K$ 的大小和相位，电动机气隙磁动势则随着改变，可能成为圆形旋转磁动势，也可能成为不同椭圆度的椭圆旋转磁动势或脉振磁动势。由于气隙磁动势的变化，电动机机械特性也相应改变，拖动着负载运行的交流伺服电动机的速度 $n$ 也随之改变了。

由此改变 $\dot{U}_K$ 的大小与相位即可实现对交流伺服电动机的控制，主要有三种控制方法：幅值控制、相位控制和幅值-相位控制。

(1) 幅值控制　不改变控制电压的相位，而是改变控制绕组上信号电压的幅值大小来控制交流伺服电动机转速，这种控制方式称为幅值控制。幅值控制原理如图 7-24 所示。

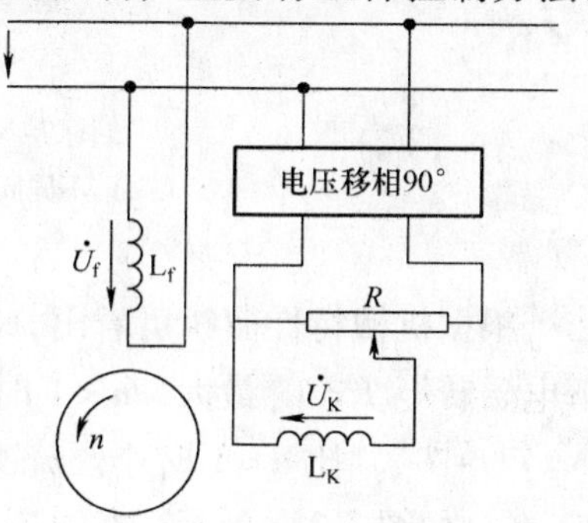


图 7-24　幅值控制原理图

励磁绕组 $L_f$ 直接接交流电源，电源电压为额定值。控制绕组所加的电压为 $\dot{U}_K$，其相位与励磁绕组电压相差 90°，用电位器来调节控制电压 $\dot{U}_K$ 的大小。这时 $\dot{U}_K$ 的大小为 $U_K=aU_{KN}$，$U_{KN}$ 为控制绕组额定电压，$a$ 称为有效信号系数，$a$ 最大值为1。若以 $U_{KN}$ 为基值，控制信号电压 $\dot{U}_K$ 的标么值就是 $a$，即

$$\frac{U_K}{U_{KN}}=a$$

这时 $U_K=aU_{KN}$，它的大小随 $a$ 而变。

当 $a=1$ 时，即 $U_K=U_{KN}$时，设两个绕组的阻抗相同，则两个绕组电流大小相等，相位相差90°电角度，这时两相交流伺服电动机处于对称状态。两相对称绕组的合成磁动势是一个在空间旋转的磁场，合成磁动势的幅值是不变的。气隙磁动势为圆形磁动势。在一定的转速下电磁转矩 $T=T_+$ 最大。

当 $a=0$，即 $U_K=0$ 时，伺服电动机处于单相运行状态，励磁绕组的磁动势是一个单相脉动磁动势，单相脉动磁动势可以看做是由两个幅值相等、旋转方向相反的旋转磁动势合成的磁动势。

一般情况，有效信号系数 $a\neq1$，$0<a<1$，控制绕组磁动势幅值与励磁绕组磁动势幅值不一样大，而两绕组空间相差90°电角度，所加电压及所通电流时间相差90°电角度，电动机总的气隙合成磁动势为椭圆形旋转磁动势，空间磁动势矢量图如图7-25所示。该图中旋转磁动势 $\dot{F}$ 为对应某一时刻的正转磁动势与反转磁动势的矢量和。$a$ 值越小，椭圆度越大，越接近脉振磁动势。

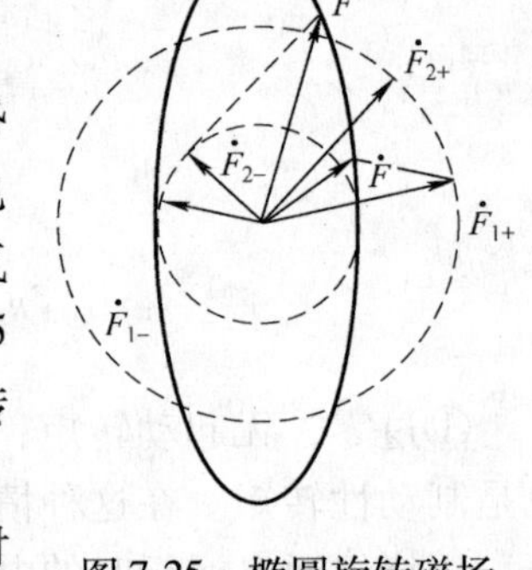


图7-25 椭圆旋转磁场

综上所述，当 $a$ 由 1→0 时，伺服电动机由对称状态变为不对称，采用分析单相异步电动机两相绕组通电时的方法，正转磁动势与反转磁动势分别产生电磁转矩 $T_+$ 与 $T_-$，总的转矩 $T=T_++T_-$，最后可以得出有效信号系数 $a$ 为不同值时相应的机械特性，如图7-26a所示。该图中，电磁转矩与转速都采用标么值。转矩的基值是 $a=1$ 圆形磁动势时电动机的空载转速为 $n_1$，转速的基值是同步转速。机械特性不是直线。

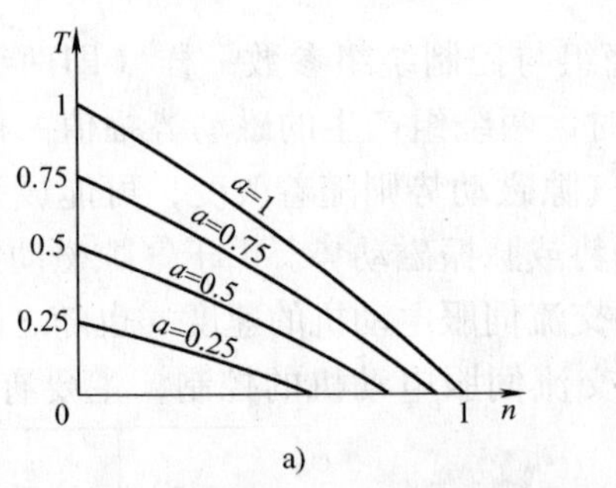


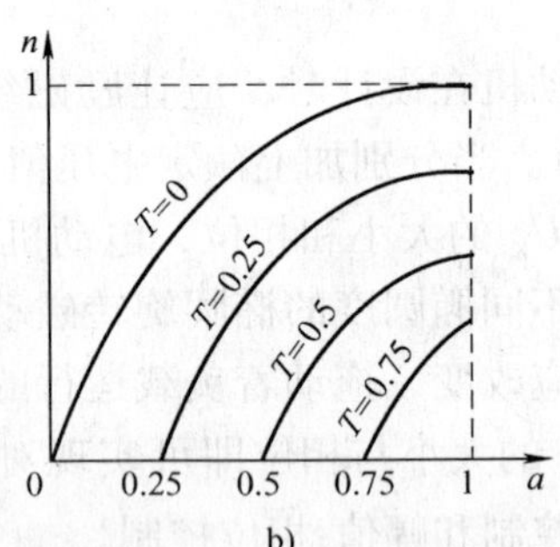


图7-26 幅值控制时的机械特性与调节特性

a）不同 $a$ 的机械特性 b）不同转矩的调节特性曲线簇

根据机械特性曲线可看出，$a=1$ 时，气隙磁动势为圆形磁动势，$T_-=0$，在一定的转速下电磁转矩 $T=T_+$最大。$a<1$ 时，反转磁动势 $F_-$出现，$T_-\neq0$，在一定转速下，电磁转矩 $T=T_++T_-$，比 $a=1$ 时小。$a$ 越小，理想空载转速越低，而 $a=0$ 时，$T_+=T_-$。机械特性 $T=f(s)$ 如图7-23a所示，在图7-26a中，机械特性通过原点时不在第一象限内。在 $0\leqslant a\leqslant1$ 范围内，在相同的负载下，信号系数越大，电动机的转速就越高，这就达到了控制目的。

通过机械特性还可以得到交流伺服电动机幅值控制的调节特性，图 7-26b 所示的是不同转矩的调节特性曲线簇。幅值控制时调节特性也不是直线，只在转速较低时近似为直线。为了使交流伺服电动机的调节特性用在转速较低的区域，以保证伺服系统动态误差较小，可以采用提高同步转速 $n_1$ 的方法，例如许多交流伺服电动机采用频率为 400Hz 的交流电源，提高它的同步转速 $n_1$。与直流伺服电动机相似，调节特性与横轴交点的有效信号系数的值为始动电压的标幺值，转矩越大时，始动电压越高。

（2）相位控制　改变控制信号电压相位与励磁绕组相位的关系，来控制交流伺服电动机转速的控制方式称为相位控制。

相位控制原理如图 7-27 所示。励磁绕组仍接在电压幅值恒定的交流电源上。控制绕组则经过移相器接到电网上，所加信号电压为额定值，频率与励磁绕组电压频率相同，其相位却是变化的。二者的相位差为 $\beta(\beta=0°\sim90°)$。当 $\beta=90°$时，产生圆形旋转磁场；当 $\beta=0$ 时则为脉动磁场。$\sin\beta=0\sim1$，称为相位控制的信号系数。

（3）幅值-相位控制　幅值-相位控制原理如图 7-28 所示。励磁绕组外串电容后再接交流电源（即电容分相）。当改变控制电压 $\dot{U}_K$ 的数值时，由于转子绕组的耦合作用，将引起励磁回路内的电流发生相应的变化，因此，电容上的电压 $\dot{U}_C$ 也将发生变化。因为 $\dot{U}_C+\dot{U}_f=\dot{U}$，所以 $\dot{U}_f$ 的大小和相位也将随之发生变化，电动机内合成磁动势的性质（或椭圆度）也随之改变，从而具有不同的机械特性，使电动机也具有伺服性。

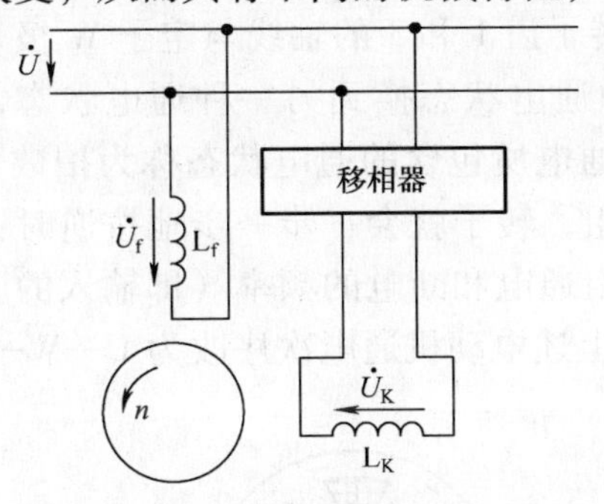


图 7-27　相位控制原理图

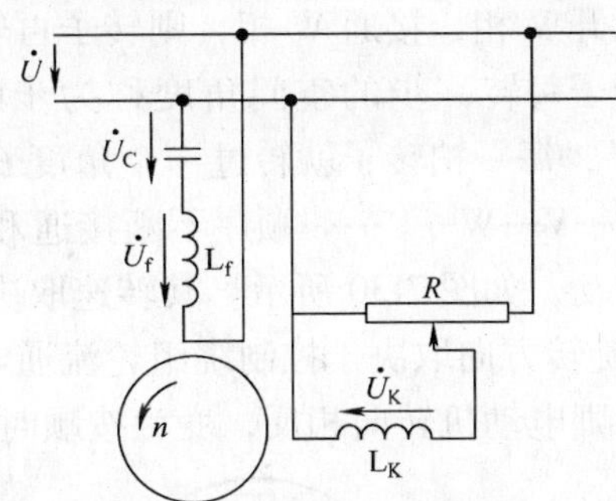


图 7-28　幅值-相位控制原理图

后两种控制方法的机械特性和调节特性与幅值控制方法的相似，为非线性，在转速标么值较小时线性好。

因为幅值-相位控制电路简单，输出功率较大，所以应用较多。

## 三、步进电动机

步进电动机是数字控制系统中的一种执行元件。它可以把脉冲信号转变成角位移或直线位移，其位移量（角度或者长度）与输入脉冲信号有严格的对应关系，转子转速与输入脉冲频率能保持同步，所以又称为脉冲电动机。

步进电动机角位移量 $\theta$ 或线位移量 $S$ 与脉冲个数 $k$ 成正比，转速 $n$ 或线速度 $v$ 与脉冲频率 $f$ 成正比。在所能承受的负载范围内，步进电动机的步距（或转速）不受电压波动、负载变化、环境条件的影响，而只与脉冲频率成正比。步进电动机在不丢步情况下运行时，角位移的误差不会长期积累，因此可以看成是一种具有较高定位精度的执行元件，主要用在高精度的开环系统中。

在速度和位置控制系统中，步进电动机驱动系统具有运行可靠、结构简单、成本低、维修方便等优点。可以在很宽的范围内通过改变脉冲频率来调速；能够快速起动、反转和制动。

目前，步进电动机的应用范围很广，在数控、工业控制、数模转换和计算机外部设备，以及航空系统、办公自动化设备、医疗设备、自动记录仪表等方面得到很多应用。

## （一）基本原理和结构

按励磁方式分类，步进电动机可分为磁阻式（反应式）、感应子式和永磁式。图 7-29 为步进电动机结构原理图。图中定子有六个磁极，每两个相对极上绕有一相绕组，定子的三相绕组即为控制绕组，转子有四个磁极，且无绕组。当 U 相绕组通电时，由于磁力线力图通过磁阻最小的途径，转子将受到磁阻转矩的作用，必然转到其磁极轴线与 U 相绕组轴线重合位置。此时磁力线通过磁路磁阻最小，因而两轴间的夹角为零，磁阻转矩为零，转子停止转动。同理，当断开 U 相接通 V 相时，转子便按逆时针方向转过 30°，使转子齿 2 和 4 的轴线与定子 V 极轴线对齐。断开 V 相，接通 W 相，则转子再转过 30°，使转子齿 1 和 3 的轴线与定子 W 极轴线对齐。转子每转一步的空间角度称为步距角 $\theta_b$。一种通电状态换到另一种通电状态，叫做“一拍”，每一拍转子就转过一个角度 $\theta_b$，循环一次通电所包含的通电状态称为拍数 $N$。如此按 U—V—W—U……顺序不断接通和断开控制绕组，转子就会一步一步地按逆时针方向连续转动，如图 7-30 所示。其转速取决于各控制绕组通电和断电的频率（即输入的脉冲频率），旋转方向取决于控制绕组轮流通电的顺序。如上述电动机通电次序改为 U—W—V—U……，则电动机转向相反，变为按顺时针方向转动。

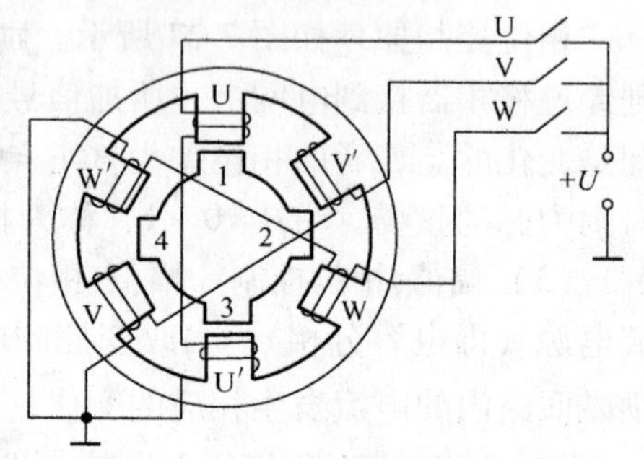


图 7-29　步进电动机结构原理图

图 7-30　三相单三拍运行

这种按 U—V—W—U……方式运行的称为三相单三拍运行。三相步进电动机的通电方式除“单三拍”外，还有“双三拍”，即按 UV—VW—WU……顺序通电，每次有两相通电。不难看出，通电后所建立的磁场轴线处于通电的两相磁极之间，因而转子磁极轴线与未通电一相的磁极轴线对齐。例如 U、V 相通电，转子磁极应与 C—C 极轴线对齐。按此方式运行，步距角与“单三拍”相同。“三相六拍”是按 U—UV—V—VW—W—WU—U……的顺序通电，相当于前述的两种通电方式综合，步距角为“三拍”方式一半。上述简单的三相步进电动机，步距角太大，即每一步转过的角度太大，很难满足生产中所提出的位移量要小的要求。

1. 磁阻式步进电动机

磁阻式步进电动机（也叫反应式步进电动机）具有结构简单、性能可靠、分辨率高和价格合理等优点，是应用较多的一种步进电动机，特别在我国应用更为广泛。例如在经济型数控机床中，大量使用机壳号为 $\phi110$、$\phi130$、$\phi150$，转矩为 8～20N · m，步距角为 0.75°、1.5°的三相和五相磁阻式步进电动机。图 7-31 为一台三相磁阻式步进电动机的典型结构示意图。其定子、转子均由软磁材料冲制、叠压而成。定子冲片上共有六个磁极（定子大齿），仍组成三对磁极，所不同的是每个磁极上均布许多小齿。定子上有三套绕组，每套绕组绕在径向相对的两个磁极上组成一相，三相绕组接成星形，转子上没有绕组。转子沿圆周均匀分布许多小齿，根据工作要求，定子、转子齿宽和齿距必须相等，转子齿数不能为任意数值，应有一定的配合，应满足：①在同相的几个磁极下，定子、转子齿应同时对齐或同时错开，这样才能使同相的几个磁极的作用相加，产生足够的磁阻转矩；②在不同相的极下，定子、转子齿的相对位置应依次错开齿距（$t$）的 $m$（相数）分之一。

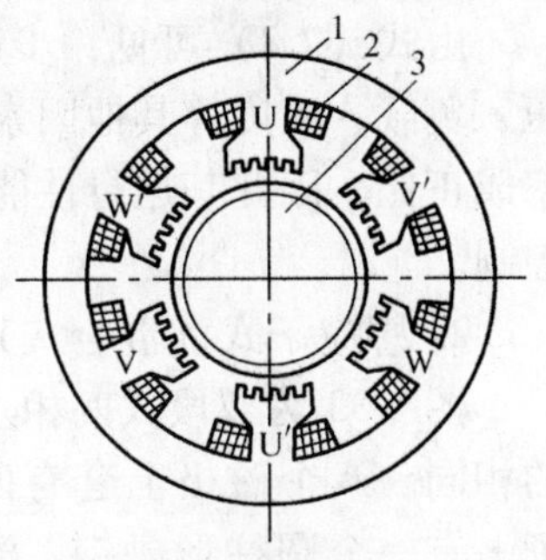

图 7-31　磁阻式步进电动机的结构

1—定子铁心　2—定子绕组　3—转子

如图 7-31 所示三相步进电动机，转子齿数 $Z_r=40$，定子一个磁极上的小齿数 $z_s=5$，且齿距 $t=9°$。它的展开图如图 7-32 所示。由于每个极距所占的转子齿数为 $\frac{40}{6}=6\frac{2}{3}\neq$ 整数，因此当 U 相下的定子、转子齿对齐时，V 相下的定子、转子齿必然错开 $\frac{1}{3}t$（即三分之一齿距），$W$ 相下的定子、转子齿错开 $\frac{2}{3}t$。在通电相的定子磁场作用下，由于转子力图取最大磁导位置，即转至定子、转子齿对齐的位置，因此每一拍转子转过相当 $t/m$ 齿距，一个通电循环的拍数 $N$ 与步距角 $\theta_b$ 乘积为一个齿距角。一个齿距角为 $2\pi$ 电角度，用机械角表示为

$$\theta_t=\frac{360°}{Z_r}$$

式中，$Z_r$ 为转子齿数。

实际应用中，常采用机械角度表示步进电动机的步距角，则步距角为

$$\theta_b=\frac{\theta_t}{N}=\frac{360°}{Z_rN} \tag{7-7}$$

式中，$N$ 为运行拍数，一般 $N=m$ 或 $N=2m$。

如图 7-32 所示的步进电动机，采取三相单三拍运行时，$N=m=3$，转子齿数 $Z_r=40$，齿距角为 $\frac{360°}{Z_r}=\frac{360°}{40}=9°$，三拍走 9°，每拍走一步的步距角 $\theta_b=\frac{360°}{3\times40}=3°$。如按三相六拍运行方式，$N=2m=6$，则步距角 $\theta_b=1.5°$。

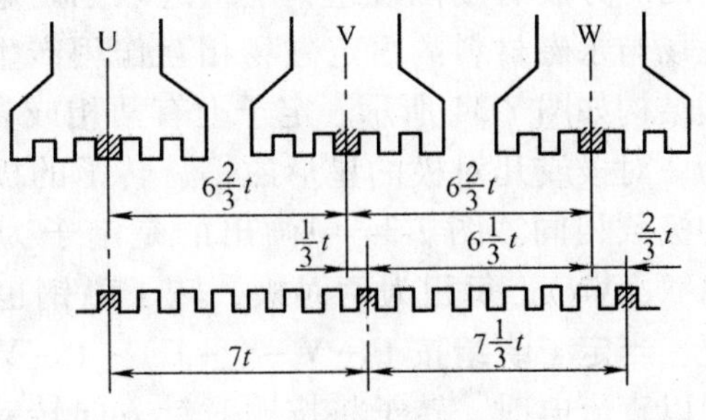

图 7-32　定子、转子展开图（$m=3$，$Z_r=40$）

为了提高步进电动机的工作精度，希望步

距角做得小些，由式（7-7）可见，可通过增加拍数 $N$ 或相数 $m$ 来减小步距角。对同一个步进电动机，既可以采用单拍方式运行，也可以采用单、双拍方式运行。采用双拍方式运行时步距角减小一半，所以一台步进电动机可有两种运行拍数 $N$，有两种步距角，如 1.2°/0.6°、1.5°/0.75°、1.8°/0.9°、2°/1°、3°/1.5°等。由于这种电动机的转子齿数可制成很多，因此它的步距角可制得很小，分辨率很高。此外，步进电动机步距角误差不会长期积累（只有在一周内才会积累，每转一周积累误差为零），因此，可实现精确的机械位移控制。

步进电动机连续运转时，每输入一个脉冲，转子移动一个步距角 $\theta_b$，那么，转子每分钟所转过的圆周数，即转速为

$$n=\frac{60f\theta_b}{360°}=\frac{60f}{Z_r N} \tag{7-8}$$

由式（7-8）可见，步进电动机转速取决于脉冲频率 $f$、转子齿数 $Z_r$ 和拍数 $N$，而与电压、负载、温度等其他因素无关。当转子齿数一定时，步进电动机转子的转速与输入脉冲频率成正比，因此其运行性能可靠，通过改变脉冲频率，可以在宽广范围内实现无级平滑调速控制。

2. 感应子式（混合式）步进电动机

图 7-33 为双段式四相永磁感应子式步进电动机的结构。定子和四相磁阻式步进电动机的相同。八个磁极上套有四套绕组，组成四相绕组。转子上有一个圆柱形磁钢，沿轴向充磁，两端分别放置由软磁材料制成的有齿导磁体并沿圆周方向错开半个齿距。当某相绕组通以励磁电流后，就会使一端的磁极下的磁通增强而使另一端减弱，异性磁极的情况也如此，一端增强，一端减弱。改变励磁绕组通电的相序，产生合成转矩可以使转子转过 1/4 齿距达到稳定平衡位置。这种步进电动机不仅具有磁阻式步进电动机步距小、运行频率高的特点，还具有控制功率小、电磁阻尼大、消耗功率小和有自锁制动能力等优点，是目前发展较快的一种步进电动机。缺点为结构复杂、成本较高。它适用于精密的数控系统，如大量用于软盘和硬盘磁头驱动系统。

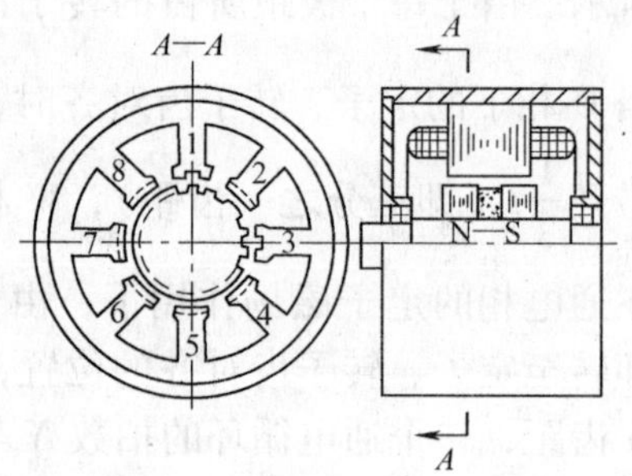

图 7-33　永磁感应子式步进电动机的结构

3. 永磁式步进电动机

转子或定子任何一方具有永磁材料的步进电动机叫永磁式步进电动机，其不具有永磁材料的一方放有励磁绕组，绕组通以励磁电流后，建立的磁场与永磁材料的恒定磁场相互作用产生电磁转矩。典型结构如图 7-34 所示。定子上有两相或多相绕组，转子为一对极或几对极的星形磁钢，转子的极数与定子每相的极数相同。图 7-34 中画出的是定子为两相集中绕组（UN、VN），每相为两对极，转子磁钢也是两对极的情况。当定子绕组按 U－V－（－U）－（－V）－U……轮流通以直流电时，转子将按顺时针方向转动，此时步距角为 45°。改变通电相序就可以改变转动方向。一般来说，

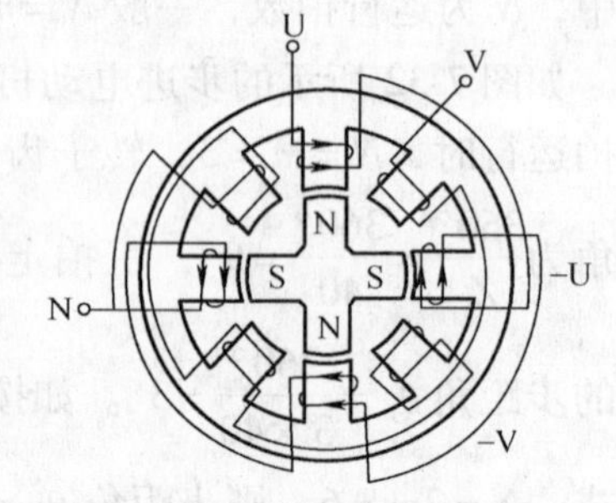

图 7-34　永磁式步进电动机的结构

步距角的值为

$$\theta_b = \frac{360°}{2mp}$$

式中，$p$ 为转子极对数；$m$ 为相数。

永磁式步进电动机的特点是：

①步距角大，例如 15°、22.5°、30°、45°、90°等；

②相数大多为二相或四相；

③起动频率较低，通常为几十到几百赫（但转速不一定低）；

④控制功率小，驱动电压一般为 12V 或 24V，电流小于 2A；

⑤断电情况下具有定位转矩；

⑥内阻尼力矩大。

## （二）矩角特性和静态转矩

由步进电动机工作原理可知，当控制脉冲不断送入，各相绕组按照一定程序轮流通电时，步进电动机转子将一步步地转动。步进电动机不改变通电情况的运行状态，称为静态运行。下面以 U 相绕组通电，V、W 两相断电的静态运行情况来进行分析。

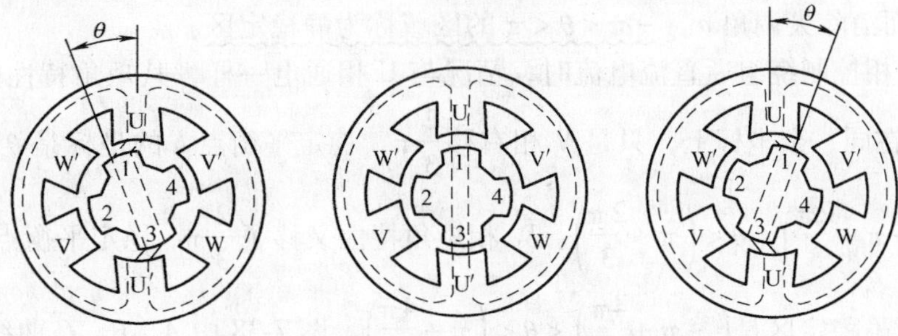


图 7-35 U 相绕组通电时的静转矩与失调角

若不改变通电状态，步进电动机在磁场作用下会固定在某一个稳定平衡位置上。转子偏离该稳定平衡位置的角度叫做失调角，规定齿 1 轴线逆时针领先定子磁极 U 的轴线为正。$\theta$ 的大小用电角度表示，规定转子每一个齿所占空间角度为电角度，则步进电动机会产生对应的静态电磁转矩 $T$，规定逆时针方向为正，如图 7-35 所示。理想情况下，静转矩与失调角及绕组电流的关系是

$$T = -C\sin\theta$$

式中，常数 $C$ 值由电流大小、气隙磁阻情况和控制绕组匝数确定。$T = f(\theta)$ 叫做步进电动机的矩角特性。图 7-36 为 U 相绕组通电时的矩角特性。

如图 7-36 所示，$\theta = 0$，$T = 0$ 的位置称为稳定平衡位置（或协调位置）。如果转子偏离这个位置，转过某一角度时，定子、转子齿之间的吸力有了切向分量，形成转矩 $T$，此称为静态转矩。随着失调角 $\theta$ 的增加，电动机产生的转矩增大，当 $\theta = \pm\pi/2$（即 1/4 齿距角）时转矩最大，步进电动机矩角特性上的静态转矩最大值 $T_{max}$ 表示了步进电动机承受负载的能力。当 $\theta = \pm\pi$（即 1/2 齿距角）时，转子的位置正好使转子的

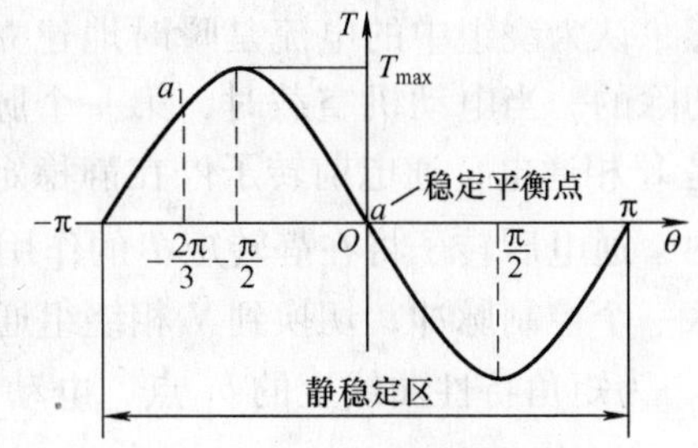


图 7-36 U 相的矩角特性图

齿轴线对准定子槽的轴线，转子槽轴线对准定子齿的轴线，此时，相邻两个转子齿都受到中间那个定子齿的拉力，对转子的作用是相互平衡的，如图 7-37 所示，故转矩也为零。当失调角继续增大，且 $\theta > \pm\pi$ 角度时，转子齿转到下一个定子齿下，受下一个定子齿的作用，转矩的方向是使转子齿与该定子齿对齐。因此，电动机空载（$T_L=0$）时，转子位置只要在 $-\pi<\theta<\pi$ 区域，例如转子 $\theta=-\dfrac{2}{3}\pi$，当 U 相绕组通电后，从矩角特性上看出是曲线上的 $a_1$ 点，其静转矩 $T>0$。在 $T$ 作用下转子逆时针旋转，到 $a$ 点，此时 $T=0$，在矩角特性曲线上简单地表示为沿曲线从 $a_1 \to a$，在这个转动过程中，转子从 $a_1$ 到 $a$ 之前，转矩始终为正，使转子逆时针加速转动，转到 $a$ 时，虽然 $T=0$，但由于转子的惯性作用，转子将转过点 $a$ 进入 $\theta>0$ 区域，这时 $T<0$，转子逐渐减速到零，而后顺时针转再回到 $a$，同样由于转子的惯性作用使转子不能停在 $a$ 点而转回到 $\theta<0$ 区域，如此多次，形成以 $a$ 点为中心的振荡。由于有摩擦力（或有其他阻尼装置加大摩擦）的作用，振荡衰减，最终转子停在 $a$ 点（称为 U 相的稳定平衡点）。根据分析，当转子偏离 $a$ 产生失调角时，只要 $-\pi<\theta<\pi$，静转矩 $T$ 就能自动把转子拉回到 $a$，从而消除失调角 $a$。$-\pi<\theta<\pi$ 的区域称为静稳定区。

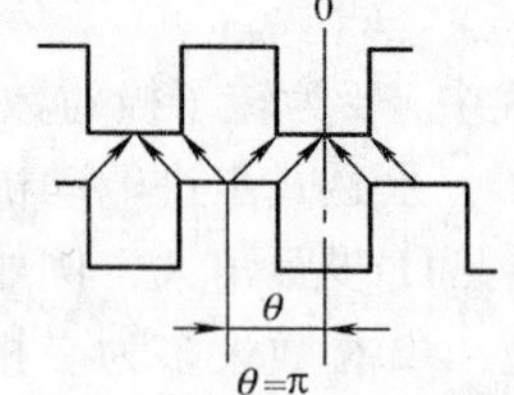

图 7-37　定子、转子间的作用力

V 相和 W 相控制绕组通直流电流时，情况与 U 相通电一样，其矩角特性曲线与 U 相的完全一样，画在同一个坐标上，只是 V 相右移$\dfrac{2}{3}\pi$，稳定平衡点 $b$ 的坐标是 $\theta=\dfrac{2}{3}\pi$，$T=0$，静稳定区是$\left(-\pi+\dfrac{2\pi}{3}\right)<\theta<\left(\pi+\dfrac{2\pi}{3}\right)$。W 相矩角特性又移了$\dfrac{2}{3}\pi$，稳定平衡点 $c$ 的坐标是 $\theta=\dfrac{4}{3}\pi$，$T=0$，静稳定区是$\left(-\pi+\dfrac{4\pi}{3}\right)<\theta<\left(\pi+\dfrac{4\pi}{3}\right)$。图 7-38 中 $A$、$B$、$C$ 曲线为 U、V、W 三相绕组分别通电时的矩角特性。

### （三）步进电动机的运行状态

1. 单步运行状态

步进电动机在单相或多相通电状态下，输入的脉冲频率非常低，其脉冲周期比转子振荡过渡过程时间长，下面用矩角特性说明这种运行状态。

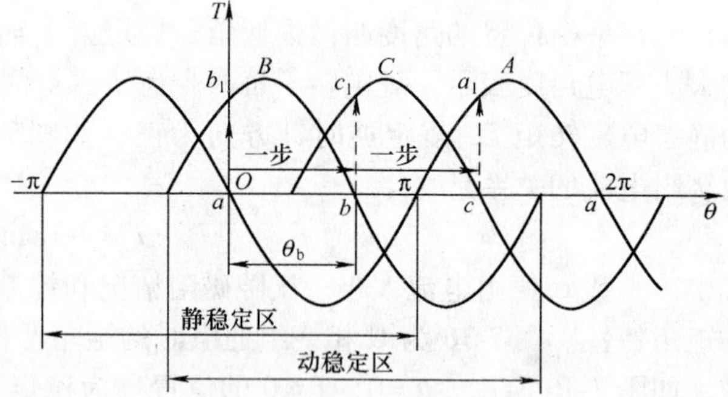

图 7-38　步进电动机三相矩角特性与空载步进运行图

为了研究方便，先不计绕组的电感，认为绕组中的电流是瞬时地建立和切除的。当电动机空载时，第一个脉冲是 U 相通电，通电前转子停在静稳定区内，通电后转子将在静转矩 $T$ 的作用下，停到稳定平衡点 $a$，此处 $\theta=0$，$T=0$。如果此时送入一个控制脉冲，切换到 V 相绕组通电，通电瞬间 $\theta=0$，转子处在 V 相的静稳定区内，$T>0$，为矩角特性曲线上的 $b_1$ 点，电动机在电磁转矩作用下将向新的初始平衡位置移动，直至移动一个步距角 $\theta_b$（等于 120°）为止。$b$ 点就成为新的平衡位置，此处 $\theta=\dfrac{2}{3}\pi$，$T=0$，该

过程简单表示为 $a \to b_1 \to b$。这样，电动机从 $\theta=0$ 到 $\theta=\frac{2}{3}\pi$，步进了一步（一个步距角）。如果不断送入控制脉冲，使绕组按照 U—V—W—U……顺序不断换接，电动机就不断地一步一步转动，每走一步转过一个步距角，这种一个脉冲走一步、一步一停的运行状态叫做步进运行。这样把通电绕组的静稳定区称为静稳定区，把下一个通电绕组的静稳定区称为动稳定区。由步进电动机作单步运行的情况可看出，步进电动机通电运行时，转子每旋转一步所停留的位置必须处于下一相通电绕组的静稳定区内，这样下一相通电绕组的静转矩才能将转子拉入其静态稳定点，因此，这就要求静、动稳定区必须有所重叠，重叠区域 $(\pi-\theta)\neq 0$，这样转子就可沿原来方向继续旋转下去，重叠区域越大越好，如图 7-38 所示。

下面分析步进电动机带负载步进运行的情况。当电动机带有恒定负载 $T_L$ 时，转矩平衡关系不变，转子每一步停留的点上其静转矩仍为 $T=T_L$，与空载相比，转子的稳定点将落后 $a$ 点一个失调角 $\theta_L$，如图 7-39 所示。设 U 相通电，转子将停留在失调角为 $\theta_L$ 的位置上。在 $a_1$ 处，$\theta=\theta_L$，$T=T_L$；如果送入控制脉冲，转换到 V 相通电，则有 $\left(-\pi+\frac{2}{3}\pi\right)<-\theta_L<\left(\pi+\frac{2}{3}\pi\right)$，且在 $\theta=-\theta_L$ 点（$b_2$ 点），其 $T_B>T_L$，转子将在转矩 $T_B$ 的作用下转过一个步距角 $\frac{2}{3}\pi$，稳定在 $b_1$ 点，在这里 $T_B=T_L$。这样，当绕组不断地换接时，电动机将不断地作步进运动，步距角仍为 $\frac{2}{3}\pi$ 电角度，与空载时一样。负载运行时的条件：①转子运行时每一步必须停在动稳定区内；②在每一步的平衡点处，下一相通电的静转矩 $T>T_L$，这样，转子才能沿着原来的旋转方向继续进行。若转子偏离角度超出上述范围，则在外力消失后，转子将转到相邻齿距下的稳定平衡点，步进电动机就会失步，这是不允许的。

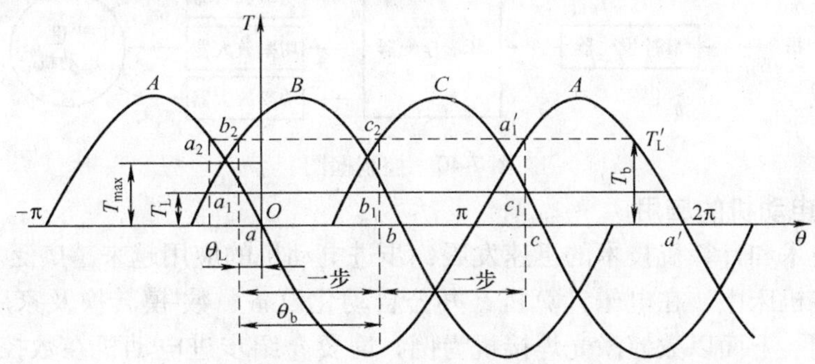


图 7-39　负载时步进电动机的单步运行图

现在来分析步进电动机作单步运行时可能带的最大负载。图 7-39 表示步进电动机作单步运行时的矩角特性，相邻两相矩角特性的交点所对应的电磁转矩用 $T_{max}$ 表示。当电动机所带负载 $T_L<T$ 时，如果开始时转子是处在失调角为 $\theta_L$ 的平衡点 $a_1$，当控制脉冲切换到 V 相绕组通电时，矩角特性转换到 V 相曲线（曲线 $B$）。这时，对应角 $\theta_L$ 的电磁转矩大于负载转矩，转子将在电磁转矩的作用下转过一个步距角到达新的稳定平衡点 $b_1$。但是，如果负载转矩 $T_L'<T_{max}$，开始时转子处于 $a_2$ 点，当绕组切换到 V 相绕组通电时，V 相绕组产生的电磁转矩 $T_B<T_L$，电动机将不能作步进运行。由此可知，电动机以一定通电方式运行时，实

际上电动机所带的负载转矩 $T_L$ 必须小于相邻矩角特性的交点所对应的转矩 $T_{max}$ 才能正常运行。由图 7-39 可看出，步进运行可能带的最大负载是 $T_{Lmax}=T_{max}$，等于相邻两相矩角特性曲线交点的静转矩。重叠角（$\pi-\theta_b$）越大，$T_{max}$ 也越大，电动机的负载能力也随之增大。

2. 连续运行状态

当不断提高脉冲频率 $f$，使其周期小于转子振荡的过渡时间时，步进电动机由步进状态进入连续转动状态。但转子仍然是一个脉冲步进一步，其步距角也不变。连续运行状态是步进电动机经常运行的状态，在连续运行状态时，控制频率比较高，转速与频率成正比，调速范围很大。在运行过程中具有良好的动态性能是保证控制系统可靠工作的前提。电动机不失步运行的最高频率叫运行频率。为了增加电动机的稳定性，步进电动机要采取适当的阻尼措施，使振荡很快衰减。如果阻尼系数太小，转子产生的振荡幅值超出 $-\pi<\theta<\pi$ 静稳定区域，则转子可能沿其他相的矩角特性转动，到达相邻齿的稳定平衡点，出现失步现象。同时，采用减小步距角的方法也可增加电动机的稳定性。

前面分析的三相六极步进电动机 U、V、W 三相通电的方式是三相单三拍，为了提高稳定性，可以采用双三拍的通电方式，步距角 $\theta_b=\dfrac{2}{3}\pi$ 与三相单三拍相同，但是，在双三拍的每一步平衡点，转子受到两个相反方向的转矩而平衡，振荡弱，稳定性好。还可以采用三相六拍运行，按 U－UV－V－VW－W－WU－U……一相和两相间隔轮流通电的运行方式，步距角 $\theta_b=\dfrac{1}{3}\pi$ 电角度。由于采用六拍运行时，其重叠角 $\pi-\theta_b=\dfrac{2}{3}\pi$，比三拍的增大一倍，$T_{max}$ 增大，使负载能力增加，稳定性进一步提高。

由于步进电动机的通电方式不同，常常需要用一个专用驱动电源供电，其框图如图 7-40 所示。

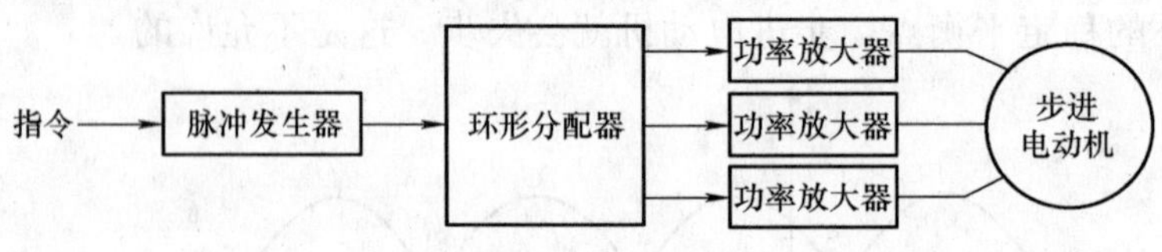


图 7-40　控制框图

### (四) 步进电动机的应用

随着数字技术和计算机技术的迅速发展，步进电动机的应用越来越广泛。目前，多用在机械加工的数控机床中，在电子计算机、办公自动化设备、数-模转换及家用电器设备也得到了广泛的应用。下面以数控激光焊接机为例，简要介绍步进电动机在数控技术中的应用。图 7-41 为焊接机机械结构示意图。

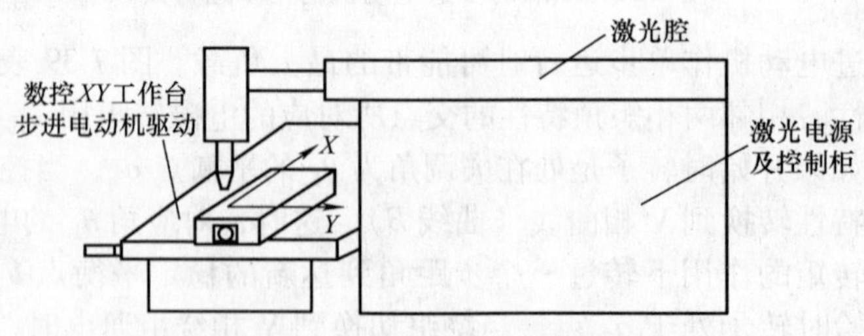


图 7-41　焊接机机械结构示意图

激光焊接机对控制系统的要求与普通数控铣床数控系统类似，它不要求 $Z$ 轴控制，而要求控制工件在 $X$、$Y$ 方向的移动。为了达到精度要求，对这两种动作必须非常准确地进行控制。在数控激光焊接机中，上面两个方向的动作分别由两个步进电动机即 $X$ 方向步进电动机、$Y$ 方向步进电动机来拖动，每一个方向步进电动机都由电脉冲控制。加工零件时，根据零件加工的要求和加工的工序编制计算机程序语言，并将该程序送入电子计算机。计算机就对每一方向的步进电动机给出相应的控制电脉冲，指令步进电动机按照加工的要求依次做各种动作，如转速加快、减慢、起动、停止、正转、反转等。然后步进电动机再通过滚珠丝杠带动机床运动。图 7-42 为数控激光焊接机工作示意图。

这样，由于机床各个方向严格地按照根据零件加工的要求所编的控制程序协调地动作，因此可以自动地进行高精度加工。

激光焊接机的应用范围非常广，它主要应用在精密、微小工件的焊接加工，如手机电池的焊接加工等。

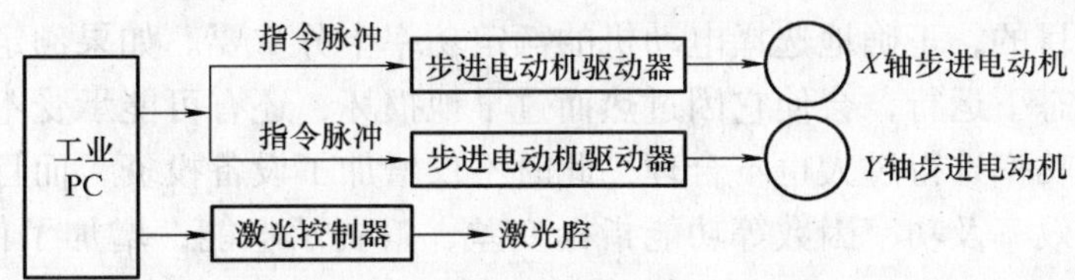


图 7-42　数控激光焊接机工作示意图

## 思考题与习题

7-1　为什么直流测速发电机的转速不得超过规定的最高转速，负载电阻不能小于给定值？

7-2　在自动控制电路中，测速发电机起什么作用？试述直流测速发电机的结构和工作原理。

7-3　分析说明直流测速发电机的输出特性，直流测速发电机可能产生哪些误差和不良影响。

7-4　在分析交流测速发电机的工作原理中，哪些与直流测速发电机的情况相同？哪些与变压器相同？请分析它们之间的相似处和不同点。

7-5　转子不动时，测速发电机为何没有电压输出？转动时，为何输出电压值与转速成正比，但频率却与转速无关？

7-6　何为线性误差、相位误差、剩余电压和输出斜率？

7-7　直流伺服电动机为什么有始动电压？与负载的大小有什么关系？

7-8　交流伺服电动机的控制信号降到零后，为什么转速为零不继续旋转？

7-9　幅值控制的交流伺服电动机在什么条件下电动机磁动势为圆形旋转磁动势？

7-10　交流伺服电动机额定频率为 400Hz，调速范围却只有 0～4000r/min，这是为什么？

7-11　如何控制步进电动机输出的角位移或线位移，转速或线速度？步进电动机有哪些可贵的特点？

7-12　磁阻式步进电动机与永磁式及感应子式步进电动机在工作原理方面有什么共同点和差异？步进电动机与同步电动机有什么共同点和差异？

7-13　步进电动机技术数据中的步距角有时为两个数，如步距 1.5°/3°，试问这是什么意思？

7-14　步进电动机的转速是由哪些因素决定的？步进电动机有何主要优点和用途？

7-15　步距角为 1.5°/0.75°的磁阻式三相六极步进电动机转子有多少齿？若频率为 2000Hz，电动机转速是多少？

7-16　六相十二极反应式步进电动机步距角为 1.2°/0.6°，求每极下转子的齿数。负载起动时，频率是 800Hz，电动机的起动转速是多少？

# 第八章　电动机的选择

## 第一节　电动机的一般选择

在电力拖动系统中为生产机械选配电动机时，首先应满足生产机械的要求，例如对工作环境、工作制、起动、制动、减速或调速以及功率等的要求。依据这些要求，合理地选择电动机的类型、运行方式、额定转速及额定功率，使电动机在高效率、低损耗的状态下可靠地运行，以达到节能和提高综合经济效益的目的。

为了达到这个目的，正确地选择电动机的额定功率十分重要。如果额定功率选小了，电动机经常在过载状态下运行，会使它因过热而过早地损坏，还有可能承受不了冲击负载或造成起动困难。额定功率选得过大也不合理，此时不仅增加了设备投资，而且由于电动机经常在欠载下运行，其效率及功率因数等功能指标变差，浪费了电能，增加了供电设备的容量，综合经济效益下降。

除确定电动机的额定功率外，正确地选择电动机的类型、外部结构形式、额定电压及额定转速等，对节约投资、节电及提高综合经济效益都是十分重要的。

中、小型三相异步电动机在中国应用十分广泛，其装机容量达3亿kW，用电量约占总发电量的60%，月3500亿kW·h。目前由于电动机选用不合理，每年浪费的投资约10亿元，浪费电能50亿kW·h以上。可见，合理选择电动机具有可观的节电效果和重大的经济效益。

### 一、电动机种类的选择

电动机种类的选择依据是在满足生产机械对拖动系统静态和动态特性要求的前提下，力求结构简单、运行可靠、维护方便、价格低廉。

我国普遍采用的动力电源是三相交流电源，因此，最简单、经济的办法是选择三相或单相异步电动机来驱动机械负载。

笼型异步电动机，由于结构简单、运行可靠、维护方便和价格便宜等特点，广泛应用于国民经济和日常的各个领域，是生产量最大、应用面最广的电动机，但起动和调速性能差，功率因数低。在不要求调速，对起动性能无过高要求的常用机械、家用电器、仪器仪表，例如水泵、通风机、机床、洗衣机、电扇等广泛采用笼型异步电动机。

有些生产机械要求起动转矩较大，如空气压缩机、带式运输机、纺织机等，可采用高起动转矩的笼型异步电动机。

对于要求有级调速的生产机械，如电梯及某些机床，可采用多速笼型异步电动机。

随着交流调速技术的不断发展，笼型异步电动机将大量用在要求无级调速的生产机械上，可以预期，在不远的将来，交流电动机在调速性能方面，也将与直流电动机相媲美。

绕线转子异步电动机通过转子回路串电阻，可限制起动电流，提高起动、制动转矩，调速等。对于起动、制动比较频繁的生产机械，如桥式起重机、电梯、锻压机等，可采用绕线转子异步电动机。

同步电动机在运行时，可以对电网进行无功补偿，提高功率因数。当生产机械要求功率大而对调速无要求时，可采用同步电动机拖动，从运行角度上看是比较经济的。

交流电动机的单机功率可达到几万千瓦以上，并能做成高压电动机（6000V、10000V等），可供有这些方面要求的生产机械选用，而直流电动机则达不到这些要求。

## 二、电动机工作方式及防护形式的选择

在工作方式上，按不同工作制可相应选择连续、短时、断续周期性工作制的电动机。

电动机的结构形式按其安装位置的不同可分为卧式与立式两种。卧式电动机的转轴安放后是水平位置，立式电动机的转轴则与地面垂直，两种类型的电动机使用的轴承不同，因此不能随便混用，一般情况下选用卧式，因立式电动机的价格较贵，只有为了简化传动装置，又必须垂直运转时才采用立式电动机。

电动机的防护形式是根据电动机周围工作环境来确定的，可分为以下几种：

（1）开启式　这种电动机价格便宜，散热条件好。但灰尘、水气或铁屑容易侵入电动机内部而影响电动机的正常工作和寿命，只能用于干燥和清洁的工作环境。

（2）防护式　这种电动机的通风条件较好，可防滴、防雨，及防止外界物件从上面落入电动机内部，但不能防止灰尘和潮气侵入，所以适用于比较干燥、灰尘不多、无腐蚀性和爆炸性气体的环境。

（3）封闭式　这种电动机分为自扇冷式、他扇冷式和密闭式三种。前两种形式的电动机可用在潮湿、多腐蚀气体、灰尘多、易受风雨侵蚀等的环境中。密闭式电动机一般用于在液体中工作的机械（如潜水泵电动机）。

（4）防爆式　这种电动机应用于有爆炸危险的环境（如油库、煤气站及矿井等场所）中。

## 三、电动机额定电压的选择

电动机额定电压选择的原则应与供电电网或电源电压一致。

一般工厂企业低压电网为380V，因此，中、小型异步电动机都是低压的，额定电压为380/220V（Y/△接法）、220/380V（△/Y接法）及380/660（△/Y接法）。

当电动机功率较大且供电电压为6000V及10000V时，可选用6000V甚至10000V的高压电动机，此时可以省铜并减小电动机的体积。

当直流电动机由单独的电源供电时，电动机的额定电压选220V或110V，大功率电动机可提高到600V或800V，甚至1000V。

当直流电动机由晶闸管整流电源供电时，则应根据不同的整流形式选取相应的电压等级。

我国生产的交、直流电动机额定电压与额定功率见表8-1。

## 四、电动机额定转速的确定

电动机额定转速的选择是否合理，关系到电动机的价格和拖动系统的运行效率，甚至关

系到生产机械的生产率。因为额定功率相同的电动机，额定转速越高，电动机的尺寸越小，质量和成本也就越低，因此选用高速电动机比较经济。但生产机械的转速一定，电动机转速越高，传动机构的传动比也越大，使传动机构复杂。所以选择电动机的额定转速时，应从以下几方面综合考虑：

**表 8-1 电动机的额定电压**

| 电压/V | 容量范围/kW | | |
|---|---|---|---|
| | 交流电动机 | | |
| | 同步电动机 | 笼型异步电动机 | 绕线转子异步电动机 |
| 380 | 3 ~ 320 | 0.37 ~ 320 | 0.6 ~ 320 |
| 6000 | 250 ~ 1000 | 200 ~ 5000 | 200 ~ 500 |
| 10000 | 1000 ~ 10900 | | |
| | 直流电动机 | | |
| 110 | 0.25 ~ 110 | | |
| 220 | 0.25 ~ 320 | | |
| 440 | 1.0 ~ 500 | | |
| 600 ~ 870 | 500 ~ 4600 | | |

对很少起动、制动或反转的长期工作制的电动机，应从设备的初投资、占地面积和维护费用等方面考虑，就几个不同的额定转速进行比较，最后确定电动机的额定转速。

如果电动机经常工作于起动、制动及反转，但过渡过程的持续时间对生产率影响不大，此时除应考虑初投资外，还要根据过渡过程能量损耗最小为条件来选择传动比和电动机的额定转速。

如果电动机经常起动、制动及反转，过渡过程的持续时间对生产率影响较大，此时主要根据过渡过程持续时间最短为条件来选择电动机的额定转速。

因为过渡过程的能量损耗及持续时间都和 $GD^2n^2$ 之值成反比。当电动机的转子或电枢的 $GD_D^2$ 占系统的 $GD^2$ 的比例较大时，可按使系统 $GD^2n_N^2$ 之值为最小的条件来选择电动机的额定转速及传动比。

## 第二节 电动机的发热与温升

电动机负载运行时，由于损耗的存在，损耗将转变为热能（称发热），使电动机的温度升高。电动机温度升高是一个复杂的过程。空载时，因电流不大，铜耗小，空载损耗起主要作用；负载时，电流增大，铜耗与电流的二次方成正比地增加，虽然空载损耗基本不变，电动机的温度还是不断地升高，电动机温度比环境温度高出的值称为温升。当电动机的温度高于周围环境温度时，电动机就要向周围散热；温升越高、散热越快。当单位时间内产生的热量与单位时间内散发到周围介质中的热量相等时，电动机的温度不再升高，达到了所谓的热稳定状态，此时的温升为稳定温升 $\tau_L$，其大小决定于电动机的负载，这是一个温度升高的热过渡过程。

由于电动机是由多种材料（铜、铁、绝缘材料等）构成的复杂物体，实际的发热情况是很复杂的，为了简化分析过程，作如下假设：

1）电动机为一均匀物体，它的各点温度都一样，并且各部分表面的散热系数相同。

2）散发到周围介质中去的热量与电动机的温升成正比，不受电动机本身温度的影响。

3）周围环境温度不变。

设电动机在恒定负载下长时间连续工作，总损耗不变，则电动机单位时间内产生的热量（单位为W）为

$$Q = \sum p \tag{8-1}$$

$\mathrm{d}t$ 时间内产生的热量（单位为J）则为

$$\mathrm{d}Q = Q\mathrm{d}t \tag{8-2}$$

在温度升高的整个过渡过程中，一部分热量被电动机本身所吸收，另一部分则散发到周围介质中去。根据能量守恒原理，在任何时间里电动机产生的热量总是等于电动机本身温度升高所吸收的热量与散发到周围介质中去的热量之和，即

$$Q\mathrm{d}t = C\mathrm{d}\tau + A\tau\mathrm{d}t \tag{8-3}$$

这就是热平衡方程式。

式（8-3）中，$A$ 为电动机的散热率，也称热导率，即电动机的温度高出环境温度1℃时，单位时间内散发到周围介质中的热量，W/℃；$\tau$ 为电动机的温升，℃；$C$ 为电动机的热容量（J/℃），即电动机温度升高1℃时所需的热量；$A\tau\mathrm{d}t$ 为在 $\mathrm{d}t$ 时间内，温升为 $\tau$ 时，电动机所散发的热量；$C\mathrm{d}\tau$ 为在 $\mathrm{d}t$ 时间内，电动机温度升高 $\mathrm{d}\tau$ 所吸收的热量。

在发热过程开始时，电动机所产生的热量全部用来提高本身的温度，所以温度上升很快。随着电动机温度升高的同时，散出的热量也跟着增加。如果 $Q$ 是一个常数（电动机负载一定），则本身吸收的热量越来越小，电动机的温升越来越慢。经过一定时间，电动机温升不再提高，$\mathrm{d}\tau=0$，这时电动机的温升达到稳定值 $\tau=\tau_{\mathrm{L}}$，电动机产生的热量完全散发到周围介质中去，则

$$Q\mathrm{d}t = A\tau_{\mathrm{L}}\mathrm{d}t \tag{8-4}$$

当发热达到稳定状态时，电动机的稳定温升为

$$\tau_{\mathrm{L}} = \frac{Q}{A} \tag{8-5}$$

将式（8-5）代入式（8-3），得

$$A\tau_{\mathrm{L}}\mathrm{d}t = C\mathrm{d}\tau + A\tau\mathrm{d}t$$

整理得到

$$\frac{C}{A}\frac{\mathrm{d}\tau}{\mathrm{d}t} + \tau = \tau_{\mathrm{L}} \tag{8-6}$$

式中，$\frac{C}{A}$为发热时间常数，表征热惯性的大小。

令$\frac{A}{C}=T_{\theta}$，代入式（8-6），则有

$$T_{\theta}\frac{\mathrm{d}\tau}{\mathrm{d}t} + \tau = \tau_{\mathrm{L}} \tag{8-7}$$

这是一个非齐次常系数一阶微分方程式。当初始条件为 $t=0$，$\tau=\tau_{F0}$时，特解则为

$$\tau=\tau_L+(\tau_{F0}-\tau_L)e^{-\frac{t}{T_\theta}} \tag{8-8}$$

式中，$\tau_{F0}$为 $t=0$ 时的温升，即电动机起始温升。

式（8-8）表明，在热过渡过程中，温升包括两个分量，一个是强制分量 $\tau_L$，它是过渡过程结束时的稳态值；另一个是自由分量$(\tau_{F0}-\tau_L)e^{-\frac{t}{T_\theta}}$，它按指数规律衰减至零。时间常数为 $T_\theta$，其数值一般约为十几分钟到几十分钟，容量大的一般 $T_\theta$ 也大。热容量越大，热惯性越大，时间常数也越大；容量小的，则散热快，达到热平衡状态也快，时间常数 $T_\theta$ 也越小。

式（8-8）所表示的发热过程，温升随时间的变化如图 8-1 中的曲线 1 所示。

当电动机从冷却状态开始负载运行，即 $t=0$ 时，$\tau_{F0}=0$，即电动机的温度与周围介质温度相同，式（8-8）简化为

$$\tau=\tau_L(1-e^{-t/T_\theta}) \tag{8-9}$$

式(8-9)所表示的发热过程，温度随时间的变化如图 8-1 中的曲线 2 所示。

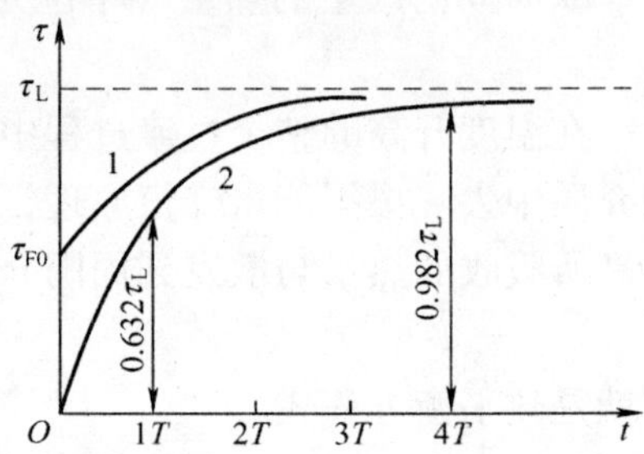


图 8-1　电动机发热过程的温升曲线

当 $t=4T_\theta$ 时，可以认为电动机发热已经达到稳定，所以发热过渡过程的长短决定于发热时间常数 $T_\theta$。

电动机发热终了时，温升不再升高，趋于稳定值 $\tau_L$。此时，只要稳定温升 $\tau_L$ 控制在绝缘材料允许的最高温升 $\tau_{max}$ 以内，电动机连续工作就不会发热。电动机的最高温升 $\tau_{max}$ 为

$$\tau_{max}=\frac{Q_N}{A}=\frac{\sum p_N}{A} \tag{8-10}$$

式中，$\sum p_N$ 为电动机在额定状态下运行时的损耗；$Q_N$ 为电动机在额定状态下运行时的热量。

电动机运行中，只要电动机发出的热量 $Q\leqslant Q_N$，或 $\sum p\leqslant\sum p_N$，电动机温度就不会超过允许值。

将$\sum p_N=P_N\left(\frac{1}{\eta_N}-1\right)$代入式（8-10），整理得

$$P_N=\frac{\tau_{max}A\eta_N}{0.24(1-\eta_N)} \tag{8-11}$$

上式说明，对同样尺寸的电动机，其额定功率 $P_N$ 的大小与电动机的允许温升 $\tau_{max}$、散热系数 $A$ 以及效率 $\eta_N$ 成正比关系，欲使其额定功率 $P_N$ 提高，应从以下三方面入手：

1）采取措施降低电动机损耗，提高电动机的效率。

2）加大空气流通速度与散热表面积，提高散热系数 $A$。

3）提高绝缘材料的允许最高温升 $\tau_{max}$。从发热方面来看，限制电动机容量的主要因素是电动机中常用的绝缘材料的耐热程度。绝缘材料耐温有一定限度，在这个限度之内，绝缘材料的物理、化学、机械、电气等各方面性能比较稳定，超过了这个限度，绝缘材料的寿命就急剧缩短，甚至会烧毁。这个温度限度，称为绝缘材料的允许温度。

电动机最高允许温度，既和所用绝缘材料有关，也和周围环境温度有关，随时间、地点而异。为此，国家标准规定：取 40℃ 作为周围环境温度的参考值。因此绝缘材料或电动机

的允许温度减去40℃即为允许温升。例如，当电动机本身的温度为100℃时，其温升为60℃。

不同绝缘材料的允许温度是不一样的，当考虑采用不同绝缘材料时，则在同一温度下，电动机的寿命与绝缘材料的耐热性能等级有关。根据国际电工协会规定，按照最高允许温度不同，电工用的绝缘材料可分为七个等级。电动机常用的绝缘材料主要有A、E、B、F、H五个等级。按环境温度为40℃计算，这五种绝缘材料及其允许温度和允许温升见表8-2。

**表8-2　绝缘材料的允许温度及允许温升**

| 绝缘等级 | 绝 缘 材 料 | 允许温度/℃ | 允许温升/℃ |
|---|---|---|---|
| A | 经过浸渍处理的棉、丝、木材、纸板等，普通绝缘漆 | 105 | 65 |
| E | 环氧树脂、聚酯薄膜、聚乙烯醇、青壳纸、三醋酸纤维薄膜、高强度绝缘漆 | 120 | 80 |
| B | 用提高了耐热性能的有机漆做粘台剂的云母带、石棉和玻璃纤维组合物 | 130 | 90 |
| F | 用耐热优良的环氧树脂粘合或浸渍的云母、石棉和玻璃纤维组合物 | 155 | 115 |
| H | 用硅有机树脂粘合或浸渍的云母、石棉和玻璃纤维组合物，硅有机橡胶 | 180 | 140 |

# 第三节　电动机额定功率的选择

## 一、连续工作制电动机容量的选择

各式各样连续工作的生产机械很多，电动机长时间负载运行以后，电动机温升达到一个与负载大小相对应的稳态值。虽然它们的负载性质各不相同，但综合起来可分为两种类型，即恒定负载和变动负载（大多数情况属于周期性变化负载），因此连续工作制的电动机容量选择，可分两种情况来研究。

### （一）连续恒定负载

这类生产机械的电动机容量选择比较简单，不需要按发热条件来校验电动机，只需根据生产机械所需要的功率$P_L$，从电动机产品目录中，可以立刻选出电动机。如果目录中没有容量正好合适的电动机，可以选择额定功率$P_N$略大于$P_L$的电动机，即

$$P_N \geqslant P_L$$

这个条件本身是从发热温升（环境温度为40℃）的角度考虑的，因此不必再校核电动机发热问题了，只需校核过载能力，必要时还要校核起动能力。对有冲击性负载的生产机械如球磨机等，要在产品目录中选择过载能力较大的电动机，并进行电动机过载能力的校核。当选用异步电动机时，需使生产机械可能出现的最大转矩小于或者等于电动机临界转矩的80%～85%。若选择的是直流电动机，只要生产机械的最大转矩不超过电动机的最大允许转矩就行。另外，当选择笼型电动机时，还要考虑起动问题，例如起动电流对电网的影响、起动转矩是否合适等。

以上关于额定功率的选择都是在国家标准环境温度（40℃）前提下进行的。电动机工作时的环境温度，直接影响电动机的实际输出容量。例如常年环境温度偏低，电动机实际额定容量应比标准规定的$P_N$高，相反，常年温度偏高的，应降低功率使用。为了充分利用电动机的容量，应对电动机的额定功率进行修正。

在连续工作制的电动机中，电动机的允许最高温升 $\tau_{max}$ 即为电动机的稳定温升 $\tau_L$，故有

$$\tau_{max}=\tau_L=\frac{Q_N}{A}=\frac{0.24(p_0+p_{Cu})}{A}=\frac{0.24(ap_{CuN}+p_{CuN})}{A}=\frac{0.24(a+1)}{A}p_{CuN} \tag{8-12}$$

式中，$A$ 为电动机的散热率；$Q_N$ 为电动机在额定情况下的发热量；0.24 为热功当量；$p_0$ 为电动机的不变损耗（空载损耗）；$p_{Cu}$ 为电动机的可变损耗（铜损），在额定情况下 $p_{Cu}=p_{CuN}$；$a=\frac{p_0}{p_{CuN}}$，是在额定情况下不变损耗与可变损耗的比例系数，一般在 0.4～1.1 的范围内变化。

若 $\theta_m$ 为电动机的最高允许温度，则电动机的额定温升又可写为

$$\tau_{max}=\theta_m-40 \tag{8-13}$$

假定电动机的实际环境温度为 $\theta$，在此温度下电动机长期工作的最大允许电流为 $I$、相应的发热量为 $Q$。这种情况下电动机长期工作的实际稳定温升记为 $\tau$，则

$$\tau=\frac{Q}{A}=\frac{0.24(p_0+p_{Cu})}{A}=\frac{0.24(ap_{CuN}+p_{Cu})}{A} \tag{8-14}$$

因为

$$\tau=\theta_m-\theta=\theta_m-40+40-\theta=\tau_{max}+(40-\theta)$$

所以

$$\tau_{max}+(40-\theta)=\frac{0.24(ap_{CuN}+p_{Cu})}{A} \tag{8-15}$$

比较式(8-15)与式(8-12)可得

$$\frac{\tau_{max}+(40-\theta)}{\tau_{max}}=\frac{ap_{CuN}+p_{Cu}}{(1+a)p_{CuN}}$$

或

$$\frac{\tau_{max}+(40-\theta)}{\tau_{max}}(1+a)=a+\frac{p_{Cu}}{p_{CuN}}$$

因为电动机的可变损耗与电流的二次方成正比，即

$$\frac{p_{Cu}}{p_{CuN}}\propto\frac{I^2}{I_N^2}$$

所以

$$\frac{\tau_{max}+(40-\theta)}{\tau_{max}}(1+a)=a+\frac{I^2}{I_N^2}$$

整理得

$$I=I_N\sqrt{1+\frac{40-\theta}{\tau_{max}}(1+a)} \tag{8-16}$$

因为电动机的功率与电流成正比，故有

$$P=P_N\sqrt{1+\frac{40-\theta}{\tau_{max}}(1+a)} \tag{8-17}$$

通过式（8-17）即可计算电动机在实际环境温度时的允许输出功率 $P$，显然 $\theta>40$℃时，$P<P_N$；$\theta<40$℃时，$P>P_N$。

根据理论计算和实践，在周围环境温度不同时，电动机功率可粗略地按表 8-3 相应增减。

**表 8-3　不同环境温度下，电动机功率的修正**

| 环境温度/℃ | 30 | 35 | 40 | 45 | 50 | 55 |
|---|---|---|---|---|---|---|
| 电动机增减的百分数(%) | +8 | +5 | 0 | -5 | -12.5 | -25 |

环境温度低于 30℃时，一般电动机功率也只增加 8%。

需要指出，电动机工作环境的海拔对温升有影响，这是由于海拔越高，虽然气温降低很多，但由于空气稀薄，散热条件大为恶化。因此规定，使用地点的海拔不超过 1000m 时，额定功率不必进行校正。当海拔在 1000m 以上时，平原地区设计的电动机，出厂试验时必须把允许温升降低，才能供高原地带应用。

电动机额定功率的选择一般分成以下三步：

1）计算负载功率 $P_L$。

2）根据负载功率，预选电动机的额定功率及其他。

3）校核预选电动机。一般先校核发热温升，再校核过载能力，必要时校核起动能力。都通过了，预选的电动机便选定了；通不过，从第二步开始重新进行，直到通过为止。

在满足生产机械要求的前提下，电动机额定功率越小越经济。

**（二）变动负载**

电动机在变动负载下运行时，它的功率是在不断地变化，时大时小，因此电动机内部的损耗也在变动，发热和温升都在变动。这样，经过相当一段时间后，在一个周期内电动机的稳定温升不会随负载变化有多大的波动。

图 8-2 表示负载变动的生产机械负载记录图，图中只表示生产过程的一个周期。当电动机拖动这一生产机械工作时，因为输出功率周期性地改变，其温升也必然做周期性的波动。如按最大负载选择电动机容量，电动机将不能被充分利用；而按最小负载选择，使电动机又有超过许可温升的危险。可以推知，电动机容量可以在最大负载和最小负载之间适当选择，使电动机既能得到充分利用，又不至于过载。变动负载下电动机功率选择的一般步骤是：首先计算出生产机械的负载功率，绘制生产机械负载图 $P_L=f(t)$ 或 $T_L=f(t)$；其次是预选电动机的容量，因为变动负载下电动机的容量选择比较复杂些，一般步骤如下。

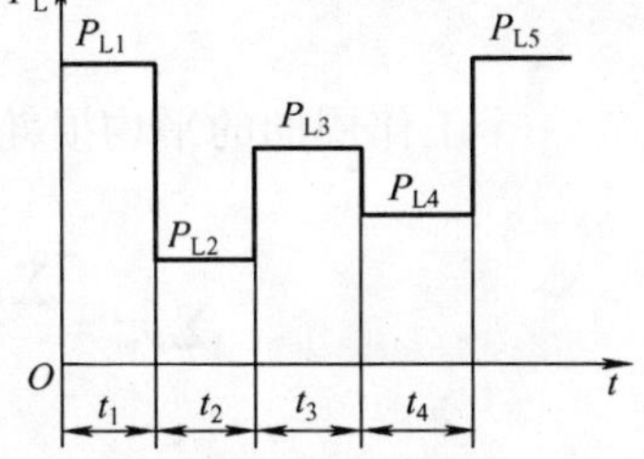

图 8-2　变动的生产机械负载图

1. 根据生产机械的负载图求出其平均功率 $P'_L$ 或平均转矩 $T'_L$

$$P'_L=\frac{P_{L1}t_1+P_{L2}t_2+P_{L3}t_3+\cdots+P_{Ln}t_n}{t_1+t_2+t_3+\cdots+t_n}=\frac{\sum_1^n P_{Li}t_i}{\sum_1^n t_i} \tag{8-18}$$

$$T'_L=\frac{T_{L1}t_1+T_{L2}t_2+T_{L3}t_3+\cdots+T_{Ln}t_n}{t_1+t_2+t_3+\cdots+t_n}=\frac{\sum_1^n T_{Li}t_i}{\sum_1^n t_i} \tag{8-19}$$

式中，$P_{L1}$、$P_{L2}$、$P_{L3}$、…、$P_{Ln}$ 为各段负载功率；$T_{L1}$、$T_{L2}$、$T_{L3}$、…、$T_{Ln}$ 为各段负载转矩；$t_1$、$t_2$、$t_3$、…、$t_n$ 为各段工作时间。

在过渡过程中，可变损耗与电流二次方成正比，电动机发热较为严重，而上述 $P'_L$ 及 $T'_L$ 中没有反映过渡过程中的发热情况。因此，电动机额定功率可按下述经验公式预选：

$$P_N \geqslant (1.1 \sim 1.6) P'_L \tag{8-20}$$

或

$$P_N \geqslant (1.1 \sim 1.6) \frac{T'_L \eta_N}{9550} \tag{8-21}$$

对于系数的选用，应根据负载变动的情况确定。如过渡过程在整个工作过程中占较大比重，应选得偏大一些。

2. 对预选的电动机进行发热、过载、起动校验

要进行发热校验，绘制电动机的发热曲线是比较困难的，因此一般用下述几种方法进行校验。

（1）平均损耗法　预选好电动机功率以后，根据该电动机的额定数据按下式计算出额定损耗功率：

$$\sum p_N = \frac{P_N}{\eta_N} - P_N \tag{8-22}$$

然后，根据绘制的电动机负载图 $P_L = f(t)$，以及查得的效率曲线，求出每工作段的损耗功率 $\sum p_i$：

$$\sum p_i = \frac{P_{Li}}{\eta_i} - P_{Li} \tag{8-23}$$

一个工作周期的平均损耗为

$$\sum p_{pj} = \frac{\sum p_1 t_1 + \sum p_2 t_2 + \sum p_3 t_3 + \cdots + \sum p_n t_n}{t_1 + t_2 + t_3 + \cdots + t_n} = \frac{\sum_{i=1}^{n} p_i t_i}{\sum_{i=1}^{n} t_i} \tag{8-24}$$

式中，$\sum p_{pj}$ 为平均损耗；$\sum p_i$ 为在 $t_i$ 时间内，输出功率为 $P_{Li}$ 时的损耗。

因为电动机的发热是由其内部损耗所决定的，所以电动机损耗的大小直接反映了电动机的温升情况。将上式计算出的平均损耗与预选电动机的额定损耗相比较，应满足下列关系：

$$\sum p_{pj} \leqslant \sum p_N \tag{8-25}$$

则预选电动机的发热校验通过。如果不能满足式（8-25），则说明电动机的发热比预选电动机所允许的发热要大，即电动机容量选小了，应再选大一点的电动机，再重新校验。如果 $\sum p_{pj} << \sum p_N$，则表明电动机容量选得太大了，电动机没有被充分利用，应选小一点的电动机再校验，直到 $\sum p_{pj}$ 等于或略小于 $\sum p_N$ 为止。

进行热校验合适后，再按电动机过载能力来检查。要求负载最大转矩 $T_{Lm}$ 小于等于电动机产生的最大电磁转矩 $T_m$。对于交流异步电动机，考虑到电网电压可能发生波动，要求

$$T_{Lm} \leqslant 0.85^2 \lambda T_m = 0.72 \lambda T_m \tag{8-26}$$

应用平均损耗法进行发热核验是比较准确的，可用于电动机大多数情况下的发热检验，$t_i$ 越短，$\sum t_i$ 越长的平均损耗越接近电动机的实际损耗，其准确度就越高。但是计算相当复

杂，而且有时电动机的效率曲线不易得到，因此可采用等效法进行发热校验。

（2）等效法　等效法包括等效电流法、等效转矩法和等效功率法。

1）等效电流法。

等效电流法的含义是以一个不变的等效电流 $I_d$，来代替实际变动的负载电流。代替的条件是在同一周期内它们所产生的热量是相等的。由上述平均损耗法可引出等效电流法。变动负载下第 $i$ 段的损耗可以写成

$$p_i = p_{0i} + p_{\mathrm{Cu}i} = p_{0i} + I_i^2 r \tag{8-27}$$

式中，$p_{0i}$为第 $i$ 段损耗中的不变损耗；$p_{\mathrm{Cu}i}$为第 $i$ 段损耗中的铜损耗。

电动机总的平均损耗用其等值电流来表示即为

$$p_d = p_0 + I_d^2 r \tag{8-28}$$

将式（8-28）与式（8-27）所表示的 $p_d$ 和 $p_i$ 之值代入式（8-24）则有

$$p_0 + I_d^2 r = \frac{\sum\limits_{i=1}^{n}(p_{0i} + I_i^2 r)t_i}{\sum\limits_{i=1}^{n} t_i} = \frac{p_0 \sum\limits_{i=1}^{n} t_i + r\sum I_i^2 t_i}{\sum\limits_{i=1}^{n} t_i} = p_0 + r\frac{\sum\limits_{i=1}^{n} I_i^2 t_i}{\sum\limits_{i=1}^{n} t_i}$$

在推导过程中，假定不变损耗 $p_0$ 及电动机主电路电阻不变，等号两边可以消去，则上式变为

$$I_d = \sqrt{\frac{I_1^2 t_1 + I_2^2 t_2 + I_3^2 t_3 + \cdots + I_n^2 t_n}{t_1 + t_2 + t_3 + \cdots + t_n}} = \sqrt{\frac{\sum\limits_{i=1}^{n} I_i^2 t_i}{\sum\limits_{i=1}^{n} t_i}} \tag{8-29}$$

等效电流法的实质是不考虑电动机空载损耗的变化，只要平均的铜损耗等于或小于额定电流的铜损耗，电动机即不至于过热，如已知电动机的电流负载图 $I=f(t)$，则用等效电流法是很方便的。

从以上的分析可知，在 $I_d$ 的推导过程中，认为不变损耗 $p_0$ 和电阻是不变的，这对一般电动机是允许的。但是，对于深槽式和双笼型异步电动机，在经常起动和反转时，其电阻 $r$ 与铁损均在变化，将带来很大的误差，则不能用等效电流法校验发热，此时必须改用平均损耗法。

2）等效转矩法。

等效转矩法是由等效电流法导出来的。有时已知的不是负载电流图，而是转矩图，如果转矩与电流成正比则可用等效转矩 $T_d$ 来代替等效电流 $I_d$，利用此关系即可导出等效转矩为

$$T_d = \sqrt{\frac{T_1^2 t_1 + T_2^2 t_2 + T_3^2 t_3 + \cdots + T_n^2 t_n}{t_1 + t_2 + t_3 + \cdots + t_n}} = \sqrt{\frac{\sum\limits_{i=1}^{n} T_i^2 t_i}{\sum\limits_{i=1}^{n} t_i}} \tag{8-30}$$

等效转矩法应用比较方便，只要先绘出以转矩表示的生产机械负载图，然后再作出已选电动机的转矩负载图 $T=f(t)$，就可按式（8-30）计算出等效转矩 $T_d$。将上式所求的等效转矩与预选电动机额定转矩相比较，如果满足下列关系：

$$T_d \leqslant T_N$$

则发热校验通过。

等效转矩法适用于磁通不变的他励直流电动机，或负载接近额定负载且功率因数变化不大的异步电动机。对于改变励磁调速的并励电动机，需要修正转矩负载图时才可以应用此种方法。

3）等效功率法。

当已知的是以功率表示的负载图时，由 $P=\frac{Tn}{9550}$ 可知，当电动机的转速基本不变时，$P$ 与 $T$ 成正比，由等效转矩引出等效功率的公式为

$$P_d = \sqrt{\frac{P_1^2t_1 + P_2^2t_2 + P_3^2t_3 + \cdots + P_n^2t_n}{t_1 + t_2 + t_3 + \cdots + t_n}} = \sqrt{\frac{\sum_{i=1}^{n} P_i^2 t_i}{\sum_{i=1}^{n} t_i}} \tag{8-31}$$

用式（8-31）计算出等效功率 $P_d$，若等于或略小于预选电动机的额定功率，则所选电动机发热校验通过。

等效功率法应用范围较等效转矩法小，因为必须是转速基本不变的情况下它才适用，否则要对功率负载图进行修正。

如果电动机在一个周期内的负载变化（包括起动、制动、停歇等过程），用自扇冷式电动机，则发热条件变坏，实际温度将要提高。一般应把平均损耗或等效电流、转矩及功率提高一点来反映这个散热条件变坏的影响。为了达到此目的，在式（8-29）、式（8-30）、式（8-31）的分母上，对应的起动与制动时间上乘以修正系数 $\beta$，在对应停歇的时间上乘以修正系数 $\beta_0$，$\beta$ 与 $\beta_0$ 均为小于 1 的系数。

对于直流电动机，$\beta=0.75$，$\beta_0=0.5$；对于异步电动机 $\beta=0.5$，$\beta_0=0.25$。现以图 8-3 所示的负载图为例，图中 $t_1$、$t_2$、$t_3$、$t_4$ 分别为起动、稳定运行、制动、停歇时间；$T_1$、$T_2$、$T_3$ 分别为起动、稳定运行、制动过程中的转矩，图 8-3 中绘出 $n=f(t)$ 曲线，修正后的等效转矩可写成

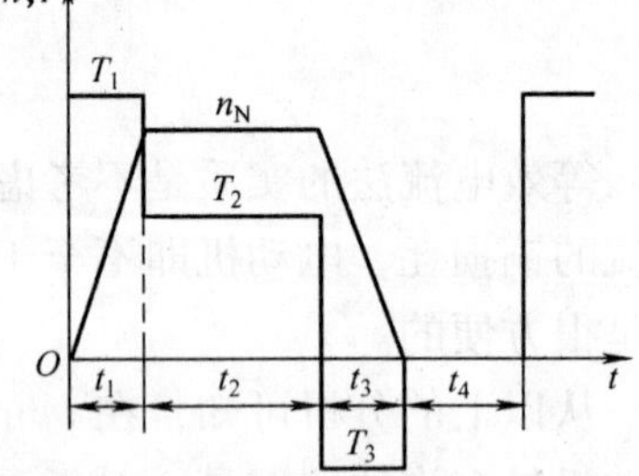

图 8-3　有起动、制动停歇时间的变化负载图

$$T_d = \sqrt{\frac{T_1^2t_1 + T_2^2t_2 + T_3^2t_3}{\beta t_1 + t_2 + \beta t_3 + \beta_0 t_4}}$$

## 二、短时及断续周期工作制电动机容量的选择

### （一）短时工作制电动机容量的选择

电动机工作在短时工作制时，可选用为连续工作制而设计的电动机，也可选用专为短时工作制而设计的电动机。

1. 选用为连续工作制而设计的电动机

当选用为连续工作制而设计的电动机时，可以选择容量比所需功率小的电动机，让它的温升不超过允许值的条件下，在短时间内运行。

由图 8-4 所示的电动机的负载图可看出，电动机的工作情况是工作时间较短而停歇时间较长，每次负载运行时，初始温升都为零。如果选择连续工作制电动机，使 $P'_N \geqslant P_L$，显然在 $t=t_r$ 时，温升按曲线 1 只能达到 $\tau'_L$，而达不到稳定温升 $t_{max}$，因此电动机得不到充分利用。为此选用连续工作制的电动机的 $P_N < P_L$，在工作时间 $t_r$ 内电动机过载运行，温升按曲线 2 上升，在 $t=t_r$ 时电动机负载温升达到 $\tau_r$，使 $\tau_r$ 与稳定温升 $\tau_L$ 相等，亦即与绝缘材料允许的最高温升 $\tau_{max}$ 相等，这样，电动机在发热上得到了充分利用。

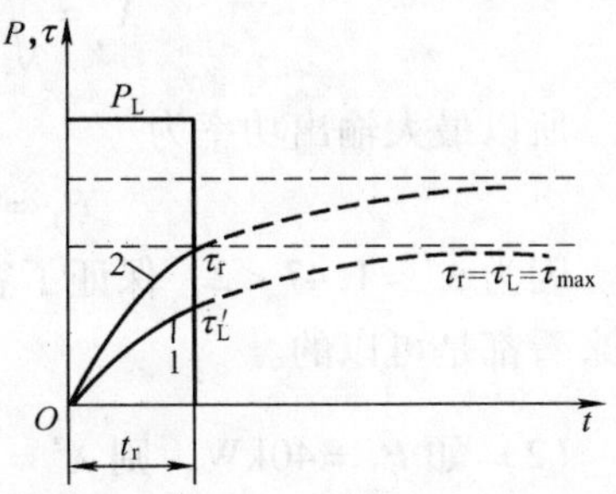

图 8-4　短时工作时的电动机负载图

选择 $P_N$ 的依据就是 $\tau_r=\tau_L=\tau_{max}$，即

$$\tau_r=\frac{\sum p_L}{A}(1-e^{-t_r/T_\theta})=\tau_L=\frac{\sum p_N}{A} \tag{8-32}$$

式中，$\sum p_L$ 及 $\sum p_N$ 相当于功率为 $P_L$ 及 $P_N$ 时的损耗功率。

利用式（8-12）、式（8-14）、对式（8-32）化简整理，得

$$\frac{p_{Cu}}{p_{CuN}}=\frac{1+a e^{-t_r/T_\theta}}{1-e^{-t_r/T_\theta}}$$

因为

$$\frac{p_{Cu}}{p_{CuN}}\propto\frac{I^2}{I_N^2}$$

所以

$$\frac{I}{I_N}=\sqrt{\frac{1+a e^{-t_r/T_\theta}}{1-e^{-t_r/T_\theta}}} \tag{8-33}$$

因 $\frac{P_L}{P_N}\propto\frac{I}{I_N}$，对式（8-33）整理得

$$\lambda'=\frac{P_L}{P_N}=\sqrt{\frac{1+a e^{-t_r/T_\theta}}{1-e^{-t_r/T_\theta}}} \tag{8-34}$$

式中，$\lambda'$为按发热观点的功率过载倍数。

如果已知电动机的发热时间常数 $T_\theta$ 和短时运行时间 $t_r$，即可求出过载倍数 $\lambda'$，从而求出应选的电动机容量。

在大多数情况下，短期运行的电动机容量选择，主要是受转矩的过载能力限制，也就是说，短时过载运行时，往往电动机在温升方面满足要求，而转矩不能满足要求，电动机最大转矩小于负载最大转矩，仍然不能应用。

**【例 8-1】**　有一台直流电动机，额定功率为 20kW，发热时间常数为 30min。过载能力 $\lambda=2$，空载损耗与额定负载损耗之比 $a=1$。（1）若此电动机作 30min 短时运行，按照发热条件能输出最大功率是多少？（2）若有一短时负载 $P_L=40$kW，$t_r=20$min，能否应用此电动机？（3）若有一短期负载，$P_L=44$kW，$t_r=10$min，能否应用此电动机？

**解：**（1）求过载倍数 $\lambda'$

$$\lambda' = \sqrt{\frac{1 + a\mathrm{e}^{-t_r/T_\theta}}{1 - \mathrm{e}^{-t_r/T_\theta}}} = \sqrt{\frac{1 + 1 \times \mathrm{e}^{-30/30}}{1 - \mathrm{e}^{-30/30}}} = 1.47$$

所以最大输出功率为

$$P_L = 1.47P_N = 1.47 \times 20\mathrm{kW} = 29.4\mathrm{kW}$$

因为 $\lambda' = 1.47 < 2$，保证了容量的过载倍数不超过电动机的过载能力，从发热和转矩要求来看都是可以的。

（2）如 $P_L = 40\mathrm{kW}$，则 $\lambda' = \frac{40}{20} = 2$。

$$\lambda'^2 = \frac{1 + a\mathrm{e}^{-t_r/T_\theta}}{1 - \mathrm{e}^{-t_r/T_\theta}}$$

上式经过整理，求得过载时间为

$$t_r = T_\theta \ln \frac{\lambda'^2 + 1}{\lambda'^2 - 1} = 30\ln\frac{2^2 + 1}{2^2 - 1}\mathrm{min} = 15.5\mathrm{min} < 20\mathrm{min}$$

从过载能力来看虽然可以，但从发热来看只能过载运行 15.5min，题目要求运行 20min 是不可以的。

（3）如 $P_L = 44\mathrm{kW}$，则 $\lambda' = \frac{44}{20} = 2.2 > 2$。

由于容量及过载倍数超过该电动机的容量及转矩过载能力，不能应用。

2. 选用专为短时工作制而设计的电动机

为了满足短时工作制生产机械的要求，我国专为短时工作制设计的电动机，其时间规格有：15min、30min、60min、90min 四种。因此当工作时间接近上述标准时间时，可以按生产机械的功率、工作时间及转速的要求，由产品目录上直接选取。

如果短时负载是变动的，电动机实际工作时间 $t_r$ 与标准时间 $t_{rb}$ 不同时，应把 $t_r$ 下的功率 $P_L$ 折算到标准时间 $t_{rb}$ 下的功率 $P_N$，再按 $P_N$ 来进行电动机功率的选择和发热校验。折算的依据是，$t_r$ 与 $t_{rb}$ 下的损耗相等，即发热情况相同。假设 $t_r$ 与 $t_{rb}$ 下的 $\sum p_r$ 与 $\sum p_N$ 均为不变损耗和可变损耗两部分组成，而且在额定状态下，两者的比值为 $a$，即

$$a = \frac{p_0}{p_{CuN}}$$

这样，可得出下式：

$$\left[p_0 + p_{CuN}\left(\frac{P_L}{P_N}\right)^2\right]t_r = (p_0 + p_{CuN})t_{rb}$$

$$\left[a + \left(\frac{P_L}{P_N}\right)^2\right]t_r = (a+1)t_{rb}$$

解出 $P_N$ 与 $P_L$ 的关系为

$$P_N = \frac{P_L}{\sqrt{\frac{t_{rb}}{t_r} + a\left(\frac{t_{rb}}{t_r} - 1\right)}} \tag{8-35}$$

当 $t_r$ 与 $t_{rb}$ 相差不太大时，可略去 $a\left(\frac{t_{rb}}{t_r}-1\right)$，得

$$P_N \approx P_L\sqrt{\frac{t_r}{t_{rb}}} \tag{8-36}$$

选择时应尽量使标准时间 $t_{rb}$ 接近于实际工作时间 $t_r$。

由于折算系数本身就是从发热和温升等效前提下推导出来的，因此按标准时间折算后，温升就不必校核了。

当没有合适的短时工作制的电动机时，可采用专为断续周期性工作制设计的电动机来代替。短时工作时间与负载持续率 $F_S\%$ 之间的换算关系，可近似认为：30min 相当于 $F_S\% = 15\%$；60min 相当于 $F_S\% = 25\%$；90min 相当于 $F_S\% = 40\%$。

**（二）断续周期工作制电动机容量选择**

断续周期性工作制的电动机，每个工作周期包含一个工作段和停止段，由于许多生产机械是在断续周期性工作制下工作的，因此专为这一工作制设计了电动机，供这类生产机械选用。这类电动机的共同特点是，起动能力强、过载能力大、惯性小（飞轮转矩小）、机械强度大、绝缘材料等级高，采用封闭式结构的较多，临界转差率 $S_m$（对于笼型异步电动机）设计得较高。

断续周期工作制的电动机也可选用普通的连续工作制电动机。

对一台具体的电动机而言，不同负载持续率 $F_S\%$ 时，其额定输出功率不同。以一台国产的起重机用绕线转子异步电动机为例，其型号及数据见表 8-4。

**表 8-4 断续周期性工作制绕线转子异步电动机的型号与数据**

| 型　号 | 负载持续率 $F_S\%$ | 电动机功率/kW | 过载能力 |
|---|---|---|---|
| JZR—11—6 | 15% | 2.7 | — |
| | 25% | 2.2 | $\frac{T_m}{T_N(25\%)}=2.3$ |
| | 40% | 1.8 | |
| | 60% | 1.5 | — |
| | 100% | 1.1 | — |

表中在过载能力一项中，仅给出 $F_S\% = 25\%$ 时的临界转矩 $T_m$ 与额定转矩 $T_N$ 的比值。这是由于这台电动机的 $T_m$ 是一个固定值，而 $T_N$ 则随 $F_S\%$ 的改变而变化。$F_S\%$ 越小，$P_N$ 与 $T_N$ 越大，则过载能力越低。

断续周期性工作制电动机功率选择步骤与连续工作制变化负载下的功率选择是相似的，在一般情况下，也要经过预选及校验等步骤。在计算负载功率后作出生产机械负载图，初步确定负载持续率 $F_S\%$。根据负载功率的平均值 $P'_L$（计算时不应包括停歇时间）及 $F_S\%$ 预选电动机功率。作出电动机的负载图，进行发热、过载能力及必要的起动能力校验。如果在工作时间内负载是变化的，可用等效法来校验发热。但公式中不应把停歇时间 $t_0$ 计入，因为它已在 $F_S\%$ 中考虑过了。在计算过程中还应验算一下实际工作时的负载持续率与初步确定的是否相同。对于自扇冷式电动机，在起动及制动时散热条件变坏的影响可在等效值计算公式考虑。

如果实际负载持续率 $F_S\%$ 与标准的 $F_{Sb}\%$ 不同，则应把 $F_S\%$ 下的功率 $P_L$ 换算成 $F_{Sb}\%$ 下的功率 $P_L'$，再选择电动机容量和校验发热。换算方法的依据是实际负载持续率下 $F_S\%$ 与标准值 $F_{Sb}\%$ 下损耗相等，即发热相同：

$$\left[p_0+p_{CuN}\left(\frac{p_L}{p_N}\right)^2\right]F_S\%=(p_0+p_{CuN})F_{Sb}\% \tag{8-37}$$

将 $a=\dfrac{p_0}{p_{CuN}}$ 代入上式，可得

$$\left[a+\left(\frac{p_L}{p_N}\right)^2\right]F_S\%=(a+1)F_{Sb}\%$$

由上式可解出

$$P_N=\frac{P_L}{\sqrt{\dfrac{F_{Sb}\%}{F_S\%}+a\left(\dfrac{F_{Sb}\%}{F_S\%}-1\right)}} \tag{8-38}$$

当 $F_S\%$ 与 $F_{Sb}\%$ 相差不大时，$a\left(\dfrac{F_{Sb}\%}{F_S\%}-1\right)\approx 0$，可忽略不计，式(8-38)变为

$$P_N\approx P_L\sqrt{\frac{F_S\%}{F_{Sb}\%}} \tag{8-39}$$

应尽量选择标准 $F_S\%$ 值接近于实际 $F_{Sb}\%$ 值进行换算。根据 $P_N$ 及 $F_{Sb}\%$ 换算后的数据在产品目录中选择合适的电动机，应满足 $P_N\geqslant P_L$，然后对预选的电动机进行过载能力和起动能力校验。

如果负载持续率 $F_S\%<10\%$，可按短时工作制选择电动机；$F_S\%>70\%$ 时，可按连续工作制选择电动机。

**【例 8-2】** 预选的一台断续周期性工作方式的他励直流电动机，负载持续率 $F_S\%=60\%$，额定转矩 $T_N=45\text{N}\cdot\text{m}$。拖动生产机械时电动机的电磁转矩 $T=f(t)$ 及转速 $n=f(t)$ 曲线如图 8-5 所示，其中 $t_1=4\text{s}$ 段为起动过程，$t_2=21\text{s}$ 段为额定转速运行，$t_3=8\text{s}$ 段为弱磁升速运行，转速为 $1.2n_N$，$t_4=4\text{s}$ 段为额定转速运行，$t_5=2\text{s}$ 段为制动停车过程，$t_6=32\text{s}$ 段为停歇。试校核该电动机冷却方式为他扇冷式和自扇冷式时发热是否通过。

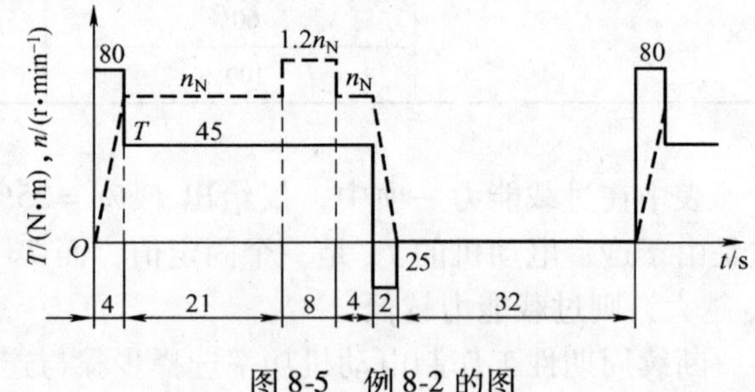


图 8-5 例 8-2 的图

**解**：实际负载持续率为

$$F_S\%=\frac{t_r}{t_r+t_0}=\frac{4+21+8+4+2}{4+21+8+4+2+32}\times 100\%=54.93\%$$

向 60% 标准负载持续率折算系数为

$$k=\sqrt{\frac{F_S}{F_{Sb}}}=\sqrt{\frac{54.93}{60}}=0.957$$

$t_3=8\text{s}$ 段为弱磁高转速段，需要 $n_N$ 折算，为

$$T_3' = T_3 \frac{n}{n_N} = 45 \times \frac{1.2n_N}{n_N} \text{N} \cdot \text{m} = 54\text{N} \cdot \text{m}$$

若为他扇冷式电动机，等效转矩为

$$T_d = k\sqrt{\frac{T_1^2 t_1 + T_2^2 t_2 + T_3^2 t_3 + T_4^2 t_4 + T_5^2 t_5}{t_1 + t_2 + t_3 + t_4 + t_5}}$$

$$= 0.957\sqrt{\frac{80^2 \times 4 + 45^2 \times 21 + 54^2 \times 8 + 45^2 \times 4 + (-25)^2 \times 2}{4 + 21 + 8 + 4 + 2}} \text{N} \cdot \text{m}$$

$$= 0.957\sqrt{\frac{100803}{39}} \text{N} \cdot \text{m} = 48.65\text{N} \cdot \text{m}$$

$T_d > T_N = 45\text{N} \cdot \text{m}$，发热通不过，不行。

若为自扇冷式电动机，起动、制动时间还需乘以 $\beta = 0.75$ 后再计算 $T_d$，则 $T_d$ 更大，发热更通不过了。

## 思考题与习题

8-1　电力拖动系统中电动机的选择主要包括哪些内容？

8-2　什么叫电动机的最高允许温度？它与什么因素有关？

8-3　电动机的温升按什么规律变化？两台同样的电动机，在下列条件下拖动负载运行时，它们的起始温升、稳定温升是否相同？发热时间常数是否相同？

（1）相同的负载，但一台环境温度为一般室温，另一台为高温环境；

（2）相同的负载，相同的环境，一台原来没运行，一台是运行刚停下后又接着运行；

（3）同一个环境下．一台半载，另一台满载；

（4）同一个房间内，一台自然冷却，一台用冷风吹，都是满载运行。

8-4　电动机有几种工作制？是怎样划分的？什么叫负载持续率？

8-5　同一台电动机，如果不考虑机械强度问题或换向问题等，在下列条件下拖动负载运行时，为充分利用电动机，它的输出功率是否一样？哪个大？哪个小？

（1）自然冷却，环境温度为40℃；

（2）强迫通风，环境温度为40℃；

（3）自然冷却，高温环境。

8-6　一台电动机原绝缘材料等级为B级，额定功率为 $P_N$，若把绝缘材料改成为E级，其额定功率应该怎样变化？

8-7　一台连续工作方式的电动机额定功率为 $P_N$，如果在短时工作方式下运行时额定功率该怎样变化？

8-8　选择电动机额定功率时，应该考虑哪些因素？

8-9　试比较普通三相笼型异步电动机 $F_S\% = 15\%$、$P_N = 30\text{kW}$ 与 $F_S\% = 40\%$、$P_N = 20\text{kW}$ 的电动机，哪一台实际功率大？

8-10　变动负载时，等效转矩法应用于连续工作方式和断续周期工作方式下，怎样计算等效转矩？为什么对停歇段时间 $t_0$ 处理不一样？

8-11　选择正确答案。

（1）电动机若周期性地工作15min、停歇85min，则工作方式应属于（　　）。

A. 断续周期工作方式，$F_S\% = 15\%$　　B. 连续工作方式　　C. 短时工作方式

（2）电动机若周期性地额定负载运行5min、空载运行5min，则工作方式属于（　　）。

A. 断续周期工作方式，$F_S\% = 50\%$　　B. 连续工作方式　　C. 短时工作方式

（3）连续工作方式的绕线转子三相异步电动机运行于短时工作方式时，若工作时间极短（$t_r < 0.4T_\theta$），选择其额定功率主要考虑（　　）。

A. 电动机的发热与温升　　B. 过载能力与起动能力

C. 过载能力　　D. 起动能力

8-12　笼型异步电动机为什么要考虑每小时允许合闸次数？它和什么因素有关？提高电动机允许合闸次数的措施有哪些？

8-13　有一台离心式水泵，流量为 $720\text{m}^3/\text{h}$，排水高度 $H = 21\text{m}$，转速为 1000r/min，水泵效率 $\eta_B = 0.78$，水的密度 $\rho = 1000\text{kg/m}^3$，传动机构效率 $\eta = 0.98$，电动机与水泵同轴连接。今有一电动机，其功率 $P_N = 55\text{kW}$，定子电压 $U_N = 380\text{V}$，额定转速 $n_N = 980\text{r/min}$，问此电动机是否能用？

8-14　有一台绕线转子异步电动机，其数据为 $P_N = 11\text{kW}$，$n_N = 1440\text{r/min}$，它通过一转速比为 16 的传动机构去拖动一起重机的跑车车轮，跑车自重 137.500N，载重 58.000N，车轮直径为 0.35m，跑车移动距离总长为 70m，重载移动时作用于电动机轴上阻力转矩为 43.1N · m，空载移动时为 31.4N · m，往返停歇时间为 25s，如旋转部分折算到电动机轴上的飞轮转矩（包括电动机转子）为 78.5N · m，电动机平均起动转矩为 $1.6T_N$，平均制动转矩为 $T_N$。

试绘制一个循环的 $T = f(t)$，并用等效转矩法校验发热。计算时可不考虑散热恶化，假定重载和空载时电动机的转速 $n = n_N$。

8-15　一台 35kW、30min 的短时工作制电动机突然发生故障。现有一台 20kW 连续工作制电动机，已知其发热常数 $T_\theta = 90\text{min}$，不变损耗与额定可变损耗比 $a = 0.7$，短时过载能力 $\lambda = 2$。这台电动机能否临时代用？

# 参 考 文 献

[1] 顾绳谷. 电机及拖动基础 [M]. 2 版. 北京：机械工业出版社，1997.

[2] 胡幸鸣. 电机及拖动基础 [M]. 2 版. 北京：机械工业出版社，2008.

[3] 任礼维，林瑞光. 电机与拖动基础 [M]. 杭州：浙江大学出版社，1994.

[4] 赵家礼. 电动机修理手册 [M]. 北京：机械工业出版社，2008.